TIM S. GROVER
SHARI LESSER WENK

KOMPROMISSLOS

RELENTLESS

TIM S. GROVER
SHARI LESSER WENK

KOMPROMISSLOS
RELENTLESS

Wie Du Deine Leistungsgrenzen nach hinten verschiebst und die elementaren Grundsätze erlernst um unaufhaltbar zu werden

»Tim Grover ist der Meister der mentalen Stärke. Dieses Buch ist die Blaupause, um herauszufinden, wozu Sie fähig sind, wie Sie Ergebnisse erzielen, die Sie sich nie hätten vorstellen können, wie Sie die höchste Stufe des Erfolgs erreichen und dann immer noch weiter gehen.«

KOBE BRYANT

Bibliografische Information der Deutschen Nationalbibliothek
Die Deutsche Nationalbibliothek verzeichnet diese Publikation in der Deutschen National-bibliografie. Detaillierte bibliografische Daten sind im Internet über https://dnb.de abrufbar.

Für Fragen und Anregungen
info@m-vg.de

8. Auflage 2025

Türkenstraße 89
80799 München
Tel.: 089 651285-0

Übersetzung: Isabel Gräfin Bülow
Redaktion: Ronit Jariv
Korrektorat: Maike Specht
Umschlaggestaltung: Laura Osswald
Satz: Carsten Klein, Torgau
Druck: CPI
Printed in the EU

Wir produzieren nachhaltig
www.m-vg.de

ISBN Print 978-3-95972-275-9
ISBN E-Book (PDF) 978-3-96092-505-7
ISBN E-Book (EPUB, Mobi) 978-3-96092-506-4

Inhalt

Ich danke meinen Eltern, Surjit und Rattan Grover,
deren Liebe und Unterstützung mich gelehrt haben,
was es bedeutet, seine Ziele kompromisslos zu verfolgen.
Ich verdanke ihnen alles, was ich besitze und wer ich bin.

Denken Sie nicht nach!

Es war bereits zehn Uhr abends, als der schwarze SUV vor dem Sicherheitstor von Attack Athletics, meiner Trainingseinrichtung im Westen Chicagos, vorfuhr. Besonders ungewöhnlich war dies nicht. Profisportler verkehrten eigentlich zu jeder Tages- und Nachtzeit an dem Ort, an dem Michael Jordan, Kobe Bryant und Dwayne Wade ein- und ausgingen, wo unzählige Superstars trainierten, Basketball spielten oder mit anderen Jungs, aus denen etwas geworden war, einfach nur abhingen.

An jenem besonderen Abend jedoch war nur einer im Kraftraum und niemand wusste, dass er dort war. Nicht sein Team, nicht die Medien und auch nicht seine Familie. Seine Teamkollegen befanden sich gerade in einem über 3000 Kilometer entfernten Hotel und Reporter bombardierten sein Telefon mit Anrufen und Textnachrichten.

Die NBA-Playoffs waren gerade in vollem Gange und in 72 Stunden musste er wieder auf dem Spielfeld stehen.

Am Vorabend hatte die ganze Welt ihm dabei zugesehen, wie er gekrümmt vor Schmerzen vom Spielfeld gehumpelt war. Jetzt wollte jeder wissen, wie es weiterging. Ging es ihm gut? Konnte er spielen? »Mir geht es gut«, hatte er auf der Pressekonferenz nach dem Spiel versichert. »Ihm geht es gut«, hatte auch sein Trainer bestätigt, der nicht die leiseste Ahnung hatte, wo sein bester Spieler sich an jenem Abend aufhielt. »Wir werden ihn behandeln lassen und dann ist er wieder einsatzbereit«, hatte der Manager gesagt, der genau wusste, dass sich sein Topspieler nicht einmal in die Nähe der Mannschaftsärzte begeben würde.

Als der Spieler im Mannschaftshotel ankam, wählte er eine geheime Nummer, eine, die in zahllosen Telefonen von Sportlern auf der ganzen Welt eingespeichert ist.

»Ich brauche Hilfe«, sagte er.

»Wie schnell kannst du hier sein?«, fragte ich ihn.

Als Elitesportler heimlich zu mir zu gelangen, ist eigentlich ziemlich einfach: Man chartert ein Flugzeug, schnappt sich seinen Bodyguard und schon kann es losgehen – Diskretion garantiert. Kompliziert wird es erst bei der Ankunft, egal ob man nun eine Notbehandlung braucht, ein Langzeitprogramm absolvieren muss oder einen psychologischen »Tritt in den Hintern« benötigt. Manche Sportler kommen zu mir und meinen, dass sie für den Anfang nur ein bisschen Papierkram ausfüllen und sich etwas dehnen müssen, aber nach einer Stunde haben sie schon drei T-Shirts durchgeschwitzt und sich in den Papierkorb erbrochen.

Aber an jenem Abend wussten der Spieler und ich, dass das wirkliche Problem nicht physischer Natur war. Am Ende einer Spielsaison ist eigentlich jeder verletzt. Selbst ich kann ernsthafte Verletzungen nicht in wenigen Stunden kurieren und um kleinere Wehwehchen kümmern sich die Physiotherapeuten. Ehrlich gesagt, chartert man auch nicht heimlich ein Flugzeug und fliegt 3000 Kilometer, um eine Kaltkompresse aufgelegt zu bekommen und sich den Fuß tapen zu lassen. Mit gewissen Einschränkungen kann ein Spieler klarkommen – er kann den Wurf auf eine bestimmte Weise ausrichten, sich auf eine bestimmte Weise abstoßen und auf den Füßen landen, vor dem Spiel und in der Halbzeit dies oder jenes tun und etwas mit seinen Schuhen machen. Seine Schmerzen sollte er vorerst einfach ignorieren. Es wird auf jeden Fall ungemütlich, daran muss er sich gewöhnen. All das kann man genau festlegen und dabei nichts dem Zufall überlassen. Wenn der Spieler dem Plan folgt, ist er, physisch gesehen, einsatzbereit. Zumindest so gut es eben geht.

Aber aus mentaler Sicht ist das eine ganz andere Geschichte … und genau aus dem Grund rief er mich an. Er hatte sich das ganze

Gerede anhören müssen, die Fragen danach, ob er spielen könne, ob er seiner Aufgabe gerecht werden oder ob ihn die Verletzung möglicherweise spielerisch beeinträchtigen würde. Und jetzt war er völlig verunsichert.

Druck stieg in ihm auf – und zwar der Druck von außen, der einen ablenkt und scheitern lässt, nicht der innere Druck, der es einem ermöglicht, alles zu überwinden.

Und anstatt diesen Druck auszublenden und sich auf seine Instinkte und seine natürliche Begabung zu verlassen, fing er an nachzudenken.

Er flog 3000 Kilometer, um sich genau drei Worte anzuhören: Denk nicht nach!

Eigentlich wusste er genau, was er tun musste und wie er es tun musste.

Was hielt ihn also davon ab?

Um ganz an die Spitze zu gelangen, sei es im Sport, im Berufsleben oder in einem anderen Lebensbereich, reicht es nicht, einfach nur dort anzukommen. Man muss sich dort halten und dann nach noch mehr streben, denn es wird immer jemanden geben, der direkt hinter einem steht und versucht, einen einzuholen. Die meisten Menschen geben sich mit einer gewissen Mittelmäßigkeit zufrieden. Aber wenn man unaufhaltbar sein will, genügt das nicht. Der Beste zu sein, bedeutet, immer das zu erreichen, was man sich vorgenommen hat, sich dann wieder das nächste Ziel zu setzen und zu erreichen, um gleich danach wieder neue Ziele anzustreben.

Das nennt man kompromisslos sein.

Wenn dieses Adjektiv Sie beschreibt, dann erzählt dieses Buch Ihre Lebensgeschichte. Dann sind Sie ein Cleaner, der intensivste und antriebstärkste Gegner, den man sich vorstellen kann. Ein Cleaner lehnt Einschränkungen ab. Er verfolgt seine Ziele unauffällig, aber nachdrücklich, bis er sie erreicht hat. Er versteht das unstillbare Verlangen nach Erfolg, weil es sein Leben bestimmt.

Charakterisiert diese Beschreibung Sie höchstens ansatzweise? Dann herzlichen Glückwunsch! Sie stehen kurz davor, sich auf eine lebensverändernde Reise zu begeben, um die Kraft in sich zu entdecken, die bereits in Ihnen schlummert.

In diesem Buch geht es nicht um Motivation. Wenn Sie es lesen, sind Sie bereits motiviert. Jetzt müssen Sie diese Motivation nur noch in Taten und Ergebnisse umwandeln.

Sie können den ganzen Tag lang kluge Motivationssprüche lesen und immer noch keine Ahnung davon haben, wie Sie dahin kommen, wo Sie hinwollen. Etwas nur zu wollen, wird Sie nirgendwo hinbringen. Jemand sein zu wollen, der Sie nicht sind, bringt Sie nicht weiter. Auf etwas oder jemanden zu warten, der das Feuer in Ihnen entzündet, hilft Ihnen nicht.

Wie kommen Sie also dahin, wo Sie hinwollen?

Glauben Sie mir: Alles, was Sie benötigen, um großartig zu sein, steckt schon in Ihnen. All Ihre Ziele, Geheimnisse und dunkelsten Träume … warten nur darauf, dass Sie endlich loslassen.

Was hindert Sie daran?

Die meisten Menschen resignieren, weil ihnen immer nur vorgebetet wird, was sie *nicht* können. Außerdem ist es viel bequemer, sich nicht aus seiner Komfortzone zu bewegen. Also sitzen sie herum und können sich weder entscheiden noch handeln.

Aber wenn man keine Entscheidungen trifft, treffen andere sie für einen.

Es ist also Zeit, nicht mehr auf andere zu hören, die einem doch nur sagen, was man tun, wie man sich benehmen oder fühlen sollte. Überzeugen Sie sie mit Ergebnissen und mit sonst nichts. Es geht keinen etwas an, wie Sie dahin kommen, wo Sie hinwollen. Wenn Sie kompromisslos sind, also ein Cleaner, kennen Sie keine halben Sachen, kein »hätte, könnte, würde«. Erzählen Sie mir nicht, das Glas sei halb leer oder halb voll. Entweder es ist etwas im Glas oder nicht.

Entscheiden Sie sich. Stehen Sie dazu. Handeln Sie. Seien Sie erfolgreich. Wiederholen Sie diesen Vorgang.

In diesem Buch geht es darum, Ihr Leistungsniveau zu steigern, Ihr Wissen und Denken und alles, was Ihnen bereits beigebracht wurde, zu erweitern. Kobe sagt, dass er sechs Meisterschaftsringe will? Ich will, dass er sieben bekommt. Ein Spieler teilt mir mit, er wolle nach einem Unfall wieder zurück aufs Spielfeld? Ich bringe ihn in acht Wochen dorthin. Sie wollen 15 Kilo abnehmen? Sie werden 17 Kilo schaffen. Nur so wird man unaufhaltbar – wenn man sich keine Grenzen setzt. Das betrifft nicht nur den Sport, sondern alle Lebensbereiche. Ich möchte, dass Sie nach mehr streben und alles bekommen, was Sie sich ersehnen.

Mir ist es egal, für wie gut Sie sich halten oder für wie großartig andere Sie halten – Sie können sich immer noch verbessern und das werden Sie auch. Kompromisslos zu sein, heißt, von sich selbst mehr zu verlangen, als andere es je könnten, und zu wissen, dass Sie, wenn Sie aufhören, noch einen Schritt weitergehen können und *müssen*.

Jedes Mal, wenn Sie denken, Sie hätten etwas erreicht, müssen Ihre Instinkte Ihnen sagen: »Was strebe ich als Nächstes an?«

Was Sie in diesem Buch nicht hören werden, ist so ein Unsinn über »Leidenschaft« und »inneren Antrieb«. Ich liefere keine Wohlfühlstrategien für Träumer, die gerne darüber reden, dass sie »Querdenker« sind. Man kann nicht quer denken. Ich werde Ihnen vielmehr zeigen, wie man aufhört nachzudenken und stattdessen lieber handelt.

Auf den folgenden Seiten werden Sie viel über Siegertypen erfahren, zum Beispiel über Michael Jordan, Kobe Bryant und Dwyane Wade sowie viele andere erfolgreiche Menschen, sei es im Sport oder in anderen Bereichen. Aber dies ist kein Buch über Basketball und ich werde aus Ihnen nicht den nächsten Michael Jordan machen. Es wird nie einen zweiten Michael Jordan geben. Kobe und Dwyane würden mir da recht geben. Ob Sie je wie einer von ihnen Basketball spielen werden? Wahrscheinlich eher nicht. Aber können Sie von ihrer Arbeitsethik, ihrem unaufhaltbaren Antrieb und ihrem kompromisslosen Fokus auf Ziele etwas lernen? Auf jeden Fall. Können Sie Ihre Chancen auf Erfolg verbessern, indem Sie von anderen lernen, die erfolgreich sind? Natürlich.

Erfolg ist nicht dasselbe wie Talent. Die Welt ist voller unglaublicher Talente, die nie bei irgendetwas Erfolg haben. Sie machen Dienst nach Vorschrift und geben anderen die Schuld, wenn etwas nicht klappt, denn sie sind der Ansicht, ihr Talent reiche völlig aus. Das tut es nicht. Wenn Sie wirklich erfolgreich sein möchten, reicht es nicht, nur »ziemlich gut« zu sein. Sie müssen einen Gang höher schalten.

Ich bin weder Psychologe, Psychiater noch Sozialarbeiter. Ich habe weder zehn Jahre lang studiert und Daten für Analysen gesammelt noch habe ich Hausarbeiten über Erfolgstheorien und die herausragenden Leistungen anderer geschrieben. Aber ich versichere Ihnen, dass alles, was ich weiß, alles, was in diesem Buch steht, auf meinem uneingeschränkten Zugang zu den weltbesten und herausragendsten Spielern basiert. Ich verstehe, wie sie ticken, wie sie lernen, warum sie erfolgreich sind und warum sie versagen … was sie antreibt und was sie kompromisslos macht. Nicht alles ist eitel Sonnenschein, aber alles ist wahr. Alles, was ich von ihnen gelernt habe, alles was ich sie lehre, teile ich in diesem Buch mit Ihnen. Hier geht es nicht um Wissenschaft, sondern um ungeschminkte animalische Instinkte.

Dieses Buch handelt davon, diesen Instinkten zu folgen, sich der Wahrheit zu stellen und die Entschuldigungen über Bord zu werfen, die Sie von der Verwirklichung Ihrer Ziele abhalten, egal wie komplex oder unerreichbar sie sein mögen und egal wie viele Menschen Ihnen sagen, dass etwas nicht möglich ist. *Es ist möglich*.

Ich werde Ihnen nicht erklären, wie Sie sich verändern sollen. Menschen verändern sich nicht. Ich möchte, dass Sie darauf vertrauen, wer Sie sind, und dass Sie in die Zone kommen, in der Sie alle Geräusche, Negativität, Angst, Ablenkungen und Lügen ausblenden und alles erreichen können, was Sie wollen – in allem, was Sie tun. »In der Zone sein« bedeutet so viel wie im Tunnel sein, einen Geisteszustand zu erreichen, in dem man alles um sich herum ausblendet, einfach nur reagiert und seine Höchstleistung abruft.

Um dies zu erreichen, werde ich über einige provokante Themen sprechen und mich auch nicht dafür entschuldigen, wenn Sie dies als unangenehm empfinden. Erfolg zu haben, bedeutet, sich der Realität, seinen Dämonen und seinen Abhängigkeiten zu stellen und nicht alles, was man tut, mit einem Smiley zu versehen. Wenn Ihnen jemand auf die Schulter klopfen und Sie loben muss, damit Sie Ihren Hintern von der Couch bewegen, ist dieses Buch nicht das Richtige für Sie. Wenn Sie unaufhaltbar sein möchten, müssen Sie sich den Kräften stellen, die in Ihnen schlummern, und sie zu Ihrem Vorteil einsetzen. Wirklich kompromisslose Menschen – Cleaner – sind Raubtiere, die dunkle Seiten haben und nicht immer brav sein wollen. Und ob Sie es schon wissen oder nicht: Sie *haben* eine dunkle Seite. Nutzen Sie sie – sie könnte Ihre größte Gabe sein.

Wenn Sie in dem, was Sie tun, der Beste werden wollen, dürfen Sie nicht darüber nachdenken, ob Ihr Handeln andere Menschen verärgert oder was diese über Sie denken. Wir werden die Sache ganz emotionslos angehen und daran arbeiten, Sie dahin zu bringen, wo Sie hin möchten. Ist das egoistisch? Vielleicht. Ist es egozentrisch? Auf jeden Fall. Wenn das für Sie problematisch ist, lesen Sie das Buch ganz bis zum Ende durch und überprüfen Sie, ob Sie danach vielleicht anders empfinden.

Von jetzt an besteht Ihre Strategie darin, andere auf Ihr Niveau zu bringen, und nicht, sich auf ein niedrigeres Niveau herabzulassen. Sie werden sich in Zukunft niemals mehr mit anderen messen. Andere werden sich mit Ihnen messen müssen. Von jetzt an zählt nur das Endergebnis.

Mein nächtlicher Besucher hatte genau dieses Endergebnis aus dem Blick verloren. Die Angst vor dem Scheitern hatte ihn so sehr gepackt, dass er sich nicht darauf konzentrieren konnte, was er tun musste, um zu gewinnen und die Wellen der Frustration und der Emotion, die sein angeborenes Talent und Selbstvertrauen zu überrollen drohten, zu überwinden. Seine negative Einstellung auf dem Spielfeld war nicht zu übersehen; er rollte vor seinen Mannschaftskameraden und Trainern mit den Augen und zog Grimassen, als müsse er sterben. Seinen Teamkollegen fiel das natürlich auf und plötzlich waren sie eine Truppe, die ohne Führung in den Kampf ziehen musste. Ohne Kapitän können selbst sehr gute Teams verlieren. Auch im Geschäftsleben passiert das täglich, wenn zum Beispiel der Chef in Meetings seiner Frustration Luft verschafft und seine Angestellten anbrüllt. Dieser Mangel an Selbstvertrauen, Gelassenheit und Kompetenz zeigt sich in ganz kleinen Dingen, von denen er vielleicht denkt, dass niemand sie bemerkt. Aber Sie können sicher sein, dass sie den Angestellten auffallen und sie panisch darauf reagieren.

Wie können Sie verhindern, dass sich diese Panik in einen totalen Zusammenbruch verwandelt? Um wieder die Kontrolle zu übernehmen und Ihre innere Ruhe wiederzufinden, müssen Sie manchmal Abstand gewinnen. Hätte mir mein Spieler vorschlagen können, dass ich ihn aufsuche, anstatt dass er zu mir kommt? Sicher, das machen in jeder Saison mehrere Spieler. Sie wissen, dass ich für sie da bin, wann immer sie mich brauchen. Aber in diesem Fall wusste der Spieler, dass er räumlichen Abstand brauchte, und er nahm bewusst das Risiko auf sich, beim Verlassen des Teams erwischt und dafür bestraft zu werden. Er wusste, dass er wieder in seine Zone gelangen musste, an diesen ganz persönlichen Ort, an dem der Geist zur Ruhe kommt. Wo man an nichts mehr denkt, nur fokussiert und emotionslos sich selbst und seine eigenen Instinkte wahrnimmt. In der Zone verspürt man keinen Druck von außen, sondern nur den inneren Druck, sich selbst immer wieder etwas beweisen zu müssen. Nicht für irgendjemand anderen, sondern weil man es selbst so will.

»Denk nicht ans Verlieren«, sagte ich ihm und suchte nach dem »Flackern« in seinen Augen als Zeichen dafür, dass er mich verstanden hatte. »Denk nicht daran, es nur zu versuchen, weil beim Versuch eine Niederlage immer noch eine Option ist. Du willst der Beste sein? Dann schieb den Schmerz, die Erschöpfung und den Druck beiseite und versuch nicht, es allen recht machen zu wollen. Lass nicht zu, dass deine Feinde dich an den Eiern kriegen und in deinen Kopf reinkriechen. Wenn draußen die Hölle los ist, blende es aus. Bleib im Innern ganz ruhig, weil du bereit, gut vorbereitet und der Beste bist. Du informierst niemanden darüber, wie du die Situation bewältigen wirst, du bewältigst sie einfach. Alle anderen reagieren panisch, aber du sagst: ›Kein Problem‹. Tritt deinem Gegner auf die Gurgel und beende den Kampf. Und danach erklärst du niemandem, wie du das gemacht hast. Es wird sowieso niemand verstehen und das muss auch keiner. Nimm dir einen Moment Zeit, um darüber nachzudenken, wie du das erreicht hast, und stell dich dann der nächsten Herausforderung.«

Mittlerweile war es schon früher Morgen und sein Flugzeug wartete darauf, ihn zurückzubringen. »Bring es zu Ende«, sagte ich nochmal. Ich sah ein Flackern in seinen Augen. Er hatte es kapiert. Zeit abzureisen.

Kompromisslos – Relentless handelt davon, das Unmögliche zu erreichen. Ich weiß hundertprozentig, dass jeder das kann. Als ich noch in

Chicago zur Highschool ging und ein 1,81 Meter großer Basketballspieler war, schaute ich mir mal ein Spiel der Mannschaft der University of North Carolina im Fernsehen an und sah dort zum ersten Mal Michael Jordan. Er war damals ein dünner Erstsemesterstudent und machte Bewegungen, die ich noch nie gesehen hatte – vollkommen instinktiv und ganz natürlich. Ich wusste nichts über ihn, aber ich spürte gleich, dass er mal ein großer Star werden würde.

Einige Jahre später, mittlerweile hatte ich einen Masterabschluss in Trainingswissenschaften und arbeitete als Trainer in einem Fitnessstudio in Chicago, war Michael zwar immer noch dünn, aber inzwischen zum Superstar bei den Chicago Bulls geworden. In den 1980er-Jahren, als ich Trainer wurde, hatte ich zu den Bulls mehrere Male Kontakt aufgenommen in der Hoffnung, mit dem ein oder anderen Spieler arbeiten zu dürfen. Ich schrieb fast jedem Spieler einen Brief – jedem *außer* Michael, weil ich mir dachte, dass er entweder bereits einen Trainer hatte oder, falls nicht, sicher keinen Anfänger wie mich wollen würde. Niemand zeigte Interesse. Damals waren Basketballspieler noch nicht an Krafttraining interessiert, denn es herrschte die gängige Vorstellung, dass ein kräftiger Oberkörper schlecht für die Wurftechnik sei.

1989 las ich dann einen kurzen Artikel in der Zeitung, in dem stand, dass Michael es leid sei, dass der amtierende NBA-Champion, die Detroit Pistons, und der Rest der Liga ihm körperlich überlegen waren. Wieder nahm ich Kontakt mit den Bulls auf und überredete sie zu einem Treffen mit Mannschaftsarzt John Hefferon und Sportmediziner Mark Pfeil. Wie gut standen meine Chancen, dass sie ihrem Superstar raten würden, mit einem unbekannten Coach zu arbeiten, der noch nie zuvor einen Profisportler betreut hatte? Gleich null, würde ich sagen. Das konnte ich gleich vergessen, das war unmöglich.

Alles ist erst mal unmöglich – bis einer es dann tut. Michael hatte bereits einmal zuvor mit einem Coach zusammengearbeitet, sich dabei aber den Rücken verletzt und zögerte deshalb, es wieder zu versuchen. Aber er wusste auch instinktiv, dass Talent alleine nicht ausreicht. Wenn er nicht nur eine Legende, sondern eine Ikone werden wollte, musste er seinen Körper bis zum Äußersten trainieren, und er war bereit, alles zu tun, um dies zu erreichen. Daher hatte er John und Mark gebeten, jemanden für ihn zu suchen, der genau wusste, was er brauchte.

Einige Tage nach diesem Gespräch riefen die Bulls mich an, um sich nochmal mit mir zu treffen; dieses Mal auf ihrem Trainingsgelände in einem Vorort. Ich dachte, es handele sich um ein weiteres Interview mit den Sportmedizinern. Ich hatte keine Ahnung, dass es ein Treffen mit Michael sein würde.

Michael und ich unterhielten uns etwa eine Stunde lang und ich erklärte ihm meinen Plan und wie die Umsetzung dieses Plans ihn langsam, aber sicher stärken und zugleich sein Verletzungsrisiko minimieren würde. Ich legte dar, wie jede physische Veränderung seine Wurftechnik beeinflussen und wie sich sein Körper der Veränderung anpassen würde, damit er zur maximalen Spitzenleistung bereit wäre – und dass dies vermutlich seine Karriere verlängern würde.

Er hörte sich zunächst alles ganz genau an und sagte dann: »Das ist unmöglich. Klingt zu gut, um wahr zu sein. Da stimmt was nicht.«

»Da stimmt alles«, erklärte ich ihm. »Ich werde einen Monatsplan entwickeln, in dem ich genau darlege, was wir tun werden und wie sich dies auf deinen Körper, dein Ballspiel und deine Kraft auswirken wird. Ich werde dir auch erklären, wie du dich fühlen wirst, damit du dich den Veränderungen anpassen kannst. Wir werden planen, was du isst, wann du isst und wann du schlafen gehst. Wir werden uns mit jedem kleinsten Detail auseinandersetzen und nichts dem Zufall überlassen. Am Ende wirst du sehen, wie sich alles zusammenfügt.«

Er gab mir einen Monat Zeit.

Ich blieb fünfzehn Jahre.

Als er sich endlich zur Ruhe setzte, raunte er mir zu: »Wenn ich dich noch einmal in meinem Viertel sehe, erschieße ich dich.«

Wir lernten voneinander. Für uns gab es weder Hindernisse noch Probleme, sondern nur bestimmte Situationen, für die wir eine Lösung brauchten. Und da es vor ihm noch nie einen Spieler seines Niveaus gegeben hatte, standen wir häufig vor Situationen, für die es ganz einfach noch keine Lösung gab. Wir lernten, machten Fehler und lernten aus unseren Fehlern. Wir lernten immer weiter.

Michael war nicht der Beste, weil er quasi durch die Luft fliegen konnte und eine wahnsinnig gute Wurftechnik hatte; er war der Beste, weil er kompromisslos war, unbedingt gewinnen wollte und fest daran glaubte, dass es nicht ausreicht, »gut genug« zu sein. Ganz gleich, wie oft er gewann oder wie berühmt er war: Er strebte stets nach mehr und war immer bereit, alles zu geben – wirklich alles –, um noch mehr zu erreichen.

Seit mehr als 20 Jahren sind diese Werte die Basis für meine Zusammenarbeit mit Hunderten von Athleten und sie bilden auch die Grundlage dieses Buchs. In *Kompromisslos – Relentless* geht es darum, nie zufrieden zu sein und immer nur das Beste und noch mehr zu wollen. Den nächsten Gang einzulegen, der einen auf ein höheres Niveau bringt … auch wenn es dies noch gar nicht gibt. Es geht darum, sich seinen Ängsten zu stellen und alles abzuschütteln, was einen versagen lassen könnte. Und darum, nicht nur wegen seiner physischen Fähigkeiten, sondern aufgrund seiner mentalen Stärke und Belastbarkeit gefürchtet und respektiert zu werden.

Was auch immer sich in Ihrem Glas befindet, schütten Sie es aus, damit ich es von Grund auf neu auffüllen kann. Vergessen Sie alles, was Sie je gedacht, an was Sie geglaubt oder wovon Sie überzeugt waren … wir fangen jetzt ganz von vorne an. Noch ist das Glas leer. Die letzten Tropfen waren die psychischen Barrieren, die Sie davon abhalten, besser zu werden. Nun betreten wir gemeinsam Neuland.

Je mehr Sie zum Cleaner werden, desto härter wird es für Sie!

In der Nacht, als die Miami Heat die Oklahoma City Thunder besiegten und damit die NBA-Meisterschaft 2012 gewannen, schrieb ich vor dem Spiel eine Notiz auf ein Blatt Papier und steckte es in meine Tasche. Sie war an meinen langjährigen Kunden und Freund Dwyane Wade gerichtet.

Dwyane hatte mich nach dem zweiten Spiel der Endrunde angerufen und gefragt, ob ich nach Miami fliegen könne, um ihm und seinem angeschlagenen Knie zu helfen, damit er weiterspielen konnte. Ich war überrascht. Uns verband eine lange und erfolgreiche Beziehung, aber wir hatten schon seit zwei Spielzeiten nicht mehr zusammengearbeitet, weil er entschieden hatte, in Miami zu bleiben, um mit seinem Teamkollegen LeBron James zu trainieren. Aber wir waren in Kontakt geblieben und wie alle meine ehemaligen und aktuellen Kunden wusste er, dass ich für ihn da sein würde, falls er mich brauchte.

Ein anderer Spieler hätte mich vielleicht gar nicht erst angerufen. Er hätte sich auf LeBron verlassen, um für Miami den Titel zu holen. Oder er hätte den Schmerz irgendwie ausgehalten und gehofft, noch einige Spiele bestreiten zu können. So hätten es wohl die meisten gemacht. Aber wenn es um eine Meisterschaft geht und man ein Cleaner ist, überträgt man die Verantwortung nicht auf andere und hofft darauf, dass alles gut werden wird. Sondern man tut dann einfach alles dafür, wieder einsatzbereit zu sein.

Als es nach dem Rückspiel 1:1 stand, flog ich nach Miami. Es war klar, dass Dwyanes Knie nach der Meisterschaft operiert werden musste. Für dieses Problem gab es keine schnelle Lösung. Ich versicherte ihm jedoch, dass ich alles daransetzen würde, um ihn mental zu stärken und ihn für die nächsten Tage fit zu machen.

Ich erklärte ihm auch, dass der eine Meisterschaftsring von 2006 nicht ausreichte. Er bräuchte mindestens drei weitere Ringe, um ein Star zu werden.

Aber was ich ihm eigentlich sagen wollte, war: *Wenn du einer der bedeutendsten Athleten deiner Sportdisziplin bist, sagst du nicht mit 30 Jahren, du seist »alt« und bereit, das Spielfeld jüngeren Spielern zu überlassen. Wenn du so denkst, bist du alt und fühlst dich auch so. Es ist noch nicht lange her, dass du in der NBA der Top-Scorer warst, obwohl eine Knie- und eine Schulteroperation und zwei Monate anstrengende Reha hinter dir lagen, für die andere drei Monate gebraucht hätten. All das hast du geschafft. Sag mir also jetzt nicht, dass du nicht weiterspielen kannst.*

In den nächsten Tagen befassten wir uns mit Übungen, die er lange nicht gemacht hatte, manchmal sogar bis zwei Uhr morgens. Wir waren ganz allein in der Arena, ohne Teamkollegen, Medien und andere Ablenkungen. Zum ersten Mal seit zu langer Zeit ging es nur um ihn. Miami gewann das dritte und dann das vierte Spiel und lag mit 3:1 in Führung. Noch ein Sieg, sonst würde der Kampfschauplatz wieder nach Oklahoma City wechseln und den Thunder den Heimvorteil bescheren. Es war an der Zeit, den Kampf zu beenden, und zwar sofort.

Wir konzentrierten uns vor allem auf das physische Training. Dwyanes Körper wurde dabei auf eine Art und Weise zum Leben erweckt, wie er es lange nicht erfahren hatte. Aber wie bei allen Sportlern war die Schlüsselkomponente das mentale Training.

Er musste wiederentdecken, was es hieß, der echte Dwyane Wade zu sein und nicht nur einer der »Big Three« der Miami Heat. Er war so daran gewöhnt, sich die Bühne mit LeBron James, Chris Bosh und den anderen Mannschaftskameraden zu teilen, dass er vergessen zu haben schien, wie hart er daran gearbeitet hatte, einer der besten Profispieler zu werden.

Nette, aufmunternde Worte und lange Reden sind nicht mein Ding. Alles, was ausschweifend erklärt werden muss, entspricht wahrscheinlich nicht der Wahrheit. Und ich bin immer ehrlich zu meinen Spielern.

Am Abend des fünften Spieltags, als die Miami Heat sich den Titel holten, stand auf dem Zettel in meiner Tasche:

»Um zu bekommen, was du wirklich willst, musst du der sein, der du wirklich bist.«

Ich wollte, dass er sich an die Zeit erinnerte, als es noch keinen Hype um ihn gab und er nicht alle und jeden zufriedenstellen musste. Als es nur darum ging, was auf dem Spielfeld passierte; als er da draußen alles gab, was in ihm steckte, und jeder, der ihm in die Quere kam, einen 48-minütigen kontrollierten Wutausbruch über sich ergehen lassen musste. Die Zeit war gekommen, sich auf das zu verlassen, was er in seinem Inneren wirklich fühlte, und nicht auf das, was er anderen zufolge fühlen sollte. *Auf dem Trikot steht dein Name. Mach allen klar, wer du bist. Hol dir, was dir gehört.*

An diesem Abend, als die noch junge, aber entschlossene Mannschaft von Oklahoma City Thunder gegen das Ausscheiden kämpfte und verlor, entwickelte Dwyane Killerinstinkte. Er war explosiv, dominant und aggressiv. Auch andere Spieler lieferten sehr gute Leistungen ab, darunter Mike Miller und Shane Battier, aber während die Uhr tickte und die Minuten vergingen, waren es Dwyanes starkes Selbstvertrauen, seine Entschlossenheit und seine Führung, die den Titel holten und allen den zweiten Meisterschaftsring bescherten.

Den Zettel habe ich ihm nie gegeben. Dazu bestand keine Veranlassung.

An diesem Abend war er kompromisslos.

Kompromisslos zu sein, bedeutet, sich nie zufriedenzugeben. Es bedeutet, sich immer neue Ziele zu setzen, wenn man vorherige erreicht hat. Wenn man gut ist, gibt man nicht auf, bis man großartig ist. Wenn man großartig ist, kämpft man so lange, bis man unaufhaltbar ist.

Dann und nur dann ist man ein Cleaner.

Wir alle wissen, dass der Closer der ultimative Wettkämpfer ist. Er ist derjenige, der garantiert ein Spiel erfolgreich beendet, ein Geschäft erfolgreich abschließt oder einem das besorgt, was man braucht. Der Closer tut das, was er tun soll, bekommt dafür Anerkennung und geht als glücklicher Held nach Hause.

Und jetzt vergessen Sie das alles mal. Denken Sie größer. Es gibt ein noch höheres Niveau, das absolut erreichbar, aber so besonders ist, dass die meisten Menschen sich nicht einmal trauen, davon zu träumen.

Denken Sie an Michael Jordan, den ultimativen Cleaner.

Michael hat sich nie damit zufriedengegeben, nur großartig zu sein. Er wollte der allerbeste Spieler aller Zeiten werden.

Es ist vollkommen okay, großartig sein zu wollen. Großartig ist besser als gut. Es bedeutet, dass man Herausragendes geleistet hat, was an sich schon schwer genug ist und worauf man stolz sein kann.

Aber das macht einen noch nicht zum Besten.

Wenn man großartig ist, wird man zur Legende, wenn man der Beste ist, wird man zur Ikone. Wenn man großartig sein will, muss man Überraschendes vollbringen, wenn man der Beste ist, muss man Wunder vollbringen.

Das gilt nicht nur für sportliche Leistungen; Cleaner gibt es in allen Lebensbereichen. Schauen Sie sich die Elite jeder beliebigen Gruppe an, zum Beispiel Topathleten, die reichsten Firmenchefs, die klügsten Studenten oder die stärksten Feuerwehrmänner. Sie sind alle hervorragend in dem, was sie tun, und doch stechen manche noch hervor. Man nehme nur das berühmte Dream Team des Jahres 1992, von denen elf in die Hall of Fame gekommen sind. Einige haben sich dennoch vom Rest des Teams unterschieden. Alle besaßen Talent. Aber nur an einige wird man sich als die Besten aller Zeiten erinnern.

Michael setzte den Standard in Sachen Killerinstinkte und Wettbewerbsgeist. Jedes Mal, wenn die Chicago Bulls eine Meisterschaft gewannen – und das taten sie sechsmal – hielt er nicht nur die Finger hoch, auf denen die bereits erworbenen Meisterschaftsringe steckten, sondern spreizte noch einen zusätzlichen Finger für die nächste Meisterschaft ab. Nach dem ersten Meisterschafts-Ring hielt er zwei Finger in die Luft, nach dem zweiten drei … nach dem fünften dann sechs. Wir saßen damals im Umkleideraum, tranken Champagner und feierten ausgelassen, aber er sprach schon wieder darüber, woran wir in der nächsten Spielsaison arbeiten mussten. Ein ganzes Jahr bevor er eine Auszeit nahm, um Baseball zu spielen, erzählte er mir schon was von Baseball-Workouts. Er war nie zufrieden und hat sich immer noch mehr angetrieben.

So jemanden bezeichnet man als typischen Cleaner.

Larry Bird ist ein Cleaner. Kobe und Dwyane ebenso. Pat Riley, Phil Jackson, Charles Barkley zählen auch dazu. Heutzutage gibt es nur noch eine Handvoll Cleaner und wahrscheinlich sind es nicht diejenigen, die Sie erwarten würden, denn Ruhm macht einen nicht automatisch zum Cleaner. Gewinnen ist das Schlüsselwort. Aber man muss wiederholt gewinnen. Im Geschäftsleben denke ich dabei an Bill Gates und den verstorbenen Steve Jobs. Die meisten Eigentümer von Sportteams sind Cleaner, zum Beispiel Jerry Jones, Mark Cuban und Jerry Reinsdorf, weil sie ihre Teams mit derselben gnadenlosen Einstellung leiten, die sie selbst antreibt. Die meisten Präsidenten sind Cleaner. Viel Glück bei der Wiederwahl, wenn sie keine sind.

Cleaner gibt es in allen Lebensbereichen. Bestimmt fallen Ihnen welche ein, wenn Sie darüber nachdenken. Aber bedenken Sie, dass es dabei weder um Talent, Intelligenz noch um Vermögen geht. Es geht um den kompromisslosen, instinktiven Antrieb, alles dafür zu tun – wirklich alles –, um an die Spitze zu kommen und dort zu bleiben. Als sich die Miami Heat den Titel holten, war Dwyane nicht der beste Spieler mit dem größten Talent, aber er war der Einzige, der wusste, was jeder andere zu tun hatte, damit sie gewinnen konnten. Sieger setzen andere so ein, dass die besten Ergebnisse erzielt werden, und machen alle um sie herum besser.

Die Haltung eines Cleaners kann so formuliert werden: *Ich habe alles im Griff.* Er betritt einen Raum mit großem Selbstbewusstsein und verlässt ihn mit Ergebnissen. Ein Cleaner hat den Mut und die Vision, alles zu seinem Vorteil auszurichten. Man weiß nie, was er vorhat, aber man ahnt, dass er etwas ausbrütet. Man kann nur abwarten, ihn beobachten und ihm Respekt für seine Fähigkeit zollen, alles ohne lange Diskussionen oder Analysen zu regeln. Er weiß einfach, was zu tun ist.

Ein Cleaner zu sein, hat fast nichts mit Talent zu tun. Jeder ist auf irgendeine Art und Weise talentiert. Aber das führt nicht unbedingt zum Erfolg. Diejenigen, die Spitzenleistungen erreichen, verlassen sich nicht auf ihr Talent. Sie konzentrieren sich voll und ganz darauf, die Verantwortung und die Führung zu übernehmen, sei es im Sport, in der Familie, beim Führen eines Betriebs oder beim Fahren eines Busses. Sie entscheiden, wie der Job gemacht werden soll, und tun dann das, was nötig ist. Solche Menschen sind unglaublich antriebsstark und besitzen eine unvergleichliche Genialität. Sie erledigen einen Job nicht nur, sie erfinden ihn neu. *Ich habe alles im Griff* ist ihr Credo. Damit meine ich zum Beispiel auch den Kellner, der von jedem einzelnen Kunden weiß, was dieser gerne trinkt und wie er sein Steak mag. Jeder isst in so einem Restaurant gerne und gibt reichlich

Trinkgeld, weil er den hervorragenden Service schätzt. Ich meine aber auch die Lehrerin, die so lange nicht aufgibt, bis alle Schüler den Stoff verstanden haben, oder den Sachbearbeiter, der weiß, was sein Chef braucht, noch bevor dieser es selbst weiß. Oder alle Eltern, die Überstunden machen, um Rechnungen bezahlen und ihre Kinder auf die Universität schicken zu können. Oder die Busfahrer, die jeden Morgen in ihren Bus steigen, alle Passagiere kennen, wissen, wo jeder ein- und aussteigt, immer freundlich lächeln, aber denken: *Das ist mein verdammter Bus und hier wird kein Unsinn gemacht. Hier ist und bleibt es sauber. Ich werde immer pünktlich sein und jeden, der mir blöd kommt, schmeiße ich raus.*

Navy SEALs sind Cleaner. Sie verfolgen ihre Mission und nichts kann sie davon abhalten, sie zu erfüllen; sie wissen, was getan werden muss, und tun es einfach. Sie sind auf Erfolg getrimmt, feiern diesen aber nicht lange, weil es immer noch mehr zu tun gibt. Jeder Sieg ist lediglich ein Sprungbrett für die nächste Herausforderung, der sie sich stellen müssen. Der größte Teil der Arbeit geschieht hinter den Kulissen, ohne viel Tamtam. Cleaner legen keinen Wert auf Show. Ein echter Cleaner sagt einem nicht, was er vorhat oder plant. Das findet man erst am Schluss heraus. Und wenn man schließlich merkt, was er vollbracht hat, befasst er sich schon mit der nächsten Aufgabe.

Warum nenne ich sie Cleaner? Weil sie für alles Verantwortung übernehmen. Wenn etwas schiefläuft, geben sie nicht anderen die Schuld daran, denn Cleaner verlassen sich sowieso nie auf andere. Sie kehren einfach die Scherben zusammen und machen weiter. Denken Sie nur an einen Nachtwächter, der nachts ganz allein arbeitet. Er lenkt keine Aufmerksamkeit auf sich, niemand sieht, wie er arbeitet, niemand weiß, was er eigentlich tut, aber der Job wird immer erledigt. Er muss erledigt werden, damit andere wiederum ihre Jobs effizient ausüben können. So gesehen, ist er der mächtigste Mann in einem Unternehmen. Er hat unbegrenzten Zugang zu allen Räumen, er weiß, wo sich alles befindet und wie alles funktioniert. Er besitzt einen Generalschlüssel für alle Türen und kann sich unbemerkt überallhin bewegen. Er weiß, was die anderen tun, und kennt alle schmutzigen kleinen Geheimnisse, zum Beispiel, wer am Vorabend nicht nach Hause gefahren ist, wer sich spät am Abend reingeschlichen hat, wer die leere Whiskyflasche unter dem Tisch liegen gelassen und wer Kondomverpackungen in den Mülleimer geworfen hat. Wenn es einen Notfall gibt, wird er gerufen.

Ein Cleaner wird nicht als Erster, sondern als Letzter ins Spiel gebracht, wenn sich abzeichnet, dass niemand sonst die Situation retten kann. Er diskutiert nicht lange und bricht auch nicht in Panik aus.

Cleaner brechen auch Regeln, wenn nötig. Sie sind nur am Endergebnis interessiert. Wenn alles schiefläuft und jeder panisch wird, bleibt ein Cleaner ruhig und unerschütterlich, cool und sicher. Er kennt keine Probleme, nur Situationen, die es zu bewältigen gilt, und wenn er eine Lösung gefunden hat, redet er nicht viel darüber. Er sagt nur: »Ich mache das schon.« Und wenn er Ergebnisse erzielt, stehen andere nur fassungslos daneben, schütteln den Kopf und fragen sich, wie er das wieder einmal geschafft hat. Versagen ist keine Option für ihn. Auch noch Jahre später wird er eine negative Situation zu seinem Vorteil nutzen. Und er wird nicht klein beigeben, bis er am Ziel angekommen ist.

Cleaner haben aber auch eine dunkle Seite, zu der man keinen Zugang hat. Sie bekommen das, was sie wollen, aber der Preis, den sie dafür zahlen, ist Einsamkeit. Spitzenleistungen machen nun mal einsam. Cleaner lasten sich physisch oder mental immer aus, um nicht darüber nachdenken zu müssen, was sie eigentlich für ihren Erfolg aushalten, ja sogar opfern müssen. Die meisten Menschen haben Angst davor, die Karriereleiter so hoch hinaufzuklettern, denn wenn sie fallen, kann der Sturz tödlich sein. Cleaner sind bereit, es zu versuchen und beim Versuch zu sterben. Sie denken nicht darüber nach, an eine Decke zu stoßen oder auf dem Boden aufzuschlagen. Für sie gibt es keine Decke. Und keinen Boden.

Weder die Medien noch irgendein Hype können Cleaner hervorbringen. Sie erschaffen sich selbst, und was sie besitzen, haben sie selbst verdient. Um Geld geht es dabei nicht. Das Schlimmste, was ein Cleaner tun kann, ist, sich zu verkaufen. Er weiß, was er wert ist, und falls andere das vergessen sollten, wird er sie notfalls daran erinnern. Um Geld geht es ihm aber nur sekundär. Was einen Cleaner wirklich antreibt und ihn von Konkurrenten unterscheidet, ist seine Sucht nach einem euphorischen Erfolgsgefühl. Diese Sucht ist so übermächtig, dass er sein ganzes Leben danach ausrichtet, den Rausch des Erfolgs auszukosten. Aber es ist nie genug. Sobald er ihn gefühlt, geschmeckt und gerochen hat … ist der Moment schon wieder vorbei und er verlangt nach mehr.

Alles, was er tut, dient dazu, diese Sucht zu befriedigen. Nicht der Weg dorthin gefällt ihm, sondern nur das Endergebnis. Ich weiß, dass Sie schon Ihr ganzes Leben lang zu hören bekommen haben: »Wenn du liebst, was du tust, wirst du keinen Tag in deinem Leben arbeiten!« Oder: »Liebe, was du tust, dann kommt das Geld von ganz alleine!« Das trifft vielleicht auf manche Menschen zu, nicht aber auf Cleaner. Das zu »lieben«, was man tut, heißt, damit zufrieden zu sein, und ein Cleaner ist niemals zufrieden. Cleaner begreifen, dass man seine Arbeit nicht lieben muss, um erfolgreich zu sein. Man muss nur kompromisslos sein und Erfolg haben – alles andere sind nur Ablenkungen auf dem Weg zum ultimativen Preis. Für Sportler bedeutet das, unzählige Stunden im Kraftraum zu verbringen, zu schwitzen und Schmerzen auszuhalten. Für Geschäftsleute bedeutet es, wenig Zeit mit der Familie zu verbringen und das Privatleben für den beruflichen Erfolg zu opfern. Für Lehrer bedeutet es, möglicherweise unzählige Stunden unbezahlte Arbeit zu investieren, um alle

Schüler durch die Highschool zu bringen, denn das Ergebnis ist das Einzige, was zählt.

Cleaner müssen ihre Sucht jedoch im Auge behalten, damit sie von ihr nicht vollständig verzehrt und zerstört werden. Bei einem Cleaner dreht sich alles um Kontrolle, und wenn er merkt, dass er von seiner Sucht gesteuert wird und nicht umgekehrt, wird er versuchen, die Kontrolle zurückzuerlangen. Deshalb nehmen die Besten der Besten, Leistungssportler, Trainer, Geschäftsführer und andere sehr antriebsstarke Menschen, von Zeit zu Zeit eine Auszeit. Der Druck, noch besser sein zu wollen, ist dann zu groß geworden. Daher ziehen sie sich für eine Weile zurück, konzentrieren sich auf sich und tauchen danach für gewöhnlich mit umso größerem Hunger auf Neues wieder auf der Bildfläche auf.

Bevor Sie jetzt das Buch zuklappen, weil Sie denken, dass Sie Ihr Leben niemals so führen können, habe ich gute Neuigkeiten für Sie: Es ist weder nötig noch möglich, in allen Lebensbereichen ein Cleaner zu sein. Man muss nicht in allem, was man tut, kompromisslos sein und man muss auch nicht in allem der Beste sein. Sie können nicht in Ihrer Karriere *und* in Ihrer Beziehung *und* bei Ihren anderen Interessen unaufhaltbar sein, weil Sie, um nur in *einem* dieser Bereiche herausragend zu sein, die Einstellung haben müssen: »Alles andere ist mir egal.« Wenn Sie im Geschäftsleben ein Cleaner sein wollen, opfern Sie vielleicht Ihr Privatleben dafür. Wenn Sie als Elternteil ein Cleaner sein wollen, opfern Sie dafür möglicherweise Ihre Karriere. Cleaner opfern alles andere, um das zu bekommen, was sie am meisten begehren. Die meisten Menschen würde das zu sehr belasten. Einen Cleaner nicht.

Einem Cleaner geht es nicht darum, »alles zu haben«. Haben Sie sich schon mal Milliardäre genauer angesehen? Die sind oft schlecht gekleidet. Warren Buffett lebt immer noch in dem Haus, das er 1958 für 31.500 US-Dollar gekauft hat. Wahre Cleaner interessieren sich nicht für Protz oder einen glamourösen Lebensstil. Sie interessiert nur das Endergebnis, nicht die sofortige Befriedigung ihrer Wünsche auf dem Weg zum Ziel.

***

In meiner Zusammenarbeit mit Spitzensportlern muss ich wissen, mit wem ich es zu tun habe, muss mentale Stärken und Schwächen kennen und wissen, wie sehr ich jemanden pushen kann und wie weit er bereit ist zu gehen. In einer Saisonpause trainierten in meinem Fitnessstudio mal etwa ein Dutzend All-Stars und ein weiteres Dutzend potenzieller All-Stars, die alle an unseren spontanen Sommerspielen auf NBA-Niveau teilnahmen. Jeder Einzelne dieser Spieler galt als hervorragend, dennoch spielte jeder auf einem anderen Niveau und fühlte sich auf unterschiedliche Art und Weise motiviert. Manche gaben in jedem Viertel ihr Bestes, anderen wiederum reichte es, im Sommer ein bisschen Basketball zu spielen. Für mich war das völlig in Ordnung, aber mir fielen die feinen Unterschiede auf, die mir zeigten, mit wie viel Ernst jemand bei der Sache war. Jeder, der das höchste Erfolgsniveau erreicht, egal in welchem Bereich, hat irgendwo hervorragende Leistungen gezeigt; wir sprechen hier nur von minimalen Unterschieden. Aber wenn man der Beste der Besten sein will, sind es genau diese Unterschiede, auf die es ankommt.

Auf der Basis dieser Beobachtungen habe ich ein dreistufiges System entwickelt, das ich vor dem Verfassen dieses Buchs noch nie jemandem gezeigt habe und in dem ich verschiedene Wettbewerbstypen identifiziere. Diese nenne ich:

Cooler, Closer und Cleaner.

Gut, großartig und unaufhaltbar.

Dieses System können Sie auf jede Gruppe von Individuen anwenden. Schauen Sie sich nur in Ihrem Team, Ihrem Büro, bei Ihren

Freunden oder innerhalb Ihrer Familie um. Jeder hat eine andere Definition von Erfolg. Manche Menschen lassen die Lebensumstände über ihren persönlichen Erfolg entscheiden, andere entscheiden selbst, was sie wollen, und denken sich: »gut gemacht«, wenn sie ihr Ziel erreicht haben. Und dann gibt es noch einige wenige, die Erfolg nicht einmal definieren können, weil sie die Messlatte immer höher hängen. Cooler, Closer, Cleaner. Sie werden feststellen, dass die meisten Menschen Cooler sind, ein kleiner Prozentsatz aus Closern besteht und vielleicht, aber auch nur vielleicht, findet man einen Cleaner pro Gruppe. Aber falls es einen gibt, werden Sie ihn erst bemerken, wenn Sie ihn in Aktion sehen. Und das werden Sie dann nie vergessen.

Ein Cooler ist eher vorsichtig. Er wartet darauf, dass man ihm sagt, was er tun muss. Er beobachtet, was die anderen tun, und folgt ihrem Beispiel. Er ist eher der Vermittler, nicht der Entscheidungsträger. Er ist nicht parteiisch, außer man zwingt ihn dazu. Wenn alles gut läuft, kann er zwar einen gewissen Druck aushalten, aber wenn alles zu viel für ihn wird, überträgt er das Problem auf jemand anderen. Er kann ein gutes Spiel abliefern, wird aber letztendlich nicht für das Ergebnis verantwortlich sein. Er ist für den Spielaufbau zuständig und dafür, dass alles gut läuft, bis ein Closer oder ein Cleaner übernimmt.

Ein Closer kann viel Druck aushalten. Er erledigt den Job, wenn man ihm exakt erklärt, was zu tun ist. Er geht alle möglichen Szenarien durch, damit er weiß, was möglicherweise auf ihn zukommt, aber er fühlt sich nicht wohl, wenn etwas Unvorhergesehenes passiert. Er möchte Aufmerksamkeit und Anerkennung und weiß sehr genau, was andere tun und was sie von ihm halten. Er schätzt die Annehmlichkeiten, die Erfolg mit sich bringt; finanzielle Sicherheit ist ihm wichtiger als der Sieg oder Erfolg an sich.

Ein Cleaner wird selten verstanden, aber das macht ihm nichts aus.

Damit meine ich Folgendes:

- Cooler können ein fantastisches Spiel abliefern.
- Closer können eine fantastische Saison hinlegen.
- Cleaner haben fantastische Karrieren.

- Cooler machen sich über den Gegner Gedanken und darüber, wie sie im Vergleich dazu abschneiden.
- Closer analysieren den Gegner und planen ihre Angriffe entsprechend.
- Cleaner zwingen den Gegner, *sie* zu analysieren. Ihnen ist egal, gegen wen sie antreten. Sie wissen, dass sie es mit jedem aufnehmen können.

- Cooler führen ungern den entscheidenden Wurf aus.
- Closer führen den Wurf zwar aus, aber nur, wenn sie sich gute Chancen ausrechnen, den Ball auch zu versenken.
- Cleaner vertrauen ihrem Bauchgefühl und werfen den Ball einfach. Sie müssen nicht groß darüber nachdenken.

- Cooler übernehmen nie eine Aufgabe, bei der sie sich nicht wohlfühlen.
- Closer übernehmen eine Aufgabe, wenn man sie darum bittet, und erledigen diese zur Zufriedenheit, wenn sie genug Zeit haben, sich darauf vorzubereiten und die Lage zu sondieren.
- Cleaner warten nicht darauf, dass man sie zu etwas auffordert, sondern handeln einfach.

- Cooler lassen andere entscheiden, ob sie erfolgreich sind oder nicht. Sie machen ihren Job und warten auf Lob.
- Closer fühlen sich gut, wenn sie ihren Job gut erledigt haben.

- Cleaner empfinden kein Erfolgsgefühl, weil es immer noch höhere Ziele gibt.

- Cooler übernehmen ungern die Teamleitung, sind aber die Ersten, die einem auf die Schulter klopfen, wenn man gute Arbeit geleistet hat.
- Closer wollen Anerkennung für gute Arbeit und schätzen Lob sehr.
- Cleaner beglückwünschen einen selten dafür, dass man seinen Job gut gemacht hat. Das erwarten sie einfach.

- Cooler glauben, dass sie im Rampenlicht stehen wollen, aber wenn es dann so weit ist, können sie nicht damit umgehen.
- Closer stehen immer vorne, weil sie anderen zeigen wollen, wer das Ruder in der Hand hat.
- Cleaner müssen niemandem zeigen, wer das Ruder in Hand hat – weil das sowieso jeder weiß.

- Cooler essen alles, was man ihnen vor die Nase setzt.
- Closer bestellen, was sie möchten, und erfreuen sich an einer guten Mahlzeit.
- Was ein Cleaner zu sich nimmt, ist eigentlich egal, denn eine Stunde später hat er sowieso wieder Hunger.

Der Closer kann ein Spiel zwar gewinnen, wenn sich die Gelegenheit bietet, aber der Cleaner hat die Gelegenheit geschaffen. Der Closer kann zwar ein Star sein, aber der Cleaner hat ihm den Job verschafft. Cleaner benötigen nie einen Tritt in den Hintern. Alle anderen schon. Cooler sind gut, Closer sind großartig und Cleaner sind unaufhaltbar.

***

Sind Sie ein Cleaner?

Fast jeder Cleaner, den ich kennengelernt habe – und ich habe viele kennengelernt –, besitzt einige der im Folgenden aufgeführten Eigenschaften. Manche sind Ihnen sicher vertraut, andere werden Sie faszinieren, wieder andere abstoßen. Aber alle beschreiben die Fähigkeit, kompromisslos sein zu können.

Ich habe 13 Eigenschaften ausgewählt, damit Sie erkennen, dass es so etwas wie Pech oder Glück nicht gibt. Alles ist kontrollierbar. Aber wenn Sie sich auf Ihr Glück verlassen wollen, machen Sie es wie der berühmte Wilt Chamberlain, der fest daran glaubte, dass seine Trikotnummer 13 nicht ihm, sondern seinen Gegnern Unglück bringen würde. So denkt ein Cleaner.

Wie Sie sehen, ist jeder Punkt als Nr. 1 gekennzeichnet. Der Grund ist, dass jeder denkt, die 1 sei der wichtigste Punkt auf einer Liste und die anderen Punkte seien untergeordnet. Wenn die Liste lang ist, verliert man oft nach Nr. 3 oder 4 die Lust weiterzulesen. Aber auf meiner Liste sind alle Punkte gleich wichtig. Wenn ich einem Spieler eine To-do-Liste gebe mit Anweisungen, wie er stark und gesund bleibt, und er einen Punkt auslässt, funktionieren die anderen Punkte auch nicht. Deshalb haben bei mir alle Punkte die Nr. 1 und sind nicht durchnummeriert.

Das gilt auch für dieses Buch. Sie können die Kapitel in beinahe beliebiger Reihenfolge lesen und werden feststellen, dass das letzte genauso wichtig wie das erste ist.

Die kompromisslosen 13

Wenn Sie ein Cleaner sind …

1. … machen Sie weiter, auch wenn andere schon aufgeben.
1. … sind Sie in der »Zone«, blenden alles andere aus und kontrollieren das Unkontrollierbare.
1. … wissen Sie genau, wer Sie sind.
1. … steckt in Ihnen eine dunkle Seite, die sich weigert, »gut« sein zu wollen.
1. … macht Ihnen Druck nichts aus, sondern beflügelt Sie.
1. … verlassen sich alle auf Sie, wenn es brenzlig wird.
1. … messen Sie sich nicht mit anderen, sondern machen sich die Schwächen Ihres Gegners zunutze.
1. … machen Sie keine Vorschläge, sondern treffen Entscheidungen und kennen die Antworten schon, wenn andere noch Fragen stellen.
1. … müssen Sie harte Arbeit nicht unbedingt lieben, aber für den Erfolg brennen.
1. … wollen Sie lieber gefürchtet als gemocht werden.
1. … vertrauen Sie nur wenigen Menschen – und die sollten Sie besser nicht hängen lassen.
1. … ist Scheitern keine Option für Sie, denn es gibt mehrere Wege, die zum Ziel führen.
1. … ruhen Sie sich nicht auf Ihren Leistungen aus, weil Sie immer mehr wollen.

Wenn Sie beim Lesen dieser Liste nicken und denken, »Ich bin also nicht der Einzige, der so denkt«, sind Sie schon auf dem besten Weg, ein Cleaner zu werden.

In den nachfolgenden Kapiteln werden wir uns jede Eigenschaft, die die Basis für Ihren Erfolg darstellt, genauer ansehen und Sie werden sich darin wiederfinden.

Aber vielleicht denken Sie auch: Warum sollte ich mir das durchlesen? Welchen Vorteil hat es, ein Cleaner zu sein? Cleaner sind niemals zufrieden, ihr Antrieb ist ihre Sucht nach Erfolgen. Wer möchte sich schon unwohl fühlen und allein sein? Warum sollte man mehr Druck und mehr Stress wollen?

Ich sage Ihnen, warum: weil die Belohnung so verdammt gut ist.

Cleaner wollen all das, um da hinzukommen, wo nur wenige hinkommen.

Ich möchte nicht, dass Sie jemand werden, der Sie nicht sind und nicht sein wollen. Ich möchte nur, dass Sie offen für die Möglichkeit sind, mehr erreichen zu können, als Sie es bisher getan haben. Wenn Sie ernsthaft bereit sind, einen Weg zu beschreiten, den Sie noch nie gegangen sind, sich mehr anzutreiben, als Sie selbst und andere es je für möglich gehalten haben, ist die Zeit reif, Ihrer inneren Stimme zu vertrauen, die Ihnen sagt, was Sie leisten können und wie Sie wirklich kompromisslos werden.

1. WENN SIE EIN CLEANER SIND …

… machen Sie weiter, auch wenn andere schon aufgeben.

Wenn man mit sehr erfolgreichen und namhaften Sportlern zusammenarbeitet, tut man gut daran, folgende fernöstliche Weisheit zu verinnerlichen: »Diejenigen, die wissen, sprechen nicht. Diejenigen, die sprechen, wissen nicht.« Ansonsten ist die Zusammenarbeit meist von kurzer Dauer.

Ich rede nicht viel.

Meine Kunden sind der Öffentlichkeit schon genug ausgesetzt und müssen daher darauf vertrauen können, dass beim privaten Training nichts nach außen dringt. Ohne ihr volles Vertrauen läuft gar nichts.

Aus diesem Grund habe ich auch nie viel darüber geredet, wie ich mit meinen Spielern trainiere, was wir im Kraftraum oder sonst irgendwo machen und wie ich es konkret schaffe, die Besten noch zu verbessern.

Aber ich berichte Ihnen gerne darüber, was ich in den über 20 Jahren, in denen ich mit den Besten der Besten zusammengearbeitet habe, gelernt habe, wie ich mit meinen Sportlern trainiere, woher ich mein Wissen beziehe und was sie mir und ich ihnen beigebracht habe.

Ich möchte, dass Sie all das nutzen, um zu erreichen, wonach Sie streben. Keine Sorge: Sie müssen nicht so hart trainieren wie ein Profisportler, denn das ist ein Vollzeitjob und jeder, der sagt, man könne durch die Lektüre eines Buches »trainieren wie ein Profi«, will Ihnen nur sein Buch andrehen. Ein Buch zu lesen, ist vielleicht zu Beginn ganz hilfreich, aber seien wir ehrlich: Man trainiert nur dann wie ein Profi, wenn man sich bei allem, was man tut, mit einem Höchstmaß an Intensität engagiert und dabei einerseits immer an seinem Körper, seinen Fähigkeiten und seiner Vorbereitung arbeitet und andererseits nichts dem Zufall überlasst. So etwas schafft man nicht morgens in 30 Minuten, bevor man zur Schule, zur Arbeit oder sonst wohin fährt.

Man kann aber die Einstellung eines Elitesportlers übernehmen, um bei allem, was man tut, erfolgreich zu sein. Alle Tipps in diesem Buch sind gleichermaßen auf den Sport, den Beruf, die Schule oder auf einen anderen Lebensbereich anwendbar.

Denn egal, was Sie sich wünschen und ob Ihr Ehrgeiz Sie ins Fitnessstudio, ins Büro oder woandershin führt: Die ultimative Quelle Ihrer Kraft liegt oberhalb des Halses, nicht unterhalb davon.

Im Sport verwenden wir viel Zeit auf die physische Komponente – wir trainieren, arbeiten und treiben den menschlichen Körper an, um schneller, stärker und widerstandsfähiger zu werden, als die meisten Menschen es je für möglich halten. Und dann, irgendwann, widmen wir uns vielleicht ganz nebenbei auch mal unserem mentalen Zustand.

Das ist eine völlig überholte Herangehensweise. Bei Spitzenleistung geht es nicht nur darum, in den Kraftraum zu gehen und ein wenig zu schwitzen. Das macht nur einen ganz kleinen Teil des Trainings aus. Physische Fähigkeiten bringen einen nur begrenzt weiter.

Fakt ist, dass man seinen Körper nicht trainieren kann – oder überhaupt bei irgendetwas herausragend sein kann –, bevor man nicht seinen Geist trainiert hat. Man kann keine Spitzenleistungen erbringen, wenn der Verstand nicht dazu bereit ist. Trainieren Sie also Ihren Verstand, um Ihren Körper zu trainieren.

Physische Überlegenheit kann Sie großartig machen. Aber nur mentale Überlegenheit macht Sie letztendlich unaufhaltbar. Sie werden nie ein wirksameres Werkzeug erhalten als dieses. Denn wenn Sie Ihre Psyche stärken, wird Ihr Körper folgen. Die wahre Größe eines Menschen zeigt sich an immateriellen Werten, die nicht messbar sind. Jeder kann sein Gewicht, seine Länge, seine physische Stärke und seine Schnelligkeit messen … aber Engagement, Durchhaltevermögen oder die intuitive Kraft unseres stärksten Muskels, des Herzens, kann man nicht messen. Damit beginnt Ihre eigentliche Arbeit: zu erkennen, was Sie erreichen wollen, und zu wissen, was Sie auszuhalten bereit sind, um Ihr Ziel zu erreichen.

Ich will mit Menschen zusammenarbeiten, die genauso hart arbeiten wie ich. Ich bin kompromisslos in meinem Streben nach Spitzenleistungen und das erwarte ich auch von anderen. Das Programm trägt meinen Namen, aber auf dem Trikot steht der Ihre. Das sollte Ihnen genauso viel bedeuten wie mir, sonst hat die ganze Sache keinen Sinn.

Und wenn Sie sich erst fragen müssen, ob Sie das schaffen, sind Sie schon gescheitert.

Wenn ich mit meinen Sportlern trainiere, stelle ich drei Regeln auf: Sei pünktlich, arbeite hart und hör gut zu. Wenn sie diese drei Regeln befolgen, kann ich mit ihnen zusammenarbeiten und ihnen helfen. Wenn nicht, hat es keinen Sinn. Ich reiße mir jeden Tag den Arsch für meine Sportler auf, aber ich erwarte, dass sie das auch tun. Ich werde bestimmt nicht härter arbeiten, als sie es zu ihrem eigenen Nutzen tun. Wer mir aber zeigt, dass er es wirklich will, dem helfe ich.

Aber es muss so ablaufen, wie ich es sage. Das heißt nicht, dass ich einen Konditionstrainer, Vater oder Masseur nicht respektiere, aber wenn sie wüssten, was in einer bestimmten Situation zu tun ist, würden die Sportler ja nicht zu mir kommen. Meine Arbeit besteht nur zu 20 Prozent aus physischer Arbeit, der Rest ist mental. Talent haben die Sportler sowieso. Mein Job ist es, ihnen zu zeigen, was sie mit dem Talent anfangen können, um aus dem Käfig, der sie gefangen hält, auszubrechen. Vielleicht gefällt ihnen nicht, was ich sage, aber wenn sie dranbleiben, werden sie am Ende belohnt. Ich habe schon viele Spieler trainiert, die keine 2 Millionen US-Dollar wert waren, aber danach das Zehnfache verdienten. Weil sie mein Programm durchlaufen haben und drangeblieben sind, was für die Teams sehr wichtig ist. Wer mit mir zusammenarbeitet, der meint es ernst, das wissen auch die Vereine.

Wenn Sie ein Profi sind, managen Sie Ihre Karriere professionell. Das ist auch mein Ansatz. Ihr Körper ist mit einem Business vergleichbar, um das man sich kümmern muss oder man scheitert, und falls Sie das je vergessen, werde ich Sie daran erinnern, das können Sie mir glauben. Es ist mir egal, wie berühmt oder erfolgreich Sie sind. Ich erwarte, dass wir uns beide zu harter Arbeit verpflichten, und hoffe, dass dabei eine professionelle Zusammenarbeit entsteht, auf die wir stolz sein können. Ich kenne so viele Trainer, die sich mit ihren Spielern anfreunden und sie unbedingt glücklich machen wollen, um bloß keinen namhaften Kunden zu verlieren. Sobald ein Spieler sagt: »Mir reicht es jetzt«, schrauben sie ihre Ansprüche zurück und gestalten das Training leichter. Glauben Sie mir, wenn ich Ihnen sage, dass wir keine Freunde werden müssen. Sie haben schon genügend Freunde, die Sie anhimmeln. Unsere Zusammenarbeit ist professioneller und nicht privater Natur. Wenn wir am Ende dennoch Freunde werden sollten, wäre das toll, aber mir ist es wichtiger, dass wir uns Ihrer Karriere und Ihrer Zukunft widmen.

Manche Spieler möchten in die Planung unserer Zusammenarbeit involviert werden, andere lassen mich einfach machen. Kobe zum Beispiel wollte in die Planung miteinbezogen werden, Michael ebenso. Kobe kommt vielleicht zu mir und sagt: »Hör mal, wenn ich mich beim Hochspringen mit dem linken Bein abstoße, tut mir das im Knie weh.« Zunächst einmal versuche ich dann nachzuvollziehen, was genau passiert ist. Wann traten die Schmerzen zum ersten Mal auf? In welcher Phase des Spiels? Ich sehe mir die Videoaufzeichnung des Spiels an und analysiere jede seiner Bewegungen genau, um herauszufinden, was seinem Knie geschadet haben könnte. Oder hat es vielleicht an einer Übung gelegen, die wir zusammen gemacht haben? Ich gehe alle Übungen durch und überlege, ob eine davon das Knie gereizt haben könnte. Wenn ich so etwas frage wie: »Erinnerst du dich an das Spiel gegen Utah, als dieses oder jenes passiert ist ...?«, weiß er genau, wovon ich spreche. Dann gehen wir nochmal alles durch, bis ich schließlich mit einiger Gewissheit sagen kann: »Ich glaube, dein Knieproblem hat da oder dort begonnen und jetzt müssen wir dieses oder jenes tun, um es wieder in Ordnung zu bringen.« Das nenne ich eine gute Zusammenarbeit.

Ich freue mich über konstruktive Ideen und Inputs, aber wenn man mit mir zusammenarbeitet, muss man mich die Entscheidungen treffen lassen. Es gibt nicht mehrere Optionen. Die meisten Menschen haben zu viele Optionen und entscheiden sich selten für die schwierigere. Wenn man jemanden fragt: »Möchtest du 90 oder 30 Minuten trainieren?«, entscheiden sich die meisten Menschen für 30 Minuten. Wenn man sagt: »Probier das mal aus, aber wenn es zu schwer ist, können wir es einfacher machen«, wählen die meisten Menschen die leichtere Variante. Ich biete keine Alternativen an, es gibt nichts, worüber Sie nachdenken müssen. Lassen Sie mich die Denkarbeit für uns beide machen. Ich vereinfache Ihr Leben, da ich alle Hausarbeiten erledige und Ihnen sogar die Antworten auf die Testfragen verrate. Erscheinen Sie einfach nur pünktlich, arbeiten Sie hart und hören Sie gut zu. Das ist Ihr Beitrag. Erledigen Sie die Arbeit.

Erledigen. Sie. die. Arbeit. Sie müssen jeden Tag etwas tun, das Sie eigentlich nicht tun möchten. Jeden Tag. Fordern Sie sich heraus und lernen Sie, damit klarzukommen und sich unwohl zu fühlen. Überwinden Sie Ihre Apathie, Ihre Faulheit und Ihre Ängste. Sonst gibt es am zweiten Tag schon zwei Dinge, die Sie nicht tun möchten. Und dann drei, vier und fünf. Schon bald können Sie nicht einmal mehr die erste Aufgabe erledigen. Letztendlich können Sie sich dann für den ganzen Schlamassel nur selbst die Schuld in die Schuhe schieben und zu den physischen Sperren kommen jetzt auch noch die mentalen.

Für meine Kunden bin ich die Sache, die sie am liebsten weit von sich wegschieben würden. Für Sie ist es vielleicht irgendeine Arbeit im Büro oder zu Hause oder das Training im Fitnessstudio. Sie müssen diese Dinge aber tun, um sich zu verbessern. Sonst können Sie nicht der Beste werden und sich auf keinen Fall als kompromisslos bezeichnen.

Cleaner erledigen die schwierigsten Aufgaben zuerst, um zu beweisen, dass ihnen keine Aufgabe zu schwer ist. Gerne machen sie das sicher nicht, aber sie haben dabei immer ihr Ziel im Auge und ignorieren den schwierigen und mühsamen Weg zum Ziel. Sie machen, was sie tun müssen, weil sie wissen, dass es notwendig ist, und normalerweise muss man ihnen nichts zweimal sagen. Wenn andere völlig erschöpft zusammenbrechen, wollen sie eine Übung sogar wiederholen und behaupten obendrein, der zweite Durchgang habe ihnen noch besser gefallen.

Natürlich sind sehr erfolgreiche Menschen nicht daran gewöhnt, sich von anderen etwas sagen zu lassen. Ja, ich weiß, dass die Konditionstrainer des Vereins die Spieler nicht zwingen, dieses und jenes zu tun, aber genau das ist das Problem. Sie können die Spieler nicht feuern, wenn sie nicht erscheinen oder sich weigern, hart zu arbeiten. Ich kann das sehr wohl. Whirlpool, Eistonne, Therapien, Training bis spät in die Nacht ... sobald wir zusammenarbeiten, sage ich, wo's langgeht. Kooperation ist Pflicht. Wenn Sie jemanden in meinem Team anschnauzen und sich weigern, in die Eistonne zu steigen, wird er es mir sagen, damit ich Ihnen befehle: »Steig in die verdammte Tonne.« Und wenn Ihnen in den letzten 24 Stunden nicht irgendetwas Schreckliches zugestoßen ist, über das ich nicht informiert bin und das meine Meinung ändert, dann steigen Sie in diese Tonne.

Ja, ich weiß, dass es unangenehm ist. Sie müssen es auch nicht mögen. Ich möchte nur, dass Sie das Ergebnis so intensiv wollen, dass Ihnen der Weg zum Ziel egal ist. Vielleicht tröstet es Sie, dass ich mir meine Arbeit auch nicht leicht mache. Es wäre für mich viel einfacher, die Fitness meiner Athleten auf dem Stand halten, auf dem sie vorher war, darauf zu achten, dass sie gesund bleiben, und schon wären alle zufrieden. Aber mein Ansporn ist es, die Besten noch besser zu machen. Kobe, Dwyane, meine Spieler in der Hall of Fame – Michael, Hakeem Olajuwon, Charles Barkley, Scottie Pippen – und so viele andere suchen mich auf, weil sie nicht auf ihrem bisherigen Niveau bleiben möchten, sondern Schmerzen und Unannehmlichkeiten auszuhalten bereit sind, um nahezu perfekt zu werden. Sie wissen, dass ich sie so lange antreibe, bis sie ihr gestecktes Ziel sogar überschreiten. Wenn man mit jemandem arbeitet, der mittelmäßig ist und nur begrenzte Erwartungen hat, ist alles ein Erfolg. Diesen Job kann jeder Trainer machen. Aber wenn man Menschen trainiert, die schon die Besten in ihrem Bereich sind, sind Fortschritte weitaus schwieriger zu erzielen. Ich schaue mir jedes noch so kleine Detail und jede kleinste Veränderung genau an, damit ich weiß, woran wir arbeiten müssen, um uns einen Vorteil zu verschaffen, egal wie klein er auch sein mag. Zu Beginn trainierte ich nur mit Michael; später kamen einige Mannschaftskollegen von den Bulls hinzu. Michael sagte immer: »Ich bezahle dich nicht dafür, mich zu trainieren, sondern dafür, dass du niemand anderen trainierst.« Er wollte als Einziger einen Vorteil haben.

Obwohl das schmeichelhaft klingt, lautet die Wahrheit: Kein Trainer kann Sie gut, großartig oder unaufhaltbar zu machen, wenn Sie nicht selbst hart dafür arbeiten und stattdessen darauf warten, dass andere den Job für Sie erledigen. Es ist an Ihnen. Darum erzähle ich

Ihnen das auch alles. Nicht, damit Sie erfahren, was ich für meine Kunden so alles tue, sondern weil ich möchte, dass Sie wissen, was *Sie* für sich selbst tun müssen.

Wenn Sie erfolgreich sein wollen, müssen Sie sich mit Unannehmlichkeiten abfinden. Jedes Mal, wenn Sie meinen, etwas nicht tun zu können, müssen Sie es trotzdem tun. Sie müssen auch noch das letzte Stück laufen, den letzten Durchgang an einem Trainingsgerät machen, noch weitere fünf Minuten aushalten. Sie müssen das letzte Spiel einer Saison mit der gleichen Intensität spielen wie das erste. Wenn Ihr Körper sich nach Ruhe sehnt, völlig fertig ist und Ihnen zuruft: »Das mache ich auf keinen Fall, du Arschloch«, müssen Sie noch härter arbeiten und sich sagen: »Tu es. Und zwar jetzt.«

Sie kontrollieren Ihren Körper, nicht umgekehrt. Schieben Sie Angst, Emotionen und physischen Stress beiseite und tun Sie das, wovor Ihnen graut. Machen Sie die Übungen nicht mechanisch und schauen Sie dabei nicht auf die Uhr, bis das Training vorbei ist. Ihr Ziel sollte es sein, sich immer wieder über den Status quo hinauszupushen

Unsere gemeinsame Reise ist kein Spaziergang und wir drehen weder einen Hollywoodfilm noch einen Sneaker-Werbespot mit mitreißendem Soundtrack und eindrucksvollen Special Effects. Das hier ist kein Roman mit kitschigem Ende. Wenn Sie eine Wohlfühlgeschichte darüber sehen wollen, wie ein Trainer einem Typen hilft, vom Tellerwäscher zum Millionär zu werden, schauen Sie sich besser den Film *Rocky* an. Das hier ist das echte Leben. Wenn Sie während einer meiner Übungen ohnmächtig werden, werde ich mich nicht neben Sie knien, um Sie zu bemitleiden. Ich werde überprüfen, ob Sie noch atmen, und Sie dann genau so liegen lassen. Wenn Sie wieder zu sich kommen und Ihr Erbrochenes aufgewischt haben, können wir weiterarbeiten.

Wir arbeiten immer weiter.

Ich denke mir ständig neue Sachen aus, wie ich jemanden noch mehr antreiben, seinen Körper noch besser wachrütteln und sein mentales Durchhaltevermögen noch besser testen kann. Wenn man immer wieder dieselben Übungen macht, erzielt man auch immer dieselben Ergebnisse. Mein Ziel ist es aber, Sie im Kraftraum so herauszufordern, dass alles andere ein Kinderspiel für Sie ist. Es geht vor allem darum, Sie zu testen und Sie auf alle Eventualitäten vorzubereiten, damit Sie in dem Moment, in dem Sie Leistung zeigen müssen, nicht mehr nachdenken müssen. Erledigen Sie Ihre Arbeit rechtzeitig, damit Sie wissen, was Sie leisten können, wenn alle anderen in Panik ausbrechen und Sie erwartungsvoll anschauen. Das, was Sie bei mir machen, ist härter als alles, was Sie auf dem Spielfeld je erwarten wird, und wenn es dann so weit ist, weiß Ihr Körper einfach intuitiv, was er zu tun hat.

Zeigen Sie mir Ihre Grenzen, und ich werde Ihnen zeigen, wie weit Sie darüber hinausgehen können. Die entscheidende Frage lautet: Wo *ist* diese Grenze? Als Kobe sich im All-Star Game gleichzeitig die Nase brach und eine Gehirnerschütterung zuzog, bestand er darauf, beim nächsten Spiel der Lakers wieder mitzuspielen. Warum? Er wollte wissen, wie sein Körper auf das Trauma reagieren würde und was er unter diesen Bedingungen zu leisten imstande war. Die wenigsten Menschen wissen, was sie eigentlich leisten können, und kaum einer möchte es überhaupt wissen.

Kann ich Sie über Ihre Leistungsgrenze hinaus antreiben, ohne dass Sie zerbrechen? Wie weit können und wollen Sie gehen? Sie müssen zu 100 Prozent mitziehen, sich auf die Arbeit konzentrieren und nicht daran denken, was Sie heute Abend unternehmen möchten oder welche Rechnungen Sie noch zu bezahlen haben. Für maximale Ergebnisse muss man maximal konzentriert sein.

Wenn ich mich auf einen Kunden konzentriere, beobachte ich ihn ganz genau: seinen Gesichtsausdruck, seine Herzfrequenz, wie er schwitzt, welches Bein zuckt, ich merke mir jedes kleinste Detail. Dann verarbeite ich alle Informationen und entscheide, ob ich ihn noch weiter antreiben will. Wenn ich es tue, wird er sich doppelt so schnell verbessern. Aber er muss sich auf das einlassen, was ich von ihm fordere.

Meine Arbeit besteht größtenteils darin, Sportler nach schweren Verletzungen oder Operationen wieder fit zu machen. Ich garantiere den Spielern, dass sie sich nach dem Training extrem verbessert haben werden. Das müssen sie auch, denn wenn sie auf dem vorherigen Niveau bleiben, werden sie sich höchstwahrscheinlich wieder verletzen. Also lasse ich sie härter trainieren als je zuvor und treibe sie mehr an, als sie je angetrieben wurden, damit sie noch stärker und kräftiger werden.

Aber man darf dabei ihre Ängste nicht unterschätzen, denn diese stellen ein großes Hindernis dar. Die Jungs haben am Anfang schlichtweg Angst, sich zu bewegen. Zum ersten Mal in ihrem Leben können sie sich nicht auf ihre physischen Fähigkeiten verlassen oder ihre Bewegungen kontrollieren und jetzt macht ihr eigener Körper ihnen Angst. Eines der größten Hindernisse bei der Genesung ist, dass sie sich nicht bewegen *wollen*. Und wenn man sich als Sportler nicht bewegen will, verliert man seinen Fokus und seinen Hunger, besonders wenn man einen langjährigen Vertrag unterzeichnet hat. Als Kind bedeutete eine Verletzung, dass man vielleicht seinen Stammplatz im Team verliert, also streute man Sand auf die Wunde, biss die Zähne zusammen und spielte einfach weiter. Auf dem Profilevel ist das nicht möglich. Aber jeder muss letztlich allein entscheiden, ob er wieder einsatzbereit ist oder nicht. Mich interessieren weder Röntgenbilder noch MRTs. Wenn ein Spieler mental noch nicht bereit ist, ist er nicht bereit.

Daher fangen wir ganz von vorne an. Wir laufen ein paar Schritte, bewegen ein wenig die Schultern und tasten uns langsam vorwärts.

Jede noch so kleine Verbesserung baut das Selbstbewusstsein wieder auf und führt letztendlich zu großen Veränderungen. Jeden zweiten oder dritten Tag dehnen wir die Gelenke ein wenig mehr und versuchen, noch etwas länger zu laufen. So werden jeden Tag Fortschritte erzielt.

Aber bequem mache ich es keinem. Warum sollte ich? Es bequem zu haben, heißt, gut zu sein. Unser Ziel ist es aber, unaufhaltbar zu sein, und das hat seinen Preis. Ich werde niemandem wehtun, aber wenn meine Kunden mir nicht vertrauen, dass ich sie dahin bringe, wo sie hinmüssen, erreichen wir gar nichts. Ich werde sie nie in eine Situation bringen, für die sie noch nicht bereit sind, aber ich werde es dennoch schneller als andere versuchen. Wenn ich ihnen nämlich erlaube, in ihrem eigenen Tempo ans Ziel zu kommen, werden wir es nie erreichen.

Ich werde ständig gefragt, was meine Geheimnisse sind und welche Tricks ich einsetze. Ich muss Sie leider enttäuschen: Es gibt keine. Es ist ganz einfach, egal, ob Sie Profisportler, Geschäftsmann, Lastwagenfahrer oder Schüler sind. Fragen Sie sich selbst, wo Sie gerade sind und wo Sie hinwollen. Fragen Sie sich, was Sie zu tun bereit sind, um Ihr Ziel zu erreichen. Erstellen Sie einen Plan. Handeln Sie danach.

Es gibt keine Abkürzung. Ich möchte nichts von fünfminütigen täglichen Workouts oder 20 Minuten Training pro Woche hören. Das ist völliger Unsinn und funktioniert höchstens bei Menschen, die sich bisher noch nie von ihrer Couch erhoben haben und sich jetzt fünf Minuten bewegen, um wenigstens ein paar Kalorien zu verbrennen. Wenn Sie 140 Kilo wiegen und sich noch nie bewegt haben und ich Sie dazu bringe, einen Monat lang zweimal die Woche ins Fitnessstudio zu gehen, werden Sie vielleicht 6 Kilo abnehmen. Wenn Sie für gewöhnlich zwei Tüten Chips pro Tag essen und einen Liter Cola trinken und danach auf eine Tüte Chips und eine Dose Cola umsteigen, reagiert Ihr Körper möglicherweise auf die Kalorienreduktion und Sie werden ein wenig abnehmen. Aber das würde ich noch nicht als »Fitness« bezeichnen. Ich hasse Diäten, die Menschen belügen und lächerliche Versprechen machen, die auf totalem Mist aufbauen. Erzählen Sie mir bitte nichts von Übungsprogrammen, die »leicht« sind und »bequem zu Hause« gemacht werden können. Trainingsprogramme, die die Worte *leicht* und *bequem* beinhalten sind keine Trainingsprogramme, sondern Beleidigungen. Man kann durchaus zu Hause trainieren, aber wenn man sich dabei »wohlfühlt«, stimmt irgendetwas nicht.

Sie haben nur ein Leben. Wie können Sie nicht darin investieren wollen? Damit meine ich nicht nur Profisportler, sondern jeden, dem Erfolg wichtig ist. Stellen Sie sich einen äußerst erfolgreichen Menschen vor, der viel erreicht hat, aber 50 Kilo Übergewicht hat, weil er seine Fresssucht nicht kontrollieren kann. Er begnügt sich damit, ein ungesunder Multimillionär zu sein. Da er finanziell sehr erfolgreich ist, wofür ihn alle bewundern und respektieren, hat er viele Freunde, die nur allzu bereit sind, ihm beim Geldausgeben zu helfen. Aber er selbst ist zu fettleibig, um guten Sex zu haben oder andere physische Aktivitäten auszuüben. Wahrscheinlich wird er 20 Jahre zu früh sterben und sein Geld weitervererben. Was bleibt dann von seinem Erfolg noch übrig?

Menschen machen weder gerne Sport noch eine Diät, weil beides unbequem ist. Aber es ist auch nicht sonderlich bequem, die zusätzlichen Kilos mit sich herumzuschleppen und dadurch viele physische Probleme zu haben. Meistens sind es Rückenschmerzen, Gelenkschmerzen, Kurzatmigkeit, Diabetes, Herzprobleme ... ich würde mal schätzen, dass 85 Prozent dieser Krankheiten auf Übergewicht basieren. Beantworten Sie mir folgende Frage: Wenn Sie entscheiden müssten, sich entweder unwohl zu fühlen, weil Sie krank sind oder weil Sie dreimal pro Woche im Fitnessstudio schwitzen, was würden

Sie wählen? Warum entscheiden sich so viele Menschen für das Unwohlsein, das zum körperlichen Totalausfall führt?

Ich bekomme viele Anrufe von Menschen, die ihr Gewicht regulieren wollen. Die meisten haben schon etliche Ernährungswissenschaftler konsultiert und essen dennoch jede Menge Fast Food. Aber wenn Sie mir erlauben, das zu tun, was nötig ist, lässt sich Ihr Gewicht in wenigen Wochen reduzieren. 2012 haben wir Eddy Curry um 50 Kilo verschlankt, damit er einen Vertrag bei den Miami Heat unterzeichnen konnte. Und wir können auch Ihnen mit den 15 Kilo helfen, die Sie abspecken müssen, bevor das Trainingscamp beginnt.

Aber Sie müssen hart dafür arbeiten. Im vorigen Jahr rief mich ein Baseballagent an, dessen Kunde Pitcher war und vor Trainingsbeginn im Frühjahr 20 Kilo verlieren musste. Einen Tag bevor das Programm beginnen sollte, sprang er mit der Begründung ab, doch allein abnehmen zu wollen. Ich fragte ihn: »Bist du dir ganz sicher?« Es ist nicht so einfach, 20 Kilo abzunehmen, besonders wenn sich das Gewicht über Jahre aufgrund von schlechten Essgewohnheiten und mangelndem Training aufgebaut hat. Er blieb dabei. Ich wünschte dem Agenten viel Glück und sagte ihm, dass sein Spieler in acht Monaten weg vom Fenster sein würde.

Da lag ich falsch: Er spielte schon nach vier Monaten nicht mehr.

Wenn Sie mich aufsuchen, um Ihr Gewicht zu reduzieren, essen Sie besser vorher Ihre letzte Mahlzeit. Ich nehme mir fünf Wochen Zeit, um Sie wieder fit zu machen. Gleich am ersten Tag legen wir los, und wenn Sie nicht schummeln, sich keine Fritten vom Teller Ihres Freundes klauen und kein Bier auf der Hochzeit Ihres Cousins trinken, werden Sie in den ersten drei Wochen 10 Kilo abnehmen. Sie bekommen von mir eine Liste mit Lebensmitteln, die Sie essen und die Sie nicht essen dürfen. Ich schicke Ihnen jemanden, der für Sie kocht. Ich setze mich mit Ihrer Ehefrau oder Mutter hin und erkläre ihr, wie viel Zucker die zwei Liter Orangensaft enthalten, die

Sie jeden Tag trinken. Aber Sie müssen stets meine Regeln befolgen.

Wenn man wirklich wissen will, aus welchem Holz jemand geschnitzt ist, muss man ihn einfach nur dabei beobachten, wie er auf Zuckerentzug reagiert. Ich rede nicht von einer Atkins- oder Low-Carb-Diät, sondern von absolut null Zucker. Und da die wenigsten Menschen wissen, wie viel Zucker in unserer Nahrung enthalten ist, gebe ich ihnen einen schriftlichen Leitfaden, in dem steht, was sie essen und was sie nicht essen dürfen. Versehen mit dem Hinweis: *Der Erfolg des Programms zeigt sich daran, dass man hinter einem Auge Kopfschmerzen bekommt und sich übergeben möchte*. In den ersten beiden Tagen zucken sie und es wird ihnen abwechselnd heiß und kalt. Sie bekommen starke Blähungen und fürchterlichen Durst und dann beginnen sie zu zittern wie ein Heroinabhängiger auf Entzug. Ich eliminiere jedes Gramm Zucker aus ihrem Körper und das zehn Tage lang. Nach zwei fürchterlichen Tagen geht es ihnen dann besser. Und wenn jemand schummelt, merke ich das sofort. Ich lasse auch alle meine Trainer diesen Prozess durchlaufen, damit sie genau wissen, wie es sich anfühlt.

Wenn jemand während dieser Entgiftungsphase ins Fitnessstudio kommt und auf die Frage nach seinem Befinden antwortet, es gehe ihm gut, beginne ich zu zweifeln.

Einen Tag später frage ich ihn dann wieder: »Wie geht es dir?« Die Antwort: »Ich fühle mich großartig, alles ist in Ordnung.«

Einen Tag später versuche ich es wieder. »Alles in Ordnung? Hältst du dich an die Diät?«

»Ja, alles gut.«

Alles klar, Sie sind ein verdammter Lügner. Wenn Sie es vermasseln wollen, tun Sie das gefälligst woanders. Ich weiß, dass es nicht einfach ist, aber man kann nicht einerseits in seiner Komfortzone bleiben und andererseits gute Ergebnisse erzielen wollen. Fordern Sie sich heraus. Haben Sie keine Angst davor, sich unwohl zu fühlen.

Wir können niemandem helfen, der unbedingt scheitern will.

Ich liebe Sportler, die mich anflehen, mehr tun zu dürfen, als ich von ihnen verlange. Ich warne sie zwar, wenn sie noch nicht bereit dazu sind, aber mir ist jemand, der heimlich mehr trainiert, lieber als jemand, der sein Training ausfallen lässt, weil er ein Covershooting hat oder einen Turnschuh promoten soll. Mein Training macht dieses ganze andere Zeug erst möglich, nicht umgekehrt.

Nach Dwyanes Knieoperation in 2007 trainierte er im Kraftraum eine Übung, die ich alle Spieler nach einer Knöchel-, Knie- oder Hüftoperation machen lasse, bevor sie wieder aufs Spielfeld dürfen. Hierfür müssen sie auf einem 1,20 Meter hohen gepolsterten Kasten stehen, auf den Boden springen und dann auf einen anderen 1,20 Meter hohen Kasten springen. Das ist sowohl physisch als auch mental sehr schwer. Diese Übung zeigt mir aber, ob der Körper des Spielers Stress aushalten kann und, was genauso wichtig ist, ob sein Kopf dazu bereit ist, seinem Körper zu vertrauen, oder ob er Angst vorm Versagen hat. Die Herausforderung besteht nicht darin, physisch so hoch zu springen, sondern darin, die Angst vor dem Herunterspringen zu überwinden.

Dwyane übte dies gerade, während andere Spieler in der Nähe trainierten. Einige Tage später erzählten mir meine Trainer, dass die anderen Spieler die Übung heimlich auch probierten und sich in den Kraftraum geschlichen hatten, als niemand dort war. Sie wollten wissen, ob sie das, was Dwyane da machte, auch konnten. Die meisten hassten Sprungübungen eigentlich, aber sie wollten sich an ihm messen. Cleaner haben keinen Ausschaltknopf. Sie stehen immer unter Strom.

Eine meiner größten Herausforderungen ist es, Spieler, die noch nicht wieder Basketball spielen dürfen, vom Ball fernzuhalten. Wenn ich mit diesen großartigen Spielern zusammenarbeite, die sich gerade von Verletzungen oder Operationen erholen, erstelle ich einen detaillierten Plan für ihre Genesung und die oberste Maxime lautet, dass sie *auf keinen Fall* ein Spielfeld betreten dürfen. Aber erklären Sie das mal jemandem, der keine fünf Minuten ohne Ball auskommt.

Der berühmte Charles Barkley – wahrscheinlich der athletischste Spieler, den ich kenne, und ein Cleaner durch und durch – arbeitete zum Beispiel mal nach einer Knieoperation mit mir und war nicht gerade begeistert als ich ihm mitteilte, dass er mit seiner gerade frisch operierten Kniescheibensehne nicht auf den Platz dürfe, solange er eine Orthese trage.

Er warf mir diesen Blick zu, der töten kann, und verlangte nach einem Ball. Dann stellte er sich unter den Korb und machte, auf seinem gesunden Bein stehend, zehn Dunks. Er dunkte jeden Ball, auf einem Bein stehend, und seine Orthese berührte dabei nicht einmal den Boden.

Das sind die Spieler, die ich liebe. Die Draufgänger, die etwas riskieren und sich selbst antreiben. Innerhalb von drei Tagen weiß ich normalerweise alles über einen Menschen. Am ersten Tag sind sie noch zu allem bereit und dann fordere ich sie, wie sie noch nie gefordert worden sind. Am zweiten Tag, wenn sie mit Muskelkater in Körperteilen wach werden, von deren Existenz sie nicht einmal wussten, ist die Versuchung schon groß, das Ganze hinzuschmeißen. Aber es ist ja erst der zweite Trainingstag und die Schmerzen beschränken sich auf den Oberkörper, auf den wir uns am Vortag konzentriert haben. Deshalb erscheinen sie wieder zum Training. Am dritten Tag, nachdem wir Ober- und Unterkörper trainiert haben und alle Muskeln von der Milchsäure schmerzen, weiß ich alles, was ich wissen muss, weil es ihnen von den ersten beiden Tagen noch total schlecht geht. Die ersten 48 Stunden sind also die Testphase. Wer trotz Schmerzen und Erschöpfung wiederkommt, kann nun richtig loslegen. Wenn mir jemand sagt, er schaffe es nicht ... ist er am falschen Ort. Für Menschen, die den leichten Weg gehen wollen, gibt es unzählige andere Trainer. Das entspricht nicht meinem Trainingsstil. Gewöhnen Sie sich daran, dass es unangenehm wird, oder versagen Sie lieber woanders.

1. WENN SIE EIN CLEANER SIND …

… sind Sie in der »Zone«, blenden alles andere aus und kontrollieren das Unkontrollierbare.

Ein Cooler putscht andere vor dem Spiel emotional auf.
Ein Closer putscht sich selbst vor dem Spiel emotional auf.
Ein Cleaner ist niemals emotional aufgeputscht. Er bleibt cool und gefasst und sammelt seine Kräfte für das Spiel.

Still, dunkel, allein. Immer allein, nie Teil der Menge, auch wenn Sie von Hunderten von Fans umringt sind, die Ihren Namen brüllen. Allein in Ihrem Kopf, allein mit dem Stimmengewirr, das nur Sie hören können. Keine Nebengeräusche, keinerlei Ablenkung. In diesem Moment geht es nur um Sie. Ihre dunkle Seite treibt Sie an, brennt in Ihnen und sagt Ihnen … tu es. Tu es. Sie können Ihr Herz schlagen hören und kontrollieren jeden einzelnen Herzschlag. Sie kontrollieren alles. Jemand spricht mit Ihnen … aber Sie können und wollen ihn nicht hören. Am späteren Abend wird irgendjemand, ein Journalist, ein Teamkollege, jemand aus Ihrer Familie, sagen, dass Sie ein Idiot sind, unhöflich und unkommunikativ. Er kapiert es nicht, aber das ist Ihnen egal. Man wirft Ihnen vor, in Ihre eigene kleine Welt abzutauchen. Ja. Genau. Haut ab. Lasst mich in Ruhe. Lasst mich in Ruhe.

Sie sind jetzt in der Zone.

Sie wissen, dass andere um Sie herum emotional aufgewühlt sind. Entweder haben sie Angst, sind eifersüchtig oder haben keine Ahnung von dem, was gerade abgeht. Sie aber spüren nur, dass Sie bereit sind. Keine Emotionen, denn wenn Sie in der Zone sind, fühlen Sie nur Wut, eine stille, kalte Wut, die dennoch unter der Haut brennt ... keinen Hass, nichts, was nicht kontrollierbar ist. Ihre Wut braut sich langsam und dunkel zusammen, wie ein Sturm, dessen Heftigkeit keiner erahnt, bis er sie spürt, und dessen Geschwindigkeit man erst messen kann, wenn er weitergezogen ist.

So ungefähr muss man sich einen Cleaner in der Zone vorstellen.

Alles, was er fühlt, all seine Energie befindet sich direkt unter der Oberfläche. Es entstehen weder kleine noch große Wellen ... keiner sieht den Sturm kommen. Überlassen Sie Chaos und Drama den anderen, das passt nicht zu Ihnen. Sammeln Sie stattdessen all Ihre Kräfte für das, was vor Ihnen liegt.

Denn wenn Sie in der Zone sind, ist Ihr Moment gekommen.

Während wir an unserer Karriere und unseren Fähigkeiten basteln, also zur Uni gehen, ein Unternehmen aufbauen, Geld verdienen oder unseren Körper trainieren, wird unser Erfolg, aber auch unser Misserfolg von unserem mentalen Fokus, unserer Konzentrationsfähigkeit und unserer Fähigkeit, unser Umfeld und den Herzschlag anderer zu kontrollieren, beeinflusst.

Denken Sie mal über Folgendes nach: In Ihren Füßen befinden sich 52 Knochen, 38 Muskeln und Sehnen, 66 Gelenke und 214 Bänder. Und am anderen Ende Ihres Körpers befindet sich ein Gehirn, das nur sehr wenig wiegt und in Ihrem Kopf herumschwimmt. Es ist nicht schwer, sich über die komplizierten Funktionen von Knochen,

Gelenken, Bändern und Muskeln zu informieren, darüber, wie sie es einem erlauben, das zu tun, was man tun will. Aber man weiß fast nichts über die komplizierten Funktionen des Gehirns und *warum* es einem ermöglicht, das zu tun, was man tun möchte.

Jeder, der die wundervolle Macht des »In-der-Zone-Seins« je erlebt hat, sagt, es sei dort unglaublich still. Nicht entspannt oder friedlich wie beim Yoga, sondern eher sehr konzentriert. Und wenn man sich einmal in der Zone befindet, spürt man weder Angst oder Sorgen noch Emotionen. Man tut einfach, was man tun muss, und nichts und niemand kann einem etwas anhaben. Aber wie gelangen Sie an diesen schwer zugänglichen Ort, an dem Sie angstfrei und mächtig sind und die perfekte innere Ruhe finden, von der alle reden, die aber niemand genau beschreiben kann?

Wir alle haben einen Auslöser, der uns in die Zone bringt, etwas, das unsere Wettbewerbsintensität, unseren laserscharfen Fokus und unser kompromissloses Verlangen nach Angriff und Sieg entfacht. Bei jedem Menschen ist der Auslöser ein anderer und niemand kann einem genau sagen, wie man dorthin kommt. Aber so viel kann ich Ihnen verraten: Der Auslöser befindet sich in Ihrer »dunklen Seite«, auf die ich auf den nächsten Seiten noch näher eingehen werde. Wenn Sie endlich loslassen und der sein können, der Sie wirklich sind, gelangen Sie in die Zone und nur dort können Sie Gefühle von Angst und Befangenheit kontrollieren. Ohne diese verborgenen Instinkte ist es jedoch wie beim Benutzen eines Feuerzeugs ohne Benzin: Es sprühen zwar ein paar Funken, eine Flamme entwickelt sich aber nicht.

Teil meiner Mission ist es, Ihnen dabei zu helfen, das Benzin, also den Auslöser, zu finden, um Ihre Flamme zu entfachen. Ich weiß, dass er da ist. Ich weiß, welche Knöpfe man drücken muss, um die Explosion auszulösen. Aber ich will nicht derjenige sein, der ihn drückt; ich möchte, dass *Sie* wissen, wie es funktioniert, und es ganz allein können. Daher gehe ich anders vor: Ich zeige Ihnen, wo diese Knöpfe sind, damit Sie sie selbst drücken können, wenn Sie dazu bereit sind. Ich möchte nicht, dass Sie mir oder jemand anderem die Kontrolle überlassen. Sobald Sie anderen erlauben, Sie zu kontrollieren, haben diese gewonnen. Wenn Sie in der Zone sind, sind Sie ganz allein, und nur Sie können entscheiden, wie und wann das Feuer entfacht wird.

Entfachen werden wir es auf jeden Fall. Vielleicht erzähle ich Ihnen, wie ein anderer Spieler es geschafft hat – ein Knopf. Oder ich wiederhole etwas, das der Mannschaftstrainer mir erzählt hat – noch ein Knopf. Nach einem herausragenden Wurf frage ich Sie vielleicht, was Sie am Abend zuvor getan haben, damit Sie es beim nächsten Spiel wieder genauso machen können. Oder ich sage Ihnen, dass ich ins Hotel gehe, um Ihre Koffer packen, weil Sie so spielen, als wären Sie schon längst abgefahren – mehr Knöpfe. Oder ich setze einen Trainer ein, der sich Ihnen gegenüber beim Training aggressiv verhält ... und *Bumm*! Auf einmal sind Sie in der Zone und keiner kann Sie mehr stoppen.

Vielleicht können Sie sich später nicht einmal mehr daran erinnern, wie Sie dahin gekommen sind oder was genau passiert ist, als Sie dort ankamen. Es gibt verschiedene Auslöser. Für manche ist das zum Beispiel, wenn ihre Männlichkeit oder ihre Fähigkeiten infrage gestellt werden, sie ihr eigenes Blut fließen sehen oder eine physische Auseinandersetzung haben. Ich ziehe so lange Knöpfe aus dem Hut, bis Sie ein ganzes Arsenal an Möglichkeiten haben, und bin dann gespannt, auf welchen Sie selbst drücken, um sich in die Stratosphäre zu katapultieren. Wenn Sie mir später berichten, welcher Auslöser bei Ihnen am besten funktioniert, sorge ich dafür, dass Ihre Flamme nicht mehr erlischt.

Man kann nur selten beobachten, wie jemand in die Zone kommt, weil das in der Regel still und leise vonstattengeht. Aber ab und zu nimmt doch die ganze Welt daran teil. Während der Olympischen Spiele 2012 war Kobe im Spiel gegen Australien zu Beginn relativ schwach. Das kann schon mal vorkommen. Ein Spieler denkt vielleicht an etwas anderes, fühlt sich nicht hundertprozentig fit oder kann sich aus irgendeinem Grund nicht richtig konzentrieren. Die meisten, die zu Beginn schwächeln, werden im Verlauf des Spiels noch schlechter. Aber Topathleten erkennen, dass sie das Steuer herumreißen müssen, und genau das tat Kobe. Innerhalb von einer Minute versenkte er vier Dreipunktewürfe und führte die USA damit zum 119:86 Sieg. »Ich habe nur nach etwas gesucht, was die Black Mamba in mir rauslockt«, sagte er nach dem Spiel. Er hatte einen Weg gefunden, in die Zone zu kommen.

Michael ist der einzige Spieler, den ich kenne, der wirklich in jedem Spiel völlig in der Zone war. Ein Cleaner eben. Selbst in Spielen, in denen er zunächst etwas unsicher wirkte, hat er es geschafft. Ich erinnere mich an einen Novemberabend in Vancouver im Jahr 1995. In dieser Saison würden die Bulls insgesamt 72 Siege erringen, aber die Spieler waren von ihrer Auswärtsspieletour im November erschöpft und gegen Vancouver lief es an diesem 30. November gar nicht gut. Bis zum letzten Viertel des Spiels hatte Michael nur zehn Punkte geholt und Darrick Martin von den Grizzlies fing an, sich über ihn lustig zu machen.

Wer sich über Michael Jordan lustig macht, sollte nicht damit rechnen, ihn zu besiegen. Michael blieb ruckartig stehen und starrte den Typen an. Dann schüttelte er den Kopf und sagte: »Schlafende Hunde weckt man besser nicht.« Seine dunkle Seite hatte ihm zugeflüstert: »Töte den Bastard.« Daraufhin schaltete er sofort in den Angriffsmodus und katapultierte sich in die Zone. Das Resultat: Er wurde unaufhaltbar, holte im letzten Viertel unglaubliche 19 Punkte und den Sieg für die Bulls. Darrick Martin hingegen musste für die restliche Spielzeit auf der Bank Platz nehmen.

Michael ist nie zusammengebrochen und hat nie Emotionen gezeigt. Manchmal machte er kleine positive Gesten, wie zum Beispiel im Spiel gegen Portland während der Playoffs, in dem er sechs Dreipunktewürfe erzielte und nur mit den Schultern zuckte, wie um zu sagen: »Ich kann ja nichts dafür«, oder sein legendärer »Hand-in-der-Luft-Moment« während des Spiels gegen Utah. Er war immer positiv und optimistisch und in der Lage, sein Team, seine Fans und alle anderen mitzureißen, indem er ihnen zeigte, dass er alles unter Kontrolle hatte. Falls er sich mal schlecht fühlte, hat er das nie gezeigt. So sind Cleaner.

Wenn ein Kommandant beim Militär sich rechtfertigt oder ein Chef im Büro neben der Spur ist, stellt sich die Frage, welche Auswirkungen das auf andere hat. Cleaner zeigen vielleicht mal Emotionen, wenn es die einzige Möglichkeit ist, alle zu motivieren. Aber niemals, weil sie die Kontrolle verloren haben.

Vor einem Spiel sehe ich es nicht gern, wenn die Jungs herumtanzen und sich gegenseitig in Ekstase brüllen. Das sieht für die Fans im Fernsehen zwar gut aus, aber es richtet den Fokus nur auf einen künstlichen Hype und lenkt von der eigentlichen Mission ab. Denn dieser Ausbruch des Wahnsinns dauert nur einen kurzen Augenblick. Danach heißt es sofort: Zurück zum Spielfeldrand, Werbepause, totales Tief, raus aus der Zone.

Beobachten Sie einmal echte Führungsspieler. Kobe betrat das Spielfeld immer wie ein Firmenboss, der sich mit seinen Aktionären trifft. Er schüttelte ein paar Hände, begrüßte die Spieler und Schiedsrichter und kam dann direkt zur Sache. Michael hingegen vermied vor einem Spiel jeden physischen Kontakt – er umarmte niemanden und schüttelte keine Hände. Er bot seinen Kollegen entweder einen Faustcheck oder ein High Five an – die Hände nie zu hoch, sondern immer tief und etwas verborgen – und sah niemandem dabei in die Augen. Am Ende der Einführung aller Spieler ging er zu seinen

Mannschaftskameraden und sorgte für Ruhe und Ordnung, wie ein Vater das bei seinen Kindern macht. Damit wollte er ihnen zu verstehen geben: »Macht euch keine Sorgen, ich habe alles im Griff.«

Ein Cleaner stellt sich nie Fahne schwenkend vor die anderen. Ihn findet man eher ganz hinten, allein, konzentriert und emotionslos. Im kritischen Moment, wenn die anderen zu nervös und aufgedreht sind, ist er derjenige, der alle beruhigt und sie ermahnt, cool zu bleiben.

Egal, was während eines Spiels auch passierte, Michael sah immer so aus, als habe er auf dem Spielfeld einen Riesenspaß. Während eines Spiels konnte ihm nichts und niemand etwas anhaben und nichts hat ihn abgelenkt ... weil er in der Zone war. Bei den meisten ist das anders, weil sie sich alles zu Herzen nehmen. Wenn es schlecht läuft, sehen sie aus, als würden sie gerade sterben. Michael ist immer hundertprozentig in der Zone geblieben. Er war schon in der Zone, als er sein Hotelzimmer verließ, und war es noch, als er dorthin zurückkehrte. Auf dem Spielfeld war er immer der echte, authentische Michael. Nach dem Spiel, bevor er Interviews gab, hielt er sich im Trainerraum auf, zu dem Reporter keinen Zugang haben, zog sich um und verwandelte sich vom authentischen Michael, der gerade gespielt hatte, zu dem MJ, als den alle ihn kannten.

Die meisten Menschen können und wollen das nicht. Es kann einen fertigmachen, ständig so aufgeladen zu sein und ein Einzelgänger, der immer allein und in der Zone ist. Irgendwann muss jeder mal ausatmen und sich entspannen, irgendwann muss die Intensität nachlassen und man muss aus der Zone rauskommen. Aber wenn man einmal aus der Zone raus ist, ist es schwer, wieder reinzukommen.

Wenn jemand die Verbindung zur Zone verliert, hat es den Anschein, als gingen alle Lichter auf einmal aus. Auf einmal wird ein Silberrücken zur Schmusekatze, weil er sein Selbstbewusstsein verloren hat und nicht mehr weiß, wer er eigentlich ist. So erging es Gilbert Arenas, mit dem ich nach einer Knieoperation zusammenarbeitete. Er war ein toller Typ. Ein Arenas in Bestform war eine richtige Kampfmaschine. Man konnte ihn auffordern, 25 Punkte zu scoren, ihn dann loslaufen und sein Ding machen lassen und sich sicher sein, dass er die Punkte auch tatsächlich machen würde. Für ihn war das nicht weiter schwierig, er brauchte nur seinen Instinkten zu folgen. Dann provozierte er seine Gegner, gab Gas und machte sie fertig. Fast wie MJ, der seine Gegner so lange quälte, bis sie kapitulierten. Aber mit der Zeit veränderte sich Gilberts Spielerpersönlichkeit. Es schien, als hätte er schlichtweg vergessen, wie man jemandem an die Gurgel geht. Sein Umfeld konnte damals nicht damit umgehen, seine Leistungen ließen nach und plötzlich war er die längste Zeit ein Topspieler gewesen.

Es passiert öfter, als Sie denken, dass ein großartiger Spieler die Fähigkeit verliert, den Schalter umzulegen und seine Killerinstinkte zu wecken. Gewöhnlich hat es damit zu tun, dass seine dunkle Seite zum Ausbruch kam, und wenn das öffentlich bekannt wird – zum Beispiel in Form eines Skandals –, wird einem schmerzlich vor Augen geführt, warum er seinen Fokus verloren hat. Die einzige Möglichkeit, sich wieder zu fokussieren, ist, a) wenn etwas sehr Schreckliches passiert, das ihn wieder in die Zone bringt, oder b) wenn er so dreist ist, dass es ihm total egal ist, was andere über ihn denken. Dann ist er wie ein Untoter, der nichts zu verlieren hat, was ihn gleichzeitig zu einem der gefährlichsten Raubtiere aller Zeiten macht.

Man kann einen Menschen dazu animieren, sich zu entspannen oder sich zu konzentrieren. Aber was bedeutet das eigentlich? Damit kann keiner wirklich etwas anfangen. Viel eher möchte man wissen, was man falsch gemacht hat, weil man ja eigentlich meint, man hätte sich entspannt, was aber gar nicht stimmt. Wenn einen Spieler etwas innerlich bewegt, reagiert er äußerlich auf eine bestimmte Art und

Weise. Darauf mache ich ihn dann aufmerksam. Du bewegst dich so und so. Dabei siehst du nervös aus. Du siehst gestresst aus und schaust weg, statt deinem Gegner direkt in die Augen zu sehen. Du ziehst an deinen Shorts, rollst mit den Augen … du bist irgendwie innerlich aufgewühlt. Und du zweifelst an dir, was bedeutet, dass deine Gegner ihren Job gut gemacht haben, denn du befasst dich gerade gedanklich mit ihnen. Sie haben dich aus dem Verkehr gezogen. Du bist nicht mehr in der Zone.

Du denkst nach. Denk nicht nach.

Wenn man ein Cleaner in der Zone ist, handelt man, ohne Emotionen zu zeigen und ohne viel Tamtam und große Ankündigungen zu machen. Man erzählt keinem, was gleich geschehen wird, es geschieht einfach. Vielleicht erinnert man sich nicht einmal daran, wie es geschehen ist, aber es ist geschehen. Kobe hat immer gesagt, dass man zwar weiß, wenn man in der Zone ist, man aber nicht darüber nachdenken darf, weil Nachdenken einen nur ablenkt. Jede Bewegung verfolgt ein bestimmtes Ziel und auf dieses Ziel ist alles ausgerichtet. Man versucht nie, Zeit zu schinden oder so zu tun, »als ob«. Manche kapieren es einfach und andere nicht. In jedem Team, in jedem Business, in jeder Gruppe gibt es Menschen, die nur für ihr Gehalt arbeiten, und solche, die ihre Mission verstehen. Alles hat einen Grund und führt zu einem Ergebnis, so wie bei einer komplizierten Militäraktion. Ein Cleaner handelt aus dem schieren Verlangen nach diesem Ergebnis, weil er weiß, dass er es entweder schaffen muss oder scheitern wird. Es gibt keine Alternative.

Spieler fragen mich immer, woran sie denken sollen, wenn sie an der Freiwurflinie stehen. Sie möchten an irgendetwas denken, das sie den Druck, die Fans, den Lärm und alle anderen Ablenkungen vergessen lässt. Dazu kann ich nur sagen, dass ich niemandem Gedanken vorgeben kann, denn diese müssen aus dem Innern kommen und einem selbst etwas bedeuten. Idealerweise sollte man aber an gar nichts denken. Wenn man ganz in der Zone ist, gibt es nur einen selbst, den Ball und den Korb, so als spiele man auf einem öffentlichen Basketballplatz, vor seiner Garage oder auf einem Übungsplatz. Aber wenn man unbedingt an etwas denken möchte, sollte es etwas Positives sein. Vielleicht an seine Kinder oder an etwas, das einen total entspannt und glücklich macht.

Es gibt verschiedene Möglichkeiten, seine Gedanken zu kontrollieren, seine Instinkte zu wecken und seine Energien zu bündeln. Wenn ich jemanden trainiere, spiele ich ihm manchmal Oldies vor, die Kindheitserinnerungen oder Gefühle wecken und ihn an einen anderen Ort versetzen, an dem er sich wohlgefühlt hat. Aktuelle Musik, die einen nur unter Strom setzt, spiele ich nie. Ich möchte, dass mein Kunde relaxt und entspannt ist und zu dem wird, der er wirklich ist und war, bevor alle von ihm verlangt haben, anders zu sein. Das führt manchmal zu erstaunlichen physischen Reaktionen, die mit der Musik selbst gar nichts zu tun haben, denn sie geschehen rein instinktiv. Die Musik hat eine beruhigende Wirkung und der Puls sinkt vom Ruhepuls zu dem Puls, den man in der Zone hat, also vielleicht zwei oder drei Schläge pro Minute langsamer. Am Lächeln des Spielers erkenne ich dann, dass ich das richtige Lied ausgewählt habe ... wenn es das richtige war, wird immer gelächelt.

Ich mache das so lange, bis der Spieler wieder in der Spur ist; von da an muss er wieder selbst übernehmen. Ich möchte nicht, dass er sich auf mich oder jemand anderen verlässt. Ich möchte ihn nur in die richtige Richtung lenken und mich dann ganz schnell wieder vom Acker machen. Manchmal stecke ich einem Spieler, während er sich gerade dehnt oder aufwärmt, eine Notiz zu, um ihn zu beruhigen, so wie ich es bei Dwyane in Miami gemacht habe. Manche Spieler wollen in der Halbzeit oder am Ende eines Spiels, um Druck abzulassen, unbedingt ihre Kinder sehen, sie kurz umarmen oder küssen. Kindern ist es egal, ob man zwei oder 100 Punkte erzielt hat.

Sie wollen nur von ihrem Papa gedrückt und geküsst werden. Aber für den Papa ist es entspannend und beruhigend.

Wenn ein Cleaner in der Zone ist, schottet er sich von allem anderen ab. Was auch immer draußen los ist, sei es im Privat- oder im Berufsleben, berührt ihn in dem Moment nicht. Das ist die exakte Definition des Begriffs »in der Zone sein«. An diesem Ort gibt es keine Angst und keine Ablenkungen, sondern nur die totale Konzentration. An diesem Ort denkt man nicht nach, denn Nachdenken lenkt die Gedanken auf alles Mögliche, und wenn man in der Zone ist, geht es genau um das Gegenteil, nämlich darum, die Gedanken *auszuschalten* und sich voll auf die Aufgabe zu konzentrieren. In der Zone ist man im Hier und Jetzt. Sie ist ein Zufluchtsort. In diesem Raum ist man unantastbar und unangreifbar, niemand kann einen anrufen oder einem Textnachrichten schicken, niemand kann einen unter Druck setzen oder irgendwie belästigen. Die Probleme sind zwar immer noch da, aber man befindet sich nun an einem Ort, an dem man über Zeit und Raum bestimmen kann und selber von nichts bestimmt wird.

Im Gegensatz zu anderen Spielern besaß Michael die verblüffende Fähigkeit, alles und jeden auszublenden. Er ließ nichts und niemanden an sich herankommen, er war wie aus Eis. Egal, was um ihn herum auch passierte – die Fans, die Medien, der Tod seines Vaters –, auf dem Spielfeld konnte er alles ausblenden und sich auf seine Mission konzentrieren, anzugreifen und zu siegen. Ich habe nie einen Spieler erlebt, der wie er in der Lage war, eine Grenze zu setzen, die keiner überschreiten konnte. Dwyane war ihm in der Hinsicht wahrscheinlich am ähnlichsten, wenn er fit war. Er hatte ebenso einen Schalter, der es ihm ermöglichte, in einen imaginären Kreis zu treten und alles um sich herum zu vergessen. Die meisten Menschen, auch die berühmten, können ihre Probleme nicht vergessen und nur ganz wenige können alles hinter sich lassen.

Wenn man bedenkt, dass Michael 50 Prozent seiner Würfe versenkt hat, was heißt, dass jeder zweite Ball ins Netz ging, während drei andere Spieler an ihm hingen und 20.000 Kameras um ihn herum blitzten, wird einem bewusst, wie sehr er in jedem Spiel und in jedem Viertel in der Zone war. Es war ihm egal, ob es ein wichtiges Spiel war, in dem es um alles ging, oder ein Trainingsspiel; seine Technik war immer konstant gut. Ich hasse Spieler, die sagen: »Wenn das Blitzlichtgewitter anfängt, lege ich los.« Nein. Wenn man in der Zone ist, sollte man die Blitzlichter weder bemerken noch benötigen.

Aber nur wenige Menschen können dieses hohe Konzentrationslevel an unterschiedlichen Orten aufrechterhalten. Die meisten Spieler fühlen sich an einem bestimmten Ort besonders wohl und können nur dort Glanzleistungen erbringen. Warum spielen manche Spieler zu Hause besser als auswärts? Warum spielen Spieler in manchen Stadien besser als in anderen? Das liegt daran, dass sie das Umfeld nicht nachbilden können, das sie in die Zone bringt. Sie denken darüber nach, dass die Atmosphäre eine andere ist, statt instinktiv zu wissen, wie sie sich ihrem Umfeld anpassen können. Statt das Endergebnis des Spiels selbst zu bestimmen, überlassen sie es dem Spiel, das Ergebnis festzulegen. Statt standfest und sicher zu sein, sind sie unsicher und nervös. Sie verlieren ihr Selbstbewusstsein und werden emotional. Machen Sie sich nichts vor: Emotionen schwächen.

Nochmal: Emotionen schwächen.

Wenn Sie zulassen, dass Emotionen Ihre Handlungen steuern, katapultieren Sie sich schneller aus der Zone, als Sie gucken können.

Wenn man Angst hat, zieht man sich zurück und baut eine Mauer um sich herum, um sich zu schützen. Gibt es diese Mauer wirklich? Nein, aber Sie benehmen sich so, als gäbe es sie. Und weil die imaginäre Mauer Sie umgibt, können Sie nicht vorangehen. Strecken Sie Ihre Hand aus. Sie werden sehen, dass nichts passiert und Sie durch die Mauer hindurchgehen können. Aber wenn Sie sich hinter dieser imaginären Mauer verstecken, werden Sie ganz sicher scheitern.

Wenn Sie wütend sind, schlagen Sie um sich. Wenn Sie um sich schlagen, verhalten Sie sich irrational, weil Sie impulsiv und nicht vernunftgesteuert reagieren. An dem Punkt haben Sie keine Kontrolle mehr über sich und vergessen, was Sie eigentlich tun sollten. Statt cool zu bleiben und sich gut vorbereitet zu fühlen, haben Sie Ihren Fokus verloren. Und ohne Fokus scheitert man.

Wenn Sie eifersüchtig sind, richten Sie Ihren ganzen Fokus auf die Person, die Sie eifersüchtig macht, egal, ob es um den Erfolg eines Kollegen oder den neuen Freund Ihrer Ex-Freundin geht. In beiden Fällen denken Sie an etwas anderes als an das, woran Sie denken sollten. Und Sie werden scheitern.

Die einzige nützliche Emotion ist Wut. Kontrollierte Wut ist, richtig eingesetzt, eine tödliche Waffe. Ich meine damit keine brodelnden Vulkane, die außer Kontrolle geraten sind, sondern jene Art von Wut, die man bändigen und in Energie umwandeln kann. Alle Cleaner fühlen diese langsam brodelnde, heiße Wut in sich und alles funktioniert auch gut, solange sie sie kontrollieren und auf kleiner Flamme immer weiter köcheln lassen können. Diese Wut darf aber niemals in blinden Zorn übergehen und destruktiv werden. Ein Beispiel dafür, wie man Wut richtig steuert, ist Michaels Kopfschütteln in Vancouver. Er schlug niemanden zusammen, sondern blieb ruhig und emotionslos. So konnte er seine Wut in Energie umwandeln, was wiederum zum Sieg seines Teams führte.

Aber das ist oft eine Gratwanderung. Wenn man seine Wut nicht kontrollieren kann, wird man brutal, verpasst jemandem einen Kinnhaken, streitet sich mit den Schiedsrichtern, starrt andere Spieler an, wird emotional und stolpert dauerhaft aus der Zone. Man wird aus der Konzentration gerissen, zeigt, dass man die Kontrolle verloren hat, und zerstört letztendlich die eigene Leistung. Dann fängt man an, über die eigenen Gefühle nachzudenken. Man sollte aber nicht nachdenken, sondern so gut vorbereitet sein, dass man in die Zone hineingleitet und sich dort sicher und zielgerichtet bewegt. Das ist nicht möglich, wenn man über etwas anderes nachdenkt.

Natürlich sind Cleaner auch nur Menschen und deshalb vor einem wichtigen Spiel nervös und aufgeregt. Aber der Unterschied zwischen Cleanern und anderen ist ihre Fähigkeit, diese Gefühle zu kontrollieren, statt sich von ihnen übermannen zu lassen. Selbst Michael hat zugegeben, vor einem wichtigen Spiel Schmetterlinge im Bauch zu haben. »Dann sorg dafür, dass sie alle in die gleiche Richtung fliegen«, habe ich ihm damals geraten. Sie werden nicht ganz verschwinden, aber jetzt hast du noch die Kontrolle darüber, was sie mit dir anstellen, statt ihnen zu gestatten, dich nervös zu machen. Energie anstelle von Emotionen – das ist ein Riesenunterschied.

Ein Cleaner denkt: Wenn ich schon nervös bin, wie müssen sich dann meine *Gegner* erst fühlen? Immerhin haben sie es ja mit *mir* zu tun.

Ich möchte, dass Sie eine Routine entwickeln und diese beibehalten, egal ob es sich um ein bedeutungsloses Vorsaisonspiel oder das Meisterschaftsfinale handelt. Tun Sie jeden Tag das Gleiche, damit weder ein anderes Umfeld noch andere Umstände Einfluss auf Sie nehmen können. Alles sollte immer gleichbleiben. Am Vorabend jedes Spiels sollten Sie sagen können: »Okay, ich habe alles getan, um hierhin zu kommen. Ich bin bereit.« Dann sollten Sie den Abend am besten mit Freunden, Ihrer Familie oder mit wem auch immer Sie gerne zusammen sind, verbringen und einfach das tun, was Ihnen Spaß macht. Ich möchte, dass Sie sich mit Menschen umgeben, die Sie unterstützen. Die einerseits wissen, was Sie benötigen, und andererseits akzeptieren, dass Sie im Moment nicht viel geben können ... Menschen, die verstehen, dass Sie am Abend vor dem Spiel nicht alle Onkel und Tanten zum Essen einladen können, Freunde, die Sie nicht mit ihren persönlichen Problemen belasten. Keine Emotionen, kein zusätzlicher Druck. Wenn Sie anderen erst mitteilen müssen: »Lasst mich bloß in Ruhe, ich habe morgen ein wichtiges Spiel«, weckt das schon Emotionen in Ihnen. Und das wäre das Schlimmste, was passieren könnte.

Am Vorabend des Sieges der Miami Heat über Oklahoma City 2012 trainierte ich mit Dwyane in der Halle. Sein Handy vibrierte pausenlos. Es waren seine Teamkollegen, die ihm schrieben, dass sie nicht schlafen, nicht zur Ruhe kommen konnten. So etwas will ich nicht hören. Es beweist nur, dass sie die Kontrolle verloren hatten und Druck verspürten. Ich bin mir jedoch sicher, dass die jungen Kerle von den Thunder ganz entspannt zusammensaßen und Videospiele spielten. Die meisten von ihnen wussten damals noch nicht, wie es sich anfühlt, auf einem so hohen Level zu verlieren, sie waren furcht- und ahnungslos. Dieser Zustand der Unschuld hält aber normalerweise nicht lange an. Vor dem nächsten Spiel haben auch sie sicher nicht mehr schlafen können.

Stellen Sie sich den Moment vor, in dem sich eine Achterbahn auf dem Gipfel befindet, kurz bevor sie in einem wilden, tiefen Fall wieder heruntersaust. Sie wissen genau, was gleich geschehen wird und dass Ihnen das Furcht einflößen soll. Schreien Sie? Brechen Sie in Panik aus? Oder bleiben Sie ruhig und furchtlos, weil Sie wissen, dass Sie alles im Griff haben, was auf Sie zukommt? Das ist der Unterschied zwischen Cleanern und anderen Menschen, die sich der Angst hingeben und ihre Gefühle nicht im Griff haben.

Wenn andere nervös sind, sollten Sie cool bleiben, weil alles, was sich zu schnell aufheizt, sich auch ebenso schnell wieder abkühlt. Was tun Sie, um Lebensmittel frisch zu halten? Sie stellen sie in den Kühlschrank. Sie bewahren sie kalt auf. So halten sie besser. Wenn das Scheinwerferlicht angeht und sich die Stimmung aufheizt, sollten Sie sich dunkler und kühler fühlen und sich auf sich selbst besinnen. Das ist Ihre Zone, der Ort, an dem Sie voll konzentriert sind, denn dort passiert alles instinktiv. Dort können Sie sich im Dunkeln bewegen, während andere sehen, hören und beobachten müssen, was der Gegner macht. Sie jedoch handeln intuitiv. Wer es in die Zone schafft, ist ein Killer.

Man findet seinen Weg in die Zone, indem man Vertrauen in die eigenen Instinkte entwickelt. Davon mehr im folgenden Kapitel.

1. WENN SIE EIN CLEANER SIND …

… wissen Sie genau, wer Sie sind.

Ein Cooler denkt über das nach,
worüber er nachdenken sollte.
Ein Closer denkt nach, analysiert und handelt.
Ein Cleaner denkt überhaupt nicht nach;
er weiß einfach, was er tun muss.

Wir sind alle böse geboren.

Tut mir leid, es ist die Wahrheit. Wir sind böse geboren und haben erst lernen müssen, gut zu sein.

Wenn Sie jetzt den Kopf schütteln und die Stirn runzeln, kommen wir nicht weiter. Wenn Sie etwas Neues machen möchten, müssen Sie Altes über Bord werfen und aufhören, immer die gleichen Wege zu beschreiten, die in Sackgassen enden. Ich versichere Ihnen, dass Sie noch nie da waren, wo ich Sie hinführen werde.

Wir sind böse geboren und mussten lernen, gut zu sein.

Oder anders ausgedrückt: Wir sind kompromisslos geboren und mussten lernen nachzugeben.

Denken Sie einmal darüber nach. Wir wurden mit Grundinstinkten geboren, die unser Überleben sichern: Babys müssen über ihre Bedürfnisse nicht nachdenken, sie analysieren nicht, was sie empfinden, sie planen oder entscheiden nicht, wie sie das bekommen, was sie haben möchten. Sie wissen instinktiv, dass sie hungrig oder müde oder nass sind oder dass ihnen kalt oder heiß ist … und sie schreien so lange, bis ihre Bedürfnisse befriedigt werden. Das sind reine, präverbale, angeborene Forderungen nach sofortiger Befriedigung. Mit einem Baby kann man nicht diskutieren oder ihm sagen, dass es unrecht hat. Man kann ihm keine Werte vermitteln oder erklären, warum es im Moment nichts essen darf. Babys teilen anderen mit, was sie wollen, und so wird es gemacht. Sie folgen ihren Instinkten, sie gedeihen und sie bekommen, was sie wollen.

Babys sind von Natur aus unersättlich und kompromisslos.

Einige Jahre später laufen sie dann herum, schreien wie blöd, bringen alles durcheinander und schmieren sich Essen ins Haar. Warum? Weil sie zwei Jahre alt sind und ihre Instinkte ihnen sagen, dass sie sich so verhalten sollen.

Und dann fangen die Erwachsenen an, Bücher über die sogenannte Trotzphase zu lesen, und machen alles kaputt.

Sei leise, sitz still, lauf nicht herum, hör auf zu weinen, warte, bis du dran bist, verletz dich nicht, benimm dich einfach … warum kannst du nicht mehr wie dein Bruder sein? Sei ein guter Junge!

All diese mächtigen Urinstinkte und diese unmittelbaren Gefühlsreaktionen schreiben wir schlechtem Verhalten zu und tun alles, was in unserer Macht steht, um Kleinkinder gefügig zu machen.

Wie schade! All diese angeborene Energie, dieser Antrieb, diese Intuition … werden zu einer Auszeit in der Ecke reduziert. Vom Kleinkind bis zur Volljährigkeit wird einem beigebracht, »gut« zu sein. Aber wieso? War man vorher nicht gut?

Wir sind kompromisslos geboren und haben gelernt nachzugeben.

Können Sie sich überhaupt an eine Zeit erinnern, in der Ihnen keine Grenzen gesetzt wurden und Sie keine Regeln einhalten und nicht beobachten mussten, was andere tun? Ihre Optionen nicht abwägen und nicht darüber nachdenken mussten, was andere wohl sagen? An irgendeinem Punkt haben Sie einfach resigniert und aufgehört, das zu tun, was Sie als ganz natürlich empfinden, und haben stattdessen das gemacht, was man von Ihnen erwartet. Sie haben all Ihre verrückten Ideen, Wünsche und Gelüste tief in sich vergraben.

Aber genau jetzt, genau in diesem Augenblick, wissen Sie, dass Ihre Instinkte noch da sind, und zwar an dem Ort, den keiner kennt. Dort weigern sie sich, erzogen zu werden, sich anzupassen und sich zu benehmen. Das bezeichne ich als die dunkle Seite. Keiner kann ohne diese dunkle Seite wirklich Herausragendes leisten.

Stellen Sie sich einen wilden Löwen vor. Er beobachtet seine Beute, greift an und bringt sie nach Belieben um. Dann begibt er sich wieder auf die Suche nach seiner nächsten Eroberung. Das sagen ihm seine Instinkte, etwas anderes kennt er nicht. Er benimmt sich nicht schlecht, er ist nicht böse, er ist nur ein Löwe. Und dann sperrt man ihn in einem Zoo ein. Dort liegt er den ganzen Tag lethargisch und wohlgenährt herum. Was ist aus seinen mächtigen Instinkten geworden? Sie sind immer noch da, ganz tief im Innern, und warten nur darauf, wieder freigesetzt zu werden. Wenn man ihn aus seinem Käfig herauslässt, wird er wieder zur wilden Bestie, die jagt und tötet. Zurück im Käfig legt er sich wieder hin.

Die meisten Menschen verhalten sich wie der Löwe im Käfig. Sie sind zahm und berechenbar und warten darauf, dass etwas passiert. Aber bei Menschen besteht der Käfig nicht aus Glas und Eisenstäben; er besteht aus schlechten Ratschlägen, einem geringen Selbstbewusstsein, schwachsinnigen Regeln und qualvollem Nachdenken über das, was man tun sollte oder nicht tun darf. Der Käfig sorgt dafür, dass wir uns ganzes Leben lang zu viel nachdenken, alles zu sehr analysieren und uns viel zu viele Gedanken darüber machen, was schieflaufen könnte. Wenn Sie lange genug in Ihrem Käfig bleiben, gehen Ihre Urinstinkte verloren.

Aber sie sind noch da, genau in diesem Augenblick, und warten darauf, dass Sie den Schlüssel zu Ihrem Käfig finden, damit Sie endlich aufhören, darüber nachzudenken, was Sie tun werden, wenn Sie ihn verlassen. All Ihre Killerinstinkte warten nur darauf, wieder geweckt zu werden, um angreifen zu können.

Was hält Sie also davon ab?

Kann man überhaupt erfolgreich sein, wenn man lediglich Anweisungen befolgt und sich an die Regeln hält? Ja, klar. Das machen die meisten Menschen. Aber wenn Sie zur Elite gehören und unaufhaltbar sein wollen, müssen Sie lernen, alles bisher Gelernte, alle Einschränkungen und Begrenzungen sowie Negativität und Zweifel beiseitezuschieben.

Falls sich das zu kompliziert und etwas verwirrend anhört, lassen Sie es mich einfacher formulieren:

Sie müssen aufhören zu denken.

So einfach ist das. Sind Sie gut in dem, was Sie tun? Vielleicht sogar großartig? Können Sie der Beste sein?

Wenn Sie mit Nein antworten, gebe ich Ihnen einen Augenblick Zeit, um Ihre Meinung zu ändern.

Nochmal: Können Sie der Beste sein?

Natürlich können Sie das.

Warum stellen Sie also immer noch infrage, dass Sie es schaffen können?

Kurze Antwort: weil Sie irgendwann aus etwas Simplem etwas Kompliziertes gemacht und aufgehört haben, an sich selbst zu glauben.

Ich bekomme häufig Anrufe von Athleten, die von den Ratschlägen ihrer Experten, Trainer, Ernährungsberater und Coaches total überfordert sind. Sie werden so sehr mit Informationen vollgestopft, dass sie ihre natürliche Begabung verlieren, die sie einst zum Spitzensportler gemacht hat. Jeder, der einmal Golfunterricht genommen hat, kann das verstehen: Man beginnt mit dem leichten Schwingen des Golfschlägers, was sich ganz natürlich anfühlt, aber am Ende der Stunde muss man über so vieles nachdenken, dass man gar nicht weiß, warum man diese Sportart überhaupt gewählt hat. Jedes Mal, wenn Sie einen Urinstinkt verändern wollen, stoßen Sie auf Probleme. Man kann auf ihm aufbauen, ihm etwas hinzufügen, ihn verbessern, aber man kann ihn nicht bändigen. Es gibt einen Unterschied zwischen Trainieren und Bändigen. Man kann Menschen darauf trainieren, nach mehr zu streben, besser zu sein und weiter zu gehen, als sie es allein vermögen. Aber Bändigen bedeutet, dass sie man sie darauf trainiert, weniger zu sein, als sie sind. Der Boxer Leon Spinks antwortete mal auf die Frage, was sein Beruf sei: »Ich schlage Arschlöcher k.o.« Das war alles. Ganz einfach. Mit Urinstinkten spielt man nicht und man verändert sie nicht. Man lässt sie einfach, wie sie sind.

Alles, was Sie benötigen, steckt schon in Ihnen. Ihre Instinkte und Reflexe sorgen dafür, dass Sie überleben und erfolgreich sind. Sie müssen nicht lange darüber nachdenken, wie sie einzusetzen sind, sie funktionieren automatisch.

Reflexe passieren automatisch. Denken Sie in dem Augenblick, in dem ich Ihnen einen Ball zuwerfe, darüber nach, was Sie tun? Nein. Entweder Sie fangen den Ball oder Sie ducken sich weg, damit Sie nicht voll ins Gesicht getroffen werden. Zumindest zucken Sie zusammen. Wenn ich etwas in die Nähe Ihrer Augen halte, blinzeln Sie. Wenn Sie etwas Heißes anfassen, ziehen Sie Ihre Hand zurück. Wir sind alle mit diesen grundlegenden Fähigkeiten geboren. Man kann sie nicht erlernen, sie sind ein Teil von uns. Sie müssen nicht darüber nachdenken, ob diese Reflexe funktionieren, denn sie funktionieren immer.

Das Gleiche gilt für Instinkte. Denken Sie einfach nicht nach. Hören Sie nur auf Ihr Bauchgefühl, denn es sagt Ihnen, dass Sie gut vorbereitet, bereit und selbstbewusst sind. Also müssen Sie auch über nichts nachdenken. Wenn Sie mit dem Auto fahren und der Autofahrer vor Ihnen plötzlich scharf bremst, wägen Sie dann Ihre Optionen ab oder fragen jemanden um Rat? Nein, Sie treten natürlich auf die Bremse. Sie zögern nicht und denken an nichts. Sie reagieren sofort, weil Sie Erfahrung haben und gut vorbereitet sind. Wenn Sie lange darüber nachdächten, würden Sie sterben. Wenn Sie etwas instinktiv wissen, können Sie sofort handeln.

Dieses Konzept ist auf den Sport und auf die Geschäftswelt gleichermaßen anwendbar. Sie müssen nicht extra ein Meeting anberaumen, um eine Entscheidung zu diskutieren; Sie treffen sie einfach. Ihre Instinkte sind so ausgefeilt, dass Sie spontan reagieren, was es Ihnen wiederum ermöglicht anzugreifen, ohne lange darüber nachzudenken.

Mit anderen Worten, Sie sind in der Zone.

Kehren wir zum Löwen zurück, der sich an seine Beute heranpirscht. Er ist ruhig, entschlossen und konzentriert ... er weiß instinktiv, dass sein Opfer keine Chance hat, egal, was es tut. Der Löwe wartet und wartet und wartet ... bis es zu diesem unausweichlichen Moment der Schwäche kommt. Er greift an. Erledigt. Nächstes Opfer. Ihm muss nicht gezeigt werden, was er tun muss oder wie er denken soll. Er weiß es einfach. Genau wie Sie auch.

Ich kann Ihnen versichern, dass Kobe das ultimative Raubtier war. Als Spieler peilte er sein Zielobjekt an und ab dem Moment konnte ihn keiner mehr stoppen. Er empfand nichts anderes mehr als den Wunsch zu siegen; nichts stand mehr zwischen ihm und seiner Beute. Er begehrte sie und war, wie ein kaltblütiger Mörder, bereit, sie anzugreifen und zu töten.

Menschen reden über Killerinstinkte, als ob das ein T-Shirt-Aufdruck wäre, ein wohlfeiles Klischee, mit dem man einen ehrgeizigen

Wettkämpfer beschreibt. TV-Kommentatoren sprechen darüber, als würde es ein fester Bestandteil der Spielstrategie sein: »Wann sehen wir endlich wieder diesen Killerinstinkt?« »Oh, normalerweise kommt er im letzten Viertel zum Vorschein!« Die haben wirklich keine Ahnung.

Jeder, der die wahre Energie von Killerinstinkten kennt, weiß, dass man sie nicht in wenigen Worten beschreiben kann. Diejenigen, die behaupten, Killerinstinkte zu haben, haben sie gerade nicht, denn wenn man sie hat, spricht man nicht darüber. Man denkt auch nicht über sie nach, sondern setzt sie einfach ein.

Wenn jeder einem sagt, was man denken soll, ist es schwierig, nicht ins Grübeln zu kommen. Ihr Trainer, Ihr Chef, Ihre Familie, Ihre Mannschaftskameraden, Ihre Kollegen ... alle wissen scheinbar genau, was Sie tun sollten, und haben keine Scheu, Ihnen dies auch zu mitzuteilen. Einige der bedeutendsten Sportler, egal in welcher Sportart, können einfach nicht aufhören zu grübeln. Sie schauen sich wiederholt Videoaufzeichnungen an und achten auf jedes kleinste Detail ihrer Bewegungen, um auf unterschiedliche Situationen richtig vorbereitet zu sein. So operiert ein Closer: Er lernt, wie man auf Aktionen anderer reagiert, und wartet auf den richtigen Augenblick, um zu reagieren. Aber was passiert, wenn dieser Augenblick nie kommt? Was passiert, wenn der Gegner etwas Unerwartetes tut und sich ganz anders verhält?

Dann verliert der Closer sein Gefühl für das Spiel. Er ist entschlossen, irgendetwas wiederzuerkennen, was er in einem Video gesehen hat. Er wartet darauf, dass diese Situation eintritt, und versucht, sich an alle richtigen Reaktionen zu erinnern. Statt einfach sein eigenes Ding durchzuziehen, spielt er das Spiel des Gegners. Er reagiert, statt zu agieren. Er denkt zu viel nach. Er analysiert zu viel. So verliert man die angeborene Fähigkeit, die einen zu Beginn der Karriere so einzigartig machte.

Trainern passiert das andauernd. Von Strategie haben sie zwar theoretisch viel Ahnung, aber dann schauen sie sich so viele Videos an, dass sie letztendlich keine persönliche Vorstellung mehr von dem haben, was sich auf dem Spielfeld abspielt. Sie können jedes noch so kleine Detail in einem Video erklären, aber wenn es in einem echten Spiel nicht rundläuft, ist es so, als würden sie Xbox spielen – nur ohne Controller. Keine Videos, keine Instinkte, keine Aussicht auf Erfolg.

Wenn man sich zu sehr auf das, was um einen herum passiert, konzentriert, verliert man das Gespür dafür, was ganz tief im Innern abläuft. Es gibt Spieler, die beim Training brillant sind, im Spiel aber alles vermasseln. Sie sind nicht in der Zone. Sie werden von ihren eigenen Denkprozessen abgelenkt und verlieren ihr Selbstbewusstsein. Sie denken an das, was schieflaufen könnte, und an das, was andere tun. Sie denken nach, statt instinktiv zu wissen: *Ich habe alles im Griff.*

Michael war ein Meister im Nichtdenken. Vor jedem Spiel trafen sich die Coaches der Bulls für gewöhnlich zu einem Teammeeting. Dann besprachen sie den Game Plan, redeten über den Gegner und was sie von diesem zu erwarten hatten. Sie verteilten Zettel mit Spielzügen, Basisinformationen, irgendetwas, das die Spieler sich im Vorfeld ansehen konnten. Michael stand dann immer auf, schnappte sich den Zettel und ging in einen anderen Raum. Jedes Mal. Er wollte nicht hören, was er zu tun hatte, denn das wusste er ja längst. Was sollte man ihm in diesem Moment noch beibringen? Absolut nichts. Und wenn es wirklich mal etwas gab, das er wissen musste, dann wusste er es eh schon lange vor allen anderen. Ihm war weit im Voraus klar, was er lernen und wie er es lernen musste, und er hätte niemals bis zum Spielbeginn damit gewartet. Er beherrschte sein Metier so perfekt, dass völlig egal war, was passieren würde. Er war auf alles vorbereitet.

Wie alle Cleaner hatte er kein Interesse daran, seine Konkurrenten zu analysieren, sondern überließ es ihnen, ihn zu analysieren. Andere Spieler saßen da und dachten darüber nach, was passieren könnte; er hatte das nicht nötig. Er wusste, dass seine Fähigkeiten und sein Wissen so ausgefeilt waren, dass er jede Situation im Griff hatte. Er hat intensiv daran gearbeitet, seinen Körper und seinen Geist so zu trainieren, dass sie reflexartig wussten, was zu tun war. Bei Michael lief alles automatisch ab. Er hat die gleichen Bewegungen so lange geübt, bis er über nichts mehr nachdenken musste und alles seinen Instinkten überlassen konnte.

Die Besten hören nie auf zu lernen. Instinkte und Talent ohne die dazugehörige Technik führen dazu, dass man so waghalsig wie ein Teenager wird, der ein schnelles Auto fährt. Instinkte sind wie Tonerde, die man zu einem Kunstwerk verarbeiten kann, aber nur, wenn man seine Fähigkeiten so weiterentwickelt, dass sie dem angeborenen Talent entsprechen. Dafür muss man alles über seine Disziplin lernen.

Lernen bedeutet aber nicht, sich streng an Übungen oder Lehrbücher zu halten. Es bedeutet, alles, was man kann, in sich aufzusaugen und dann darauf zu vertrauen, dass man das erworbene Wissen umsetzen kann, ohne lange darüber nachzudenken – instinktiv, aber nicht impulsiv, schnell, aber nicht überstürzt. Es bedeutet die Gewissheit, dass all die Stunden harter Arbeit eine unaufhaltbare interne Ressource erzeugt haben, auf die man sich in jeder Situation verlassen kann. Dank der nötigen Reife und Erfahrung zu wissen, wer man ist und wie man an die Spitze gelangt, und die mentale Stärke zu besitzen, auch dort zu bleiben.

Kobe war jemand, der das wusste. Bei den Olympischen Spielen 2012 in London war er einer der ältesten Spieler des Basketballteams der USA. Mit 33 Jahren war er von Superstars umringt, die viel jünger als er waren und ihn OG (»Original Gangster«) nannten. Reporter haben ihn damals gefragt, ob er von seinen jüngeren Kollegen noch etwas lernen könne.

Seine Antwort: »Nein.«

»Sie wissen also schon alles?«, fragte ein Reporter.

»Ich weiß nicht, ob ich alles weiß«, antwortete er, »aber ich weiß definitiv mehr als sie.«

Wenn man wie Kobe dreimal täglich seinen Wurf trainiert und an jedem Detail seiner Spieltechnik getüftelt hat, ist man eigentlich auf alles vorbereitet. Er hat sich immer unzählige Videoaufzeichnungen angeschaut und im Anschluss jeden einzelnen seiner Würfe analysiert ... aber er hat auch kompromisslos an dem gearbeitet, was er aus den Videos gelernt hat. So geht ein Cleaner vor. Er nutzt das Gelernte, um Wege zu finden, sich zu verbessern. Jede Bewegung wird instinktiv ausgeführt, wenn man vorher dazu bereit ist, Zeit und Schweiß zu investieren, um sich ein ganzes Arsenal an Spontanreaktionen aufzubauen. Das gilt vor allem für ältere Spieler, die wissen, dass ihre Reife, ihre Erfahrung und ihre geschärften Instinkte im Vergleich zu denen junger Spieler, die zwar schnell laufen können, aber nicht viel in der Birne haben, unbezahlbar sind.

Möchten Sie wissen, wie ein echter Cleaner-Instinkt aussieht? Dann schauen Sie sich mal das Video vom All-Star Game Three-Point Shootout 1988 zwischen Larry Bird und Dale Ellis an. Bird hatte den Wettbewerb in den beiden Jahren zuvor gewonnen und wollte seinen Titel verteidigen, Er ließ keinen Zweifel daran aufkommen, dass er unbedingt gewinnen wollte: »Wer wird Zweiter?«, fragte er seine Kontrahenten in der Mannschaftskabine damals. Er würde es sicher nicht sein. Nach jedem Wurf, sobald der Ball seine Fingerspitzen nicht mehr berührte, drehte er sich um und nahm sich den nächsten Ball. Er schaute keinem einzigen Wurf nach. Einige Bälle versenkte er, andere prallten dröhnend vom Ring des Korbs ab, aber er sah nie hin. Als der entscheidende Wurf ins Netz ging, war er schon auf dem halben Weg zur Bank. Seine Trainingsjacke hat er gar nicht erst ausgezogen. Reiner Instinkt. Er musste nicht abwarten, was passierte, denn er wusste es bereits.

Hören Sie auf, darauf zu warten, dass Ihnen jemand etwas beibringt, was Sie eigentlich sowieso schon wissen. Wie viele Millionen Diätbücher und Fitnessanleitungen werden jährlich verkauft? Ich versichere Ihnen, dass jeder, der sich diese Bücher kauft, den Inhalt schon kennt: Iss gesünder und beweg dich mehr. Man kann diese und jene Kalorien zu sich nehmen, man kann sich auf diese oder jene Art bewegen, aber das Ergebnis bleibt dasselbe und das wissen Sie genau. Als Sie dieses Buch gekauft haben, wussten Sie bereits, was Sie tun müssen, und wollten es nur noch einmal von jemand anderem bestätigt bekommen. Und anstatt einfach die Entscheidung zu treffen, sich gesünder zu ernähren und sich mehr zu bewegen – und zwar für den Rest Ihres Lebens und nicht nur drei Wochen lang oder fünf Stunden pro Monat oder was auch immer gerade im Trend ist –, haben Sie sich mit einem Buch gemütlich hingesetzt, um Ihre Situation zu analysieren. Aber mit einem Buch auf der Couch liegend hat noch keiner abgenommen.

Natürlich sollten Sie weiter nach Antworten suchen, davon möchte ich Sie nicht abhalten. Aber ich rate Ihnen, sich zunächst besser kennenzulernen, auf Ihr bereits vorhandenes Wissen zu vertrauen und darauf aufzubauen, was bereits vorhanden ist. Das hat nichts mit Wissenschaft zu tun. Instinkte sind das Gegenteil von Wissenschaft: Die Forschung berichtet über das, was andere gelernt haben, Instinkte sagen Ihnen, was *Sie* gelernt haben. In der Wissenschaft werden andere Menschen analysiert. Bei Instinkten geht es nur um Sie. Möchten Sie Ihre Entscheidungen und Taten von den Ergebnissen der Forschung von fremden Menschen über fremde Menschen abhängig machen, die *Ihnen* raten, sich zu verändern? Wer kennt Sie besser als Sie selbst?

Die Moderatorin Oprah Winfrey sagte einmal: »Jede richtige Entscheidung in meinem Leben habe ich aus dem Bauch heraus getroffen und bei jeder falschen habe ich nicht auf mein Bauchgefühl gehört.« Genau so ist es. Natürlich hat sie auch 25 Jahre lang eine Show moderiert, in der sie anderen Menschen gesagt hat, wem sie glauben, was sie tun und wie sie sich verändern sollen. Jeden Tag haben Millionen Menschen auf jemanden gehört, der ihnen gesagt hat, was sie falsch machen und wie sie nach den Vorstellungen anderer besser leben können.

Ich frage mich, ob irgendeiner von ihnen zu folgender Erkenntnis gekommen ist:

Menschen verändern sich nicht. Man kann Millionen US-Dollar gewinnen oder verlieren, man kann befördert werden oder seinen Job verlieren, man kann 20 Kilo zunehmen oder 20 Kilo abnehmen ... aber man ist immer noch dieselbe Person. Genau dieselbe. Man kann sein Umfeld verändern, seinen Ehepartner oder seinen Job wechseln ... aber man ist immer noch derselbe. Egal, was man versucht, alles ist nur von kurzer Dauer. Früher oder später ist man wieder man selbst.

Erinnern Sie sich an den Zettel, den ich Dwyane nie gegeben habe? »Um zu bekommen, was du wirklich willst, musst du der sein, der du wirklich bist.«

Das beschreibt einen Cleaner sehr treffend. Wenn man in sein Inneres horcht, erfährt man, wer man wirklich ist. Von außen sieht man nur das, was Menschen einem zeigen möchten, ein manipuliertes, verzerrtes Bild der Wahrheit. Stellen Sie sich vor, wie es sich anfühlen würde, diesen ganzen Druck von außen und die Erwartungen, die andere an Sie stellen, einfach beiseiteschieben und nur Sie selbst sind.

Ich weiß, dass Sie jetzt denken: »Das ist aber nicht so einfach.« Nein, und das muss es auch nicht. Wenn es einfach wäre, würde es ja jeder tun. Viele Menschen beginnen irgendetwas, aber nur wenige halten bis zum Ende durch. Warum? Sie trauen sich nicht zu, es bis zum Ende zu schaffen. Sie denken darüber nach, was schieflaufen könnte, zweifeln im Nachhinein ihre Entscheidung an und hören lieber auf andere statt auf sich selbst. Jeder kann irgendeine tolle Idee haben ... entscheidend ist, was man daraus macht. Bei einem Cooler wandert ein Gedanke vom Gehirn zum Mund – er muss unbedingt darüber reden und er braucht das Feedback und die Zustimmung seiner Mitmenschen. Bei einem Closer wandert ein Gedanke zwar in Richtung Bauch, wird aber zum Herzen umgeleitet, wo Emotionen und andere Gedanken ihn hemmen. Bei einem Cleaner wandert ein Gedanke direkt in den Bauch, wo seine Instinkte übernehmen und ihn direkt in die Tat umsetzen.

Das ist der ultimative Unterschied zwischen einem Closer und einem Cleaner. Ein Closer denkt darüber nach, was er will, ein Cleaner fühlt, was er will. Ein Closer sagt seinem Herzen, was er vorhat; das Herz eines Cleaners entscheidet von selbst, er muss nicht darüber nachdenken. Er vertraut seinem Bauchgefühl. Der Unterschied besteht aus einer Millisekunde, in der man entweder denkt: »Ich kann das schaffen«, oder gar nicht erst darüber nachdenkt.

Wenn Sie großartig sind, vertrauen Sie Ihren Instinkten. Wenn Sie unaufhaltbar sind, vertrauen Ihre Instinkte Ihnen.

Instinkte sagen einem, wie man in einem Wettkampf am besten vorgeht. Wenn man auf viele Ratschläge hört, probiert man tausend verschiedene Sachen aus, ohne am Ende darauf vertrauen zu können, dass irgendetwas davon klappt. Aber wenn man sich selbst vertraut, ist man konzentriert und leistungsfähig und kann auf den einen entscheidenden Spielzug bauen. Wie bei einem Boxer, der im Ring so lange wachsam herumtänzelt, bis der eine günstige Moment kommt, auf den er die ganze Zeit gewartet hat. Keine unnötige Bewegung, keine Panik, kein Platz für Fehler. Diesen einen Augenblick hat er schon so oft in seinem Kopf durchgespielt, er ist so gut darauf vorbereitet, sodass er nicht darüber nachdenken muss. Er weiß genau, was zu tun ist. Das nennt man Instinkt.

Glauben Sie an das, was Sie über sich wissen. Als ich mich dazu entschloss, einen Abschluss in Kinesiologie zu machen, sagten alle: »Ach so, du willst also Trainer in einem Fitnessstudio werden.« Nein, ich möchte Profis trainieren. »Du kannst ja später mal Geschäftsführer eines Fitnessstudios werden!« Nein, ich möchte Profis trainieren. Sie werden *keinerlei* Chance haben, das zu erreichen, was Sie erreichen wollen, wenn Sie sich von billigen Ausreden und unzähligen Gründen, warum Sie es doch nie schaffen werden, beeinflussen lassen. Vertrauen Sie darauf, dass Ihr Bauchgefühl Sie auf diesem schweren Weg führt. Letztendlich wird die Freude über Ihren Erfolg Sie einfach umhauen, weil Sie wissen, dass Sie es mithilfe Ihrer Instinkte ganz allein geschafft haben.

Hören Sie auf nachzudenken. Hören Sie auf, auf etwas zu warten. Sie wissen bereits, was Sie tun müssen.

Aber Instinkte sind nur ein Teil der Erfolgsformel. Man kann nicht kompromisslos sein, ohne sich auch auf die dunkle Seite zu begeben. Das tun wir als Nächstes.

1. WENN SIE EIN CLEANER SIND …

… steckt in Ihnen eine dunkle Seite, die sich weigert, »gut« sein zu wollen.

Ein Cooler versucht, gegen seine dunkle Seite anzukämpfen,
und verliert den Kampf.
Ein Closer akzeptiert seine dunkle Seite,
kann sie aber nicht kontrollieren.
Ein Cleaner wandelt seine dunkle Seite in geballte,
kontrollierte Power um.

Kennen Sie die Geschichte von Dr. Jekyll und Mr. Hyde? Sie handelt von einem anerkannten Arzt, der einen Trunk entdeckt, der ihn zweitweise in ein gefährliches, finsteres Raubtier verwandelt. Eine Zeit lang gefällt es ihm, frei von Angst, Moralvorstellungen und Gefühlen zu sein und sich um nichts und niemanden scheren zu müssen. Zum ersten Mal in seinem Leben lebt er aus, was er fühlt, und nicht, was ihm beigebracht wurde.

Dr. Jekyll lebt nach bestimmten Regeln; Mr. Hyde lebt impuls- und instinktgesteuert. Er existiert nur in der Vorstellung Dr. Jekylls. Mr. Hyde macht, was er will, und schert sich nicht um Konsequenzen oder darum, wen er dabei möglicherweise vernichtet.

Es handelt sich bei beiden um denselben Menschen mit denselben angeborenen Trieben, aber diese können nur dann freigesetzt werden, wenn Jekyll sich in Hyde verwandelt. Jekyll lebt im Licht, Hyde im Dunkeln. Aber Instinkte können nur dann geweckt werden, wenn sich die dunkle Seite zeigen darf.

Genau darüber reden wir hier – über eine Transformation zu Ihrem Alter Ego, zu Ihrer dunklen Seite, darüber, der zu werden, der Sie wirklich sind und den Ihre Instinkte Sie zu sein drängen. Natürlich war Hyde ein Psychopath und ich schlage nicht vor, dass Sie so weit gehen. Aber wenn Sie aus Ihrem Trott herauskommen möchten, um sich auf ein höheres Niveau zu begeben, müssen Sie Ballast abwerfen. Dann müssen Sie es wie Superman machen und Anzug und Brille des netten Clark Kent ablegen. Oder wie der unglaubliche Hulk, der sich grün verfärbt, oder wie Batman, der sein Cape umlegt, oder wie der Wolfsmensch, der den Mond anheult. Sie müssen, ob bewusst oder unbewusst, die Fähigkeit entwickeln, allen Ballast abzuwerfen, alle Hemmungen abzustreifen und das zu tun, was Sie tun möchten, und zwar auf höchstem Niveau. Ohne Angst und ohne jedwede Einschränkung. Am Ende des Tages zählen nur Taten und Ergebnisse.

Erinnern Sie sich an den Beginn unserer Ausführungen über Instinkte? Dass wir böse geboren sind und zum Guten erzogen wurden?

Willkommen auf der dunklen Seite.

Tief in Ihnen gibt es eine unbestreitbare Kraft, die Ihre Taten antreibt. Dieser Teil von Ihnen lehnt es ab, nur durchschnittlich zu sein. Er bleibt wild und unbändig. Ich rede hier nicht nur von Instinkten, sondern von Killerinstinkten. Die Art von Instinkten, die Sie im Dunkeln verborgen lassen, dort, wo Sie Dinge begehren, über die Sie nicht reden. Und diesen Killerinstinkten ist es egal, was andere denken, weil sie der Teil Ihrer Persönlichkeit sind, den Sie nicht missen und nicht verändern möchten.

Das können Sie sowieso nicht, weil niemand sich wirklich verändert.

Sie können es versuchen, Sie können Versprechungen machen, Sie können Hilfe suchen und Bücher darüber lesen, wie Sie Ihren Charakter verändern können, aber Sie bleiben dennoch dieselbe Person. Das sind *Sie*. Das ist weder schlecht noch gut, sondern Ihr natürlicher, ungezähmter Instinkt, der Ihnen sagt, was er will, und Sie dazu animiert, es zu bekommen – Sex, Geld, Ruhm, Macht, Erfolg ... wonach auch immer Sie sich sehnen.

Und bevor Sie mir jetzt erzählen, Sie hätten keine dunkle Seite, lassen Sie mich Ihnen versichern, dass jeder Mensch eine hat.

Denken Sie einmal kurz über die Dinge nach, die keiner je über Sie erfahren soll. Es ist okay. Niemand wird je Ihre Geheimnisse aufdecken, die Ihnen im Laufe Ihres Lebens geholfen haben, Ihre Wünsche, Ihre Gier, Ihr Ego ... Ihre Lust nach Verbotenem zu befriedigen.

Das ist Ihre dunkle Seite. Sie brauchen sie. Sie ist der wichtigste Faktor, um in die Zone zu kommen und das zu erreichen, was Sie wollen.

Ich habe schon viele sehr erfolgreiche und äußerst ehrgeizige Menschen kennengelernt und alle haben ausnahmslos eine dunkle Seite. Ihre Überlegenheit und ihre Fähigkeit, herausragend zu sein, werden von etwas tief Verwurzeltem und Intensivem angetrieben und angeheizt. Das ist bei jedem Menschen etwas anderes, zum Beispiel Ehrgeiz, Libido oder Unsicherheit. Es geht vor allem darum, diese dunkle Seite, die niemand kennt, anzunehmen. Das bedeutet, das Sicherheitsnetz zu durchtrennen und abschätzige Meinungen, die die meisten Menschen zurückhalten, einfach zu ignorieren. Letztendlich geht es ums Loslassen.

Geben Sie mir eine ehrliche Antwort: Welche Führungspersönlichkeiten aus den Bereichen Sport, Finanzen, Showbusiness oder

Politik können Sie nennen – und ich meine die Spitzenleute jeder Branche –, bei denen Sie zu 100 Prozent sicher sind, dass sie niemals in einen Skandal verwickelt werden würden? Selbst wenn es keine echten Berühmtheiten sind und der Skandal nicht öffentlich ist: Wie viele einflussreiche Menschen sind über jeden Verdacht erhaben, jemals in einen moralischen, ethischen, juristischen, ehelichen, finanziellen oder persönlichen Skandal verwickelt zu werden?

Habe ich mir gedacht. Nicht sehr viele.

Und wissen Sie was? Erst dadurch sind sie überhaupt erst so berühmt oder mächtig geworden. Das sind keine schlechten Menschen, es reicht ihnen nur nicht, anständige und selbstzufriedene Mr. Jekylls zu sein. Ich weiß, dass alle annehmen, es sei besser, Schwierigkeiten und Versuchungen zu meiden und ein tugendhaftes Leben zu führen. Aber konventionell können nur die sein, denen es genügt, mittelmäßig zu sein, und Mittelmäßigkeit bringt einen nicht an die Spitze.

Jedes Mal, wenn Sie hören, dass ein Politiker, ein Geschäftsführer, ein Sportler oder ein Star in etwas »Skandalöses« verwickelt wurde, und Sie den Kopf schütteln und denken: »Was für ein Idiot«, hat sich seine dunkle Seite offenbart. Aber diese Person hat gewusst, was sie da tat, sie war sich der Konsequenzen bewusst und hat es trotzdem getan.

Wenn sie gewollt hätte, hätte sie das Geschehen beeinflussen können, aber das hat sie nicht. Warum? Weil man, wenn man daran gewöhnt ist zu gewinnen, immer in *jedem Bereich* gewinnen will. Die dunkle Seite treibt einen an, der zu sein, der man wirklich ist, und führt zu dem kompromisslosen Antrieb, das Unkontrollierbare kontrollieren zu wollen sowie alles, was sich einem in den Weg stellt, zu überwinden. Wie Sie keine Versagensangst haben, ist keine Herausforderung zu groß, zu einschüchternd oder zu gefährlich. Das Risiko selbst befriedigt einen nicht, sondern die Tatsache, dass man es eingegangen ist und die Herausforderung gemeistert hat. *Ich schaffe das.*

Je mehr Sie wagen, desto mächtiger fühlen Sie sich.

Ohne ein unerschütterliches Selbstvertrauen und einen undurchdringlichen Panzer schafft man es nie an die Spitze, egal worum es sich handelt. Das schafft man nur, indem man große Risiken eingeht, die andere nicht wagen, denn Ihre Instinkte entscheiden für Sie, was ein Risiko darstellt und was nicht. Wenn Sie am Rande der Zone stehen, stößt Ihre dunkle Seite Sie an und flüstert: »Geh und tu es.«

Ihre dunkle Seite ist sozusagen Ihr Treibstoff, Ihre Energie. Sie regt Sie an, hält Sie in Atem, lädt Sie wieder auf und füllt Ihren Tank. Sie ist Ihr einziger Fluchtweg, das Einzige, was Ihre Gedanken abschweifen lässt und es Ihnen erlaubt, für kurze Zeit Dampf abzulassen. Für manche manifestiert sie sich in Sex, insbesondere verbotenem. Für andere in exzessivem Sport oder Alkohol. Sie kann sich aber auch in einem zwanghaften Drang zur Arbeit, zum Glücksspiel oder zum Geldausgeben zeigen. Sie zeigt sich in allem, was Sie persönlich herausfordert und kontrolliert werden muss, bevor es Sie kontrolliert. Es ist eine Sucht so groß wie Ihre Sucht nach Erfolg.

Die dunkle Seite muss nicht zwangsläufig krankhaft, böse oder kriminell sein. Sie können ein guter Mensch sein und dennoch diese unbezähmbare Seite haben. Denken Sie mal an die Superhelden Ihrer Kindheit, an Spiderman, Superman, Batman; sie alle haben für das Gute gekämpft und ihr Leben im Verborgenen gelebt. Das, was Sie verbergen, ist einfach nur der Teil von Ihnen, der nie ans Licht kommt. Er schlummert solange in Ihnen, bis Sie ihn ausleben, aber das geschieht nur im stillen Kämmerlein oder wenn Sie Ihr Geheimnis einem guten Freund anvertrauen. Hiermit meine ich Urtriebe, die nur Sie genau kennen. Schon in jungen Jahren wurde Ihnen beigebracht, nichts falsch zu machen. Es hieß: nicht anfassen, nicht anschauen, nicht sagen, dass .... Also haben Sie Ihre Urtriebe entsprechend unterdrückt, sie weggepackt und gelernt, dass Sie sie nicht ausleben dürfen. Das hat jedoch dazu geführt, dass Sie sich noch mehr danach gesehnt haben, bis Sie letztendlich so frustriert waren, sie ständig unterdrücken zu müssen, dass Sie sich den Tatsachen stellten und endlich das taten, was Sie schon immer tun wollten.

Sich immer zu schützen, engt einen ein. Man darf aber nicht eingeengt sein, wenn man kompromisslos sein will.

Jedes Mal, wenn man innerlich abwägt, was das »richtige« Verhalten ist und was man eigentlich tun möchte, ringt man mit seiner dunklen Seite. Letztendlich verliert man den Kampf sowieso, weil sich die dunkle Seite nicht zügeln lässt. Man kann zwar versuchen, sie zu kontrollieren oder einzudämmen, aber man kann sie nicht komplett unterdrücken. Sie kommt immer wieder zum Vorschein und ringt darum, Sie zu beherrschen. Schauen Sie nur, was mit dem armen Dr. Jekyll passiert ist: Zum Schluss hat er sich umgebracht, weil er erkannt hat, dass Mr. Hyde – seine dunkle Seite –von ganz alleine zum Vorschein kommt und er das Unkontrollierbare nicht mehr kontrollieren konnte.

Ein Cleaner kontrolliert seine Triebe, er lässt sich nicht von ihnen kontrollieren. Bei der dunklen Seite geht es nicht darum, unsinnige Risiken einzugehen und dabei in Schwierigkeiten zu geraten. Das würde eher Schwäche signalisieren. Man kann seine Bedürfnisse spüren und darauf eingehen oder eben nicht; Ihre Selbstkontrolle unterscheidet Sie von anderen Menschen. Sie können nach Belieben entscheiden, sich bei etwas zurückzuhalten oder es ganz sein zu lassen. Sie greifen zur Flasche, weil Sie einen Drink möchten, nicht, weil Sie wirklich einen brauchen. Sie können mit den heißesten Frauen schlafen, ohne von ihnen besessen zu sein. Sie können eine Stunde Blackjack spielen und nach einer Glückssträhne aufhören. Sie können abends lange im Büro bleiben, obwohl Sie wissen, dass Sie zu Hause erwartet werden. Und Sie können zusehen, wie andere beim Versuch, Sie zu imitieren, ins Straucheln kommen.

Sie aber sind auf der Suche nach Ihrer nächsten Eroberung und der nächsten und der nächsten, weil kompromisslos sein wie ein nicht zu stillender Hunger ist. Sobald ein Cleaner sein Ziel erreicht hat und der Adrenalinkick nachlässt, setzt er sich sein nächstes Ziel und erreicht es auch. Der Erfolgsrausch ist so intensiv, dass es schwerfällt, wieder runterzukommen. Ein Cleaner braucht ihn immer und immer wieder, weil er sich stets nach totaler Erfüllung sehnt.

Aber was passiert, wenn sich diese Befriedigung nur gelegentlich einstellt? Im Sport kann man eine Meisterschaft nur einmal im Jahr gewinnen. Der Konkurrenzkampf, die harte Arbeit, all die Opfer … alles nur für einen Versuch pro Jahr. Das ist alles. Einmal pro Jahr. Wenn man verliert, muss man wieder ein ganzes Jahr lang warten. Oder vielleicht sogar zwei.

Wenn Sie darauf gepolt sind, angreifen und gewinnen zu wollen, können Sie den Schalter nicht einfach umlegen. Das macht Sie aus, das sind Sie. Sie können sich nicht entspannen. Sie sind einfach nie zufrieden. Sie wollen Tag für Tag und Jahr für Jahr an der Spitze sein und dort auch bleiben. Sie wollen der Beste sein und sich dennoch verbessern. Sie wollen nicht nur über Erfolge nachdenken, sie wollen es anderen zeigen. Und das rund um die Uhr. Was tun Sie also, um Ihren Heißhunger zu befriedigen?

Ein Cleaner muss in der Zwischenzeit etwas anderes erobern, er ist zu hungrig, um abzuwarten. Er braucht etwas, das er lenken und dominieren kann, etwas, das ihn scharfsinnig und konkurrenzfähig macht, damit er sich auf seine nächste Eroberung vorbereiten kann. Daher probiert er ganz allein etwas anderes aus, um diese Leere zu füllen und seinen unersättlichen Konkurrenzdrang zu befriedigen, etwas, das es ihm als Raubtier, als kompromissloses Superhirn mit Killerinstinkten, erlaubt, in der Zone zu bleiben.

Der Drang, jeden Tag ins Fitnessstudio zu gehen und das zu tun, wozu niemand sonst bereit ist, kommt von Ihrer dunklen Seite. Ihr Antrieb, an die Spitze zu kommen und dort Jahr für Jahr bleiben zu wollen? Auch die dunkle Seite. Ein Cleaner mit einer ausgeprägten dunklen Seite kann überall erfolgreich sein. Dieser Weg wird zumeist schon in jungen Jahren durch seine Familie, sein Umfeld oder seine Kultur bestimmt. So oder so wird er irgendwo der Beste sein. Ein positiver Einfluss auf sein Leben treibt ihn vielleicht in Richtung Business oder Sport, ein negativer möglicherweise direkt in kriminelle Machenschaften. Gibt es eigentlich einen so großen Unterschied zwischen einem Geschäftsmann, einem mächtigen Gangsterboss und einem leistungsstarken Sportler? Alle drei sind »Killer« in ihrem Bereich und davon angetrieben, der Beste sein zu wollen. Sie sind teuflisch in ihrer Strategie, einen Deal einfädeln und die Konkurrenz zerstören zu wollen. Sie sind alle kompromisslos in ihrem Wunsch, um jeden Preis gewinnen zu wollen. Ihre Opfer erkennen die Gefahr erst, wenn es zu spät ist. Sie vernichten ihre Gegner nicht mit echten Waffen, sondern mit ihrem Talent, ihren Fähigkeiten und vor allem mit ihren mentalen Waffen. Sie sind alle genial in dem, was sie tun. Und alle verfolgen dasselbe Ziel.

Angreifen, bezwingen, gewinnen. Sie tun alles dafür, ihr Ziel zu erreichen.

Und dann tun sie es wieder. Und wieder.

Cleaner können sich zu Hause von ihrer dunklen Seite lösen; ihr Heim ist ihr sicherer Hafen. Deshalb kämpfen so viele Männer um ihre Ehen, obwohl sie bei etwas erwischt wurden, das sie nicht hätten tun dürfen: Ihr Zuhause ist der einzige sichere Ort, der ihnen geblieben ist. Ein Zuhause gibt einem Menschen Geborgenheit und Sicherheit; die Macht der dunklen Seite kommt von woanders her. Man geht nach Hause, um sich sicher und geliebt zu fühlen, man geht raus, um Aufregung zu verspüren. Ein Heim steht für Ruhe und Wärme, draußen geht es heiß her. Sie stimmen dem vielleicht nicht gerne zu, aber leugnen können Sie es auch nicht. Das Feuer, das in Ihnen brennt, kommt von Ihrer dunklen Seite, und diese hat beim Abendessen mit der Familie nichts verloren.

Cleaner verstehen das. Das macht sie zu Cleanern. Wenn Sie bereits ein Cleaner sind, wissen Sie, worüber ich gerade rede, und sind wahrscheinlich entsetzt, dass wir überhaupt darüber reden.

Die dunkle Seite hat nichts damit zu tun, was zu Hause passiert; viele versuchen, alles darauf zu schieben, aber sie wissen genau, dass das eine Ausrede ist. Es geht darum, was Sie im tiefsten Innern verspüren und niemand – weder zu Hause noch sonst irgendwo – kann Einfluss darauf nehmen. Das ist es, was Sie ausmacht.

Die Maske der Normalität tragen Cleaner nicht zu ihrem eigenen Vorteil, sondern um andere, die sie lieben, zu schützen. Diese Maske zeigt die Person, die andere sehen wollen. Cleaner wissen selbst, dass sie das nicht sind – nur in der Zeit, in der sie mit ihrer dunklen Seite verbunden sind, können sie zu 100 Prozent sie selbst sein. Also tun sie, was sie tun müssen, damit sie letztendlich das tun können, was sie eigentlich tun wollen.

Doch sobald sie es können, werden sie wieder zu ihrem natürlichen Selbst. Für sie gibt es keinen Unterschied zwischen unterschiedlichen Lebensbereichen. Sie arbeiten, wie sie leben: intensiv, wettbewerbsorientiert, angetrieben. Wenn man kompromisslos ist, kann man nicht anders leben. Könnte man diese Intensität auch kontrollieren, wenn man will? Natürlich. Aber das möchten Sie nur sehr selten. Wenn Sie jemand sind, der nur ans Gewinnen denkt, wollen Sie eigentlich nur in der Zone bleiben, in der es dunkel und kühl ist und in der es nur Sie und Ihre Gedanken gibt.

Und wenn nötig, tragen Sie halt Ihre Maske.

Ich weiß nicht, ob es ein besseres Beispiel als Tiger Woods gibt, um dies zu verdeutlichen. Seine mittlerweile berühmte dunkle Seite animierte ihn dazu, sich außerehelich mit zwölf oder mehr Frauen einzulassen. Manche Profisportler haben weitaus mehr Affären pro Woche, aber Tiger trug seine Maske so erfolgreich und versteckte seine dunkle Seite so geschickt, dass seine Fans völlig von den Socken waren, als herauskam, dass Dr. Jekyll in die Kamera gelächelt und Fernsehwerbung gemacht hatte, während Mr. Hyde den Rest erledigte.

Wenn Sie einen Typen sehen wollen, der immer in der Zone ist, schauen Sie sich einfach Videos von Tiger Woods vor dem Skandal an; er bewegte sich auf dem Golfplatz, als sei dieser für ihn erschaffen worden, und wenn man ihm in die Quere kam, dann Gnade einem Gott. Alle Experten haben immer gerne über seine mentale Stärke geredet und darüber, dass sein Vater ihn trainierte, indem er zum Beispiel absichtlich Golfschläger fallen ließ und den Golf-Caddy während seines Rückschwungs versetzte. Und dass seine Mutter ihn aufforderte, seine Gegner »zu töten und ihnen das Herz rauszureißen«. Er wurde dazu erzogen, in der Zone zu sein, so die Meinung der Fachleute.

Dann gab es plötzlich diesen Skandal und es war auf einmal ziemlich offensichtlich, was Tiger in die Zone gebracht hatte.

Als die ganze Story rauskam, ein schlüpfriges und peinliches Detail nach dem anderen, ging es mit seiner Karriere steil bergab. Da die Öffentlichkeit jeden Aspekt seines Privatlebens unter die Lupe nahm, verpuffte seine dunkle Seite. Diese Art von Energie kann im Licht nicht überleben, hier verliert sie gänzlich an Kraft. Es sei denn, man ist in der Lage, sich aufzurappeln und selbstbewusst zu sagen: »Ja, ich habe das getan, na und?«, und dann genau so weiterzumachen wie bisher.

Tigers Situation verschlechterte sich auch dadurch, dass er meinte, sich öffentlich entschuldigen zu müssen. Wenn man Hunderte Millionen Dollar mit seinem Image als Vorzeige-Ehemann und -Vater verdient, sollte die dunkle Seite besser im Verborgenen bleiben.

Ich kannte und mochte Tiger seit Langem und muss gestehen, dass ich seine Entschuldigung gar nicht hören wollte. Mir wäre es lieber gewesen, er hätte nichts in der Öffentlichkeit verlauten lassen und sich stattdessen auf den nächsten Wettkampf konzentriert.

Er hätte sich wie mein Freund und Klient Charles Barkley verhalten sollen, der in einem Nachtklub in Orlando einen Typen durch ein geschlossenes Fenster schmiss, nachdem dieser Idiot Eis nach ihm geworfen hatte. Man wirft nicht ungestraft Eis – oder sonst irgendetwas – nach Charles Barkley. Nachdem die Richterin die Anklage fallen gelassen hatte, fragte sie Charles, ob er etwas aus dieser Erfahrung gelernt habe. »Ja«, antwortete dieser: »Ich hätte ihn nicht durch ein Fenster im Erdgeschoss schmeißen, sondern ihn auf die zweite Etage schleifen und den Job von dort erledigen sollen.«

Keine Entschuldigungen.

Mir wäre es lieber gewesen, wenn Tiger seine verfahrene Situation mit einem ähnlichen Selbstbewusstsein gemeistert hätte. Er hat so lange an seinem Furcht einflößenden Image als Killer auf dem Golfplatz gearbeitet; ich wollte damals einfach nicht, dass er den Kopf hängen lässt. Er hat ja niemanden umgebracht. Dass er seine Frau betrogen hat, geht nur ihn und seine Familie etwas an.

Hatte er vielleicht Angst davor, die Unterstützung seiner Fans zu verlieren? Dazu sage ich nur: Geh raus und gewinn ein Spiel und alle stehen wieder hinter dir. Ich wollte damals, dass er da rausgeht und allen zeigt, dass er noch Herr der Lage und ein Killer ist. Dass er noch besser spielt, um zu zeigen, dass er alles im Griff hat. Man kann nichts Besseres tun, um Konkurrenten einzuschüchtern. *Ich bin durch diesen ganzen Schlamassel gegangen und meine Spieltechnik hat sich noch verbessert? Ihr Arschlöcher habt nicht die geringste Chance gegen mich.*

Und jetzt kommt der Teil, der verdeutlicht, wie ausgeprägt ein Wettkampfgeist sein kann: Es schien damals einen stillschweigenden Wettbewerb unter Sportlern und hochkarätigen Promis zu geben, wer Tiger in Sachen Ausschweifungen noch toppen konnte, *ohne* erwischt zu werden. »Wie zum *Teufel* ist er erwischt worden?«, haben sich alle gefragt. »Mich erwischt man *nie*!« Und wenn sie erwischt worden wären, hätte der Wettbewerb darin bestanden zu beweisen, dass sie noch auf dem gleichen Niveau spielen konnten. Nicht wie Tiger, dessen Leistungen drastisch nachließen. Noch eine Herausforderung, die man meistern konnte.

Seht mich an, ich habe die Kontrolle über alles, nichts beherrscht mich.

Ich habe alles im Griff.

Vor einigen Jahren kannte ich mal einen Spieler, der beschloss, seine Leistungsfähigkeit nach dem Konsum einiger Dosen Bier zu testen. Er trank also in der Halbzeit drei Dosen Bier, nur um auf den Platz gehen und seinem Gegner sagen zu können: »Ich habe gerade drei Dosen Bier gekippt und kann dich immer noch fertigmachen.« Er schaffte es und die Herausforderung wurde schnell langweilig. Also animierte er einige seiner Teamkollegen zum Mitmachen; es ging nun darum, wer die meisten Dosen Bier in der Halbzeit trinken und immer noch am besten spielen könne. An einem Tag versuchten sie es mit zwei Dosen Bier, am nächsten mit drei, dann mit vier ... sie setzten die Messlatte so lange höher, bis zwei Spieler auf die falsche Bank zuliefen, damit der Einzige, der übrig blieb (derjenige, der die ursprüngliche Idee hatte), endlich sagen konnte: »Ha! Ich habe euch alle besiegt!«

Ein lächerlicher Wettbewerb, den ich keinesfalls billige. Aber wie soll man überprüfen, wozu man fähig ist, wenn man seine Leistungsfähigkeit nicht unter allen möglichen Bedingungen unter Beweis stellt?

Genau dafür ist die dunkle Seite gut: Sie ignoriert, was richtig und falsch ist, und ermöglicht Ihnen herauszufinden, aus welchem Holz Sie wirklich geschnitzt und wozu Sie fähig sind.

Ich habe mal mit einem Spieler zusammengearbeitet, von dem ich vermutete, dass er zu viel trank. Ich fragte ihn geradeheraus, ob er ein Problem habe, mit dem wir uns auseinandersetzen müssten. »Ich habe kein Problem«, knurrte er mich an. »Pass mal gut auf, ich werde im nächsten Monat keinen Schluck Alkohol trinken.« Und das hat er auch nicht getan. Aufgabe bestanden.

Es ist mir völlig egal, ob Sie gerne Alkohol trinken, nur zu! Ich habe kein Problem damit, dass Sportler nach Möglichkeiten suchen, um sich zu entspannen. Da unterscheiden sie sich nicht von anderen Menschen. Sie müssen Stress abbauen? Das verstehe ich. Ich habe schon Spieler kennengelernt, die sich vor einem Spiel zur Entspannung einen Kurzen hinter die Binde gegossen haben. Und wenn ich Sie dazu zwinge, es sein zu lassen, werfen Sie mir später vor, mich in etwas eingemischt zu haben, das bei Ihnen gut funktioniert. Also, nur zu, trinken Sie, wenn Sie trinken müssen und wenn der Schnaps Ihnen dabei hilft, Ihre dunkle Seite hervorzulocken und Sie in die Zone zu bringen.

Solange Sie es kontrollieren können.

Ein Cleaner-Gesetz lautet: Beherrschen Sie Ihre dunkle Seite, lassen Sie sich nicht von ihr beherrschen. Wollen Sie rauchen oder müssen Sie rauchen? Wissen Sie, wann es Zeit ist, nach Hause zu gehen, oder ruiniert ein Abend in einem Klub Ihr nächstes Spiel? Trinken Sie, weil Sie gerne trinken oder weil Sie den Alkohol brauchen, um den Druck aushalten zu können? Können Sie mit einem Alkoholproblem immer noch gut spielen? Wahrscheinlich. Aber herausragend können Sie nicht sein.

Cleaner nehmen niemals irgendwelche Drogen ein, wenn sie Leistung abliefern müssen. Sie legen zu viel Wert auf ihre mentale Verfassung, um zuzulassen, dass irgendetwas ihre Psyche, ihre Instinkte und ihre Reflexe beeinflusst. Wer hat das Heft in der Hand? Sie oder Ihre dunkle Seite?

Ich kannte mal einen Typen, der sexsüchtig war und sich geschworen hatte, ein Jahr lang keine Affären zu haben. Er war kein Sportler mit Jetsetleben, sondern ein respektabler Geschäftsmann, der viel zu verlieren hatte, aber das war ihm egal. Er schaffte es tatsächlich, ein Jahr lang auf dem Pfad der Tugend zu wandeln. Obwohl es ihm damals ganz mies ging, war er entschlossen zu beweisen, dass er sich beherrschen konnte, und er glaubte, dass es die häusliche Atmosphäre verbessern würde (weil Cleaner diese Stabilität brauchen). Leider war der Schaden zu Hause schon angerichtet und seine Ehe ging trotzdem in die Brüche. Am Jahresende feixten seine Freunde: »Du hast gerade ein ganzes Jahr verloren.« Aber er hatte halt wissen wollen, ob er seine dunkle Seite bezwingen konnte oder nicht.

Wenn Geschichten von der dunklen Seite einer Person an die Öffentlichkeit kommen, bilden sich Menschen gern ein vorschnelles Urteil und sagen: »Er konnte sich nicht beherrschen. Was für ein Schwächling.« Aber das sind keine Cleaner. Ein Cleaner *will* das, was die Leute missbilligen, nicht aufgeben. Für ihn zeugt das nicht von Schwäche, sondern von Stärke, von einer bewussten Wahl. Schwäche würde bedeuten, das aufzugeben, was man mag, weil man Angst davor hat, erwischt zu werden.

Ein Cleaner hat sich sein Alter Ego, seinen Mr. Hyde, redlich verdient. Nichts trifft ihn wie aus heiterem Himmel, er holt sich, was er haben will. Irgendwann in seinem Leben hat ihn etwas herausgefordert und er hat die Situation gemeistert. Dadurch ist er heute unglaublich selbstsicher und weiß, dass seine Instinkte ihm den Arsch retten werden und dass alles gut geht, egal was auch passiert. Und irgendwie stimmt das auch. Sein Wunsch, irgendetwas ständig zu beherrschen, ist so stark und sein Vertrauen in seine Instinkte so groß, dass er einfach weiß, dass er nicht verlieren kann.

Seien Sie einmal ehrlich zu sich selbst: Wären Sie heute so erfolgreich, wenn Sie immer alle Regeln befolgt, sich immer gut benommen hätten und nie ein Risiko eingegangen wären? Sicher nicht, denn dann wären Sie wie die meisten Menschen, die viel zu viel

Angst vor dem Versagen haben und von allen gemocht werden wollen.

Die meisten Leute können die Psyche eines Menschen, der in seiner Disziplin der Beste der Welt ist, weder im Ansatz verstehen noch wissen, was er durchgemacht hat, um dahin zu kommen, wo er ist. Ihre eigenen Wertvorstellungen, Bräuche und Ansichten sind mit seinen nicht vergleichbar. Nicht, dass seine Haltung besser oder schlechter als ihre wäre, sie ist nur etwas Besonderes.

Aber unterm Strich interessiert es ihn überhaupt nicht, was andere über ihn, seine dunkle Seite oder sonst irgendetwas denken, weil der einzige Druck, den er verspürt, der ist, den er sich selbst macht. Und davon kann er nie genug bekommen.

1. WENN SIE EIN CLEANER SIND ...

... macht Ihnen Druck nichts aus, sondern beflügelt Sie.

Ein Cooler ist nie in der Situation, »clutch« sein zu müssen.
Ein Closer ist in Hochdrucksituationen »clutch«.
Ein Cleaner ist immer »clutch«.

Lassen Sie uns das ein für alle Mal klären: Es gibt kein sogenanntes »Clutch-Gen«.

Oder falls doch, sollten sie es nicht unbedingt haben wollen.

In welchem Zusammenhang benutzt man diesen Begriff eigentlich? Wenn ein Spieler unter Druck steht, in der letzten Sekunde noch einmal alles gibt und dann etwas Übernatürliches vollbringt.

Dann flippt jeder aus und schwärmt, wie »clutch« dieser Spieler ist, und tagelang wird über das sogenannte »Clutch-Gen« diskutiert – was zum Kuckuck das auch immer sein mag, ich weiß es immer noch nicht – und wer es hat und wer nicht und woran man es erkennt. Und so setzt sich das Gerede über dieses irrwitzige Phänomen immer weiter fort.

Es gibt kein Clutch-Gen. Es gibt einen Raubtierinstinkt, der einem sagt, dass man angreifen und einen Kampf unerbittlich zu

Ende führen sollte. Und es gibt die Bereitschaft, sich darauf vorzubereiten.

Vorbereitung + Gelegenheit. Das ist alles.

Wenn Sie ein echter Wettkämpfer sind, spüren Sie ständig den inneren Druck, angreifen und siegen zu müssen. Das ist Ihr Lebenselixier. Sie erschaffen absichtlich Situationen, in denen der Druck noch intensiver ist, weil Sie sich beweisen wollen, wozu Sie fähig sind. Sie warten nicht auf den entscheidenden Moment, um irgendein ominöses »Gen« aus der Kiste zu zaubern und Ihre Größe zu demonstrieren. Das tun Sie bei allem, was Sie machen und wann immer sich die Gelegenheit dazu ergibt.

Closer werden aus einem bestimmten Grund Closer genannt: Sie treten erst am Ende des Spiels in Erscheinung. In einer Drucksituation können sie abliefern, weil sie vollen Einsatz bringen, wenn etwas auf dem Spiel steht.

Für Cleaner ist jeder Moment eine Drucksituation und es steht immer etwas auf dem Spiel.

Ehrlich gesagt, wäre ich an Ihrer Stelle beleidigt, wenn jemand zu mir sagen würde, ich besäße ein Clutch-Gen. Es ist schließlich kein Kompliment, wenn jemand behauptet, man gebe nur bei wichtigen Spielen alles. Was haben Sie denn in all den anderen Spielen gemacht? Warum waren Sie nicht in allen Spielen so verlässlich, so angriffslustig und so effektiv?

Ich verstehe, welche Bedeutung ein Spieler hat, der den Siegtreffer versenkt, den entscheidenden Home Run landet oder in den letzten zwei Spielsekunden den Touchdown zur Führung macht. Ich verstehe, dass es einen Spieler befriedigt, wenn er allen das geben kann, was sie brauchen, und zwar genau zum richtigen Zeitpunkt. Ich verstehe die Aufregung, den Nervenkitzel und die Intensität, genau in diesem Augenblick erfolgreich zu sein und als Held gefeiert zu werden.

Aber kompromisslos zu sein, bedeutet, beständig auf dieses Ergebnis hinzuarbeiten, nicht nur dann, wenn es kritisch wird. Beim Clutch-Sein geht es um die letzte Minute eines Spiels. Wenn man kompromisslos ist, geht es um jede Minute.

Wenn man sich damit zufriedengibt, bis zur letzten Minute zu warten, ist man in der Zeit davor viel zu behäbig, lässt es viel zu ruhig angehen und bewegt sich nur in seiner Komfortzone. Viele Spieler vermeiden es, den letzten Wurf zu übernehmen. Nicht, weil sie Angst davor haben, nicht zu treffen, sondern weil sie es im Erfolgsfall von da an *immer* schaffen müssen. Schauen Sie sich Jeremy Lin an: Er tauchte explosionsartig aus dem Nichts auf und spielte auf sehr hohem Niveau für die New York Knicks. Danach erwarteten alle, dass er auf diesem Niveau bleiben würde, was aber nicht der Fall war. Wenn man so hoch einsteigt, kann man viel tiefer fallen und viel härter auf dem Boden aufschlagen. Für viele ist es daher leichter, sich in ihrer Komfortzone zu bewegen, die sich nur knapp über dem Boden befindet. Minimale Erwartungen und minimaler Druck führen nur zu minimalen Belohnungen. Aber man ist auf der sicheren Seite.

Cleaner lieben die Höhe genauso wie den Druck, sich dort zu halten und noch höher aufzusteigen. Sobald sie sich einen Moment lang entspannen, haben sie sofort das Gefühl nachzulassen. Wenn Sie ein Cleaner sind, kennen Sie diesen heftigen Drang, etwas beherrschen und in Angriff nehmen zu müssen, und zwar sofort. Wenn Sie etwas tun, denken Sie nie: »Das war aber schön entspannend.« Entspannung ist nach Cleaner-Denkart etwas für schwache Menschen, weil diese keinen Druck aushalten können. Wenn Cleaner sich entspannen sollen, zum Beispiel in einem Urlaub, den sie eigentlich nicht machen wollten, oder an einem Tag, an dem sie nicht trainieren müssen, stresst sie das noch mehr, weil sie darüber nachdenken, was sie eigentlich hätten erledigen sollen. Lieber stellen sie sich neuen Herausforderungen, als krampfhaft zu »entspannen«. Sie sind gern angespannt.

Wenn ein Cleaner sich von dem Druck, den er sich ständig macht, erholen will, flieht er zu seiner dunklen Seite. Auch sie kann er beherrschen. Einerseits hilft sie ihm dabei, den Druck aufrechtzuerhalten, andererseits gestattet sie es ihm aber auch, eine Sucht durch eine andere zu ersetzen. Statt zu arbeiten, hat er zum Beispiel Sex. Statt mit anderen zu konkurrieren, besäuft er sich. Statt sich obsessiv um seine Finanzen zu kümmern, geht er ins Fitnessstudio, um sich wie ein Besessener mit seinem Körper zu beschäftigen. Hierbei dreht sich wieder alles um Druck, Leistung und das Verlassen der Komfortzone, um seine eigenen Grenzen auszutesten. Wenn er denn welche hat.

Ein Cleaner beherrscht den Druck, den er spürt, ganz allein und bittet niemanden um Hilfe. Daher glaube ich, dass LeBron ein Closer und kein Cleaner ist. Wenn einem nichts im Leben geschenkt wird – wie bei Dwyane, der eine unbedeutende kleine Highschool und ein unbedeutendes kleines College besucht hat –, muss man sich jeden Tag aufs Neue beweisen. Der innere Druck, der Beste zu sein, ist gnadenlos. Aber wenn man zur Tür reinkommt und alle einem sagen, wie gut man ist, macht es die Sache einfacher. LeBron wurde seit seiner Highschoolzeit auf ein Podest gestellt, bekam einen großen Sneaker-Werbevertrag und war schon auf Plakatwänden zu sehen, bevor er irgendeine herausragende Leistung gezeigt hatte. Als sein Vertrag in Cleveland dann auslief, sprach die ganze Liga über seine Qual der Wahl und »Die Entscheidung«. Menschen, die noch nie in ihrem Leben ein Basketballspiel gesehen hatten, diskutierten darüber, wo LeBron wohl in Zukunft spielen werde. Das erzeugt Druck, natürlich. Aber wenn man bedenkt, dass er in Miami zwei Elitespieler – Dwyane Wade und Chris Bosh – an seiner Seite hatte und noch von anderen herausragenden Spielern umgeben war, wird einem klar, dass er den Druck auch auf andere verteilen konnte.

Sie wollen vergleichen? Denken Sie an Kobes »Herrschaft« in L.A., an Michaels Zeit bei den Bulls, an Dwyane von den Big Three oder sogar an Derrick Rose in Chicago: Sie alle haben sich irgendwann den Rest der Liga angeschaut und gesagt: »Ich will nicht in eurem Team spielen, ich will euch *besiegen*.« Und wenn ein Neuzugang ins Team kommt, denken diese Spieler alle dasselbe: »Du kannst mit mir zusammenspielen, nicht ich mit dir.« Als Dwight Howard und Steve Nash vor der Saison 2012/13 zu den Lakers wechselten, waren alle gespannt, wie Kobe mit seinen neuen Teamkollegen zusammenarbeiten würde. Würden sie sich die Hauptrolle teilen? Würde Kobe seine Führungsposition an jemand anderen abtreten? Würden die neuen Spieler mehr Aufmerksamkeit erhalten als die alten?

Aber Kobe stellte gleich klar, was Sache ist. »Ich halte nichts von ›Wir teilen alles‹«, verkündete er den Reportern. »Es ist immer noch mein Team.«

Ich habe alles im Griff.

Ich verstehe den Wunsch von herausragenden Spielern, mit anderen herausragenden Spielern zu spielen. Aber diese Chance sollte man dazu nutzen, um den Druck zu erhöhen, nicht um einen Gang runterzuschalten. Nutzen Sie diese Partnerschaft, um noch konkurrenzfähiger und stärker zu werden, und nicht, um den Druck zu verteilen und weniger Verantwortung zu tragen.

Als LeBron einen Meisterschaftsring erhielt, atmeten alle auf und sagten: »Endlich ist der Druck vorbei.« Soll das ein Witz sein? Der Druck hatte sich gerade vervielfacht. Jetzt musste er sich darauf vorbereiten, es im darauffolgenden Jahr wieder zu schaffen. Jeder, der mit einem Meisterschaftsring zufrieden ist und keinen Druck verspürt, sich einen zweiten zu verdienen, sollte sich sofort vom aktiven Sport zurückziehen.

Ich war immer der Meinung, dass Michaels legendärer Trash Talk gar nicht den anderen Spielern galt, sondern dass er damit nur seinen inneren Druck erhöhen wollte. Wenn du anderen erzählst, wie du sie fertigmachen wirst, musst du dein »Versprechen« schließlich auch halten.

Ich sage meinen Jungs immer, dass sie sich Druck und nochmal Druck machen müssen. Die meisten Menschen versuchen, Stress zu vermeiden. Ich liebe ihn geradezu. Stress macht einen scharfsinnig und fordert einen auf eine Art und Weise, wie man es sich in seinen kühnsten Träumen nicht vorstellen kann. Er zwingt einen, Probleme zu lösen und Situationen zu bewältigen, in denen schwächere Menschen in Deckung gehen. Ohne Stress kann man nicht erfolgreich sein. Ihr Erfolgsgrad bemisst sich daran, wie gut Sie mit Stress umgehen und ihn meistern können.

Wenn Sie ihn nämlich nicht gut meistern, steht schon ein anderer in den Startlöchern, um Ihre Schwächen zu finden und anzugreifen.

Während der NBA Finals 2012 stellte Serge Ibaka von Oklahoma City LeBron auf die Probe, um herauszufinden, wie gut er mit dem Druck, für die Miami Heat den Meisterschaftstitel holen zu müssen, klarkam. LeBrons mentale Stärke wurde damals schon länger infrage gestellt. Wenn er sehr gestresst war, kaute er an seinen Fingernägeln und knetete seine Finger. Als ich ihn dies während der Finalserie tun sah, drehte ich mich zu Stephen A. Smith vom Sportsender ESPN um und sagte: »Gerade hat er sich verabschiedet.« Sobald man das tut, ist alles aus. Zum Glück für die Miami Heat konnte er sich damals noch mal zusammenreißen. Bei einem Heimspiel, vor den eigenen Fans, sah ich ihn öfter an der Freiwurflinie stehen und mit der Hand anzeigen, die Fans mögen bitte leiser sein, weil ihre Rufe ihn ablenkten. Daran sah man, dass die Gefühle die Führung übernommen hatten und er nicht in der Zone war.

Ibaka hat diese Schwäche LeBrons erkannt und den Medien vor dem vierten Spiel mitgeteilt, dass LeBron Kevin Durant nicht allein verteidigen könne. Das wiederum stachelte die Medien an, eine Reaktion von LeBron zu bekommen, der zunächst nur verlauten ließ, er werde dazu nicht Stellung beziehen, sich dann aber doch lang und breit darüber ausließ.

So reagiert ein typischer Closer. Er denkt über die Situation nach, lässt sich davon ablenken und verspürt den Druck, etwas beweisen zu müssen. Ein Cleaner reagiert nicht auf äußeren Druck, er gibt den Druck wieder an den Spieler ab, der versucht hat, ihn aus der Reserve zu locken, indem er ihn schlichtweg ignoriert. Denken Sie immer daran, dass Sie sich nicht mit anderen vergleichen sollten, sondern andere sich mit Ihnen. Den eigenen Druck können Sie kontrollieren, aber nicht den, den ein anderer Spieler auf Sie ausübt. Daher sollten Sie sich nur auf den inneren Druck konzentrieren, der Sie antreibt. Laufen Sie ihm entgegen, akzeptieren und spüren Sie ihn, denn niemand kann mehr Druck auf Sie ausüben als Sie selbst.

Lassen Sie mich das an einem Beispiel verdeutlichen. Während der Saison 2010 spielten die Lakers gegen die Orlando Magic, zu denen damals auch Matt Barnes gehörte. Während des ganzen Spiels tat Barnes alles Mögliche, um Kobe zu ärgern, zum Beispiel tat er so, als werfe er Kobe den Ball mitten ins Gesicht. Der Wurf ging tatsächlich nur einen Zentimeter an ihm vorbei. Kobe ließ sich nichts anmerken, er zuckte nicht mal mit der Wimper. Nach dem Spiel fragten Reporter ihn, wie er es geschafft habe, nicht darauf zu reagieren. Seine Antwort: »Warum sollte ich?«

Ich möchte niemanden sagen hören, er könne »mit Druck nicht umgehen«. Jeder kann mit Druck umgehen. Die meisten Menschen vermeiden ihn nur lieber, weil es ja viel einfacher ist, sich nur in seiner sicheren Komfortzone zu bewegen. Aber wenn man erfolgreich sein und einen Platz an der Sonne haben will, muss man aus dem Schatten heraustreten. Das ist nicht so einfach, denn dort ist es schön kühl und gemütlich im Vergleich zum Unbehagen in der heißen Sonne. Aber man kann weder kompromisslos noch unaufhaltbar sein, wenn man Unbehagen nicht aushalten kann und wenn man mit Druck nur klarkommt, wenn man keine andere Wahl hat.

Druck kann Rohre zum Platzen bringen, aber auch Diamanten hervorbringen. Wenn man ihn negativ betrachtet, kann er einen zerstören. Dann denkt man nur: »Ich kann das nicht.« Positiv betrachtet, ist Druck eine Herausforderung, an der man wachsen kann. Er gibt einem die Möglichkeit herauszufinden, wie viel man wirklich aushalten und wie hart man kämpfen kann. Jeder möchte lieber weniger Druck haben, weil zu viel Druck in Stress ausartet, der einen angeblich umbringen kann. Das ist totaler Unsinn, finde ich. Stress macht einen erst lebendig. Setzen Sie ihn so ein, dass er Sie motiviert, noch härter zu arbeiten. Setzen Sie ihn sinnvoll ein, vermeiden Sie ihn nicht. Und wenn Sie sich unter Stress mal unwohl fühlen, was soll's? Der Lohn ist es allemal wert. Beißen Sie sich durch, Sie werden es schon überleben. Und dann suchen Sie sich am besten gleich die nächste Stresssituation.

Stress ist natürlich nicht gleich Stress. Es gibt den Stress, der einen herausragende Ergebnisse erzielen lässt, und den, für den Sie selbst verantwortlich sind und der nur Chaos verursacht. Wenn Sie unvorbereitet sind, keine Mühe in etwas investieren, wenn Sie Zusagen und Verpflichtungen nicht einhalten … führt das zu sinnlosem Stress. Sie hatten die Chance, sich um diese Angelegenheiten zu kümmern, bevor sie zu einer Negativerfahrung wurden. Aber wenn Sie den Stress haben, den eine große Herausforderung mit sich bringt – es in ein Team zu schaffen, für eine Gehaltserhöhung hart zu arbeiten, seinen Job gut zu machen, eine Meisterschaft zu gewinnen –, wird man am Ende reich belohnt. Nicht jeder hat die Chance, von seinem Potenzial, Herausragendes leisten zu können, gestresst zu sein.

Aber man muss diesen Druck ständig aufrechterhalten, nicht nur dann, wenn man einen Gang höher schaltet. In meinem Beruf sehe ich häufig, wie sich Spieler im März still und heimlich wegschleichen, wenn sie anfangen, an die Playoffs zu denken. Der ständige Druck fordert seinen Tribut und psychische und physische Erschöpfung machen sich bemerkbar. Beim Training werden sie dann nachlässig und strengen sich weniger an, was sich unausweichlich auf ihre Spielqualität auswirkt. Sie stoßen an ihre Grenzen.

Und was mich besonders stört: Es sind nicht die Mannschaftskapitäne, die ja eigentlich den ganzen Druck auf sich laden, die zuerst schlappmachen. Es sind genau die Spieler, die sich auch schon während der Saison nicht besonders engagiert haben. Kapitäne haben nicht den Luxus, sich früher zurückzulehnen. Wenn man einen Einzelsport ausübt, kann man einfach aufhören und schadet dabei höchstens sich selbst. Bei einem Mannschaftssport gibt es aber viele Menschen, die sich auf einen verlassen, und da man weiß, dass fast täglich jemand mental eine Auszeit nimmt, muss man für ihn einspringen. Nur weiß man nicht genau, welcher Spieler es sein wird – wer zum Spiel erscheint oder wer erst gar nicht kommt –, bis man mittendrin in der Situation steckt. Das erzeugt noch mehr Druck.

Und dann kommt der Zeitpunkt, an dem auch die Mannschaftskapitäne nachlassen.

Genau dann setze ich mich mit den Jungs hin und sage: »Euer Team ist noch nicht mal in den Playoffs. Wacht verdammt nochmal auf. Ihr wisst, was ihr bekommt, wenn ihr es in die Playoffs schafft und dort auch bleibt: einen Meisterschaftsring und den ganzen Ruhm, der damit verbunden ist. Und was bekommt ihr, wenn ihr es nicht in die Playoffs schafft? Dann könnt ihr eure Sachen packen und nach Hause fahren.

Ihr habt eine super Saison gespielt? Na und? Die anderen Spieler hatten auch eine super Saison, aber die spielen noch und ihr nicht. Es reicht nicht, an die Spitze zu kommen. Ihr müsst dort auch bleiben. Spürt den Druck und kämpft darum, an der Spitze zu bleiben. Dafür müsst ihr hart arbeiten. Das steht euch nicht einfach so zu.«

Daran erkennt man, dass selbst die ganz Großen keine Kraft mehr haben: Sie wollen den Kampf nicht mehr austragen. Sie wissen, was sie erreicht haben, und sie entscheiden sich, den Druck nicht zu erhöhen. Das können sie tun, darüber bestimmen nur sie allein. Ich habe das bei Michael beobachtet, als er in Washington spielte. Der psychologische Druck, Michael Jordan zu sein, weil er so vielen Menschen auf der Welt etwas bedeutete; dieser unaufhaltsame Druck, Tag für Tag und Jahr für Jahr herausragende Leistung zu bringen und sich ständig dafür einzusetzen, besser als der Beste zu sein, wenn man eigentlich schon der Beste ist … irgendwann muss man einfach sagen: »Genug. Ab sofort bin ich ein anderer.« Sein Feuer war immer noch zu spüren, aber nicht mehr der Wunsch, es wieder und wieder zum Lodern zu bringen. Und er war immer noch der einzige Spieler über 40, der mehr als 50 Punkte in einem Spiel erzielte. Selbst in seinem Alter tat er Dinge, die die Fans begeisterten, als ob er sagen wollte: »Nur weil ich es nicht immer tue, heißt es noch lange nicht, dass ich es nicht kann.« Damit wollte er seinen Gegnern sagen, dass sie es immer noch mit einem Michael Jordan zu tun hatten. Damals hat er noch den konstanten Druck geliebt und Spaß daran gehabt, andere fertigzumachen. Natürlich hätte er noch weiterspielen können.

Wenn man ständig Stress aushält, wird das zur zweiten Natur. Das heißt nicht, dass einem alles mühelos von der Hand geht, aber man kann ohne Panik agieren, weil man gelernt hat, mit den Belastungen komplexer Herausforderungen umzugehen. Wenn man nie eine andere Herausforderung als die tägliche Routine zu meistern hat und alles immer von sich weist, was das eigene Sicherheitsgefühl erschüttern könnte, bricht man beim geringsten Druck zusammen.

Cleaner empfinden keinen äußeren Druck; sie glauben nur an das, was in ihnen steckt. Man kann einen Cleaner analysieren, kritisieren und sogar verteufeln und dennoch wird er nur seinen inneren Druck spüren. Er weiß, was er richtig und was er falsch macht. Es interessiert ihn nicht, was andere denken. Er verlässt jeden Tag seine Komfortzone und fordert sich, um das nächsthöhere Niveau zu erreichen.

Das alles hat mit Selbstvertrauen zu tun. Wenn jemand Sie herausfordert, bauen Sie dann selbst Druck auf oder erlauben Sie es anderen, Sie in die Ecke zu drängen? Fühlen Sie sich wie eine Maus in der Falle oder greifen Sie zuerst an? Ziehen Sie sich zurück und haben Angst vor dem Kampf oder zerren Sie den anderen mit in den Dreck? Wunden verheilen, Narben nicht. Narben sind wie Kriegsabzeichen. In den Tagen von Michael Jordan haben wir immer gesagt: »Geh und hol dir welche!« Schmeiß dich in den Dreck und mach dich schmutzig.

1. WENN SIE EIN CLEANER SIND …

… verlassen sich alle auf Sie, wenn es brenzlig wird.

Ein Cooler wartet darauf, dass Sie ihm
den Game Plan erklären.
Ein Closer schaut sich den Game Plan genau an,
lernt ihn auswendig und weiß genau, was er zu tun hat.
Ein Cleaner lehnt einen Game Plan ab; er möchte, dass ihm
jederzeit alle möglichen Optionen zur Verfügung stehen.

Am ersten Tag des Trainingscamps im Oktober wird in jeder Saison mein Telefon von Anrufen und Textnachrichten geradezu gesprengt von Spielern, die während des Sommers den NBA-Lifestyle genossen haben und plötzlich feststellen: »Mist, ich habe vergessen, mich vorzubereiten.« Oder Agenten und Geschäftsführer rufen mich panisch an, weil sie erkennen, dass ihr bester Spieler während des Sommers seine Hausaufgaben nicht gemacht hat und jetzt alles spontan hinkriegen muss.

»Im Notfall Scheibe einschlagen.« Bis man mich anruft, haben schon viele andere versucht, das Problem zu lösen, und sind gescheitert, und jetzt wissen sie nicht mehr, was sie tun sollen. Wenn Sie ein

Cleaner sind, wissen Sie, wovon ich rede: Alle haben versucht, die Situation selbst in den Griff bekommen, und als sie merkten, dass es nicht klappt, wurden Sie gerufen. In den meisten Fällen wussten Sie, dass das passieren würde, und haben einfach abgewartet. Jetzt sind alle Augen auf Sie gerichtet, alle sind gespannt, wie Sie diese eigentliche unlösbare Situation lösen – und zwar bitte sofort.

Als ich in Miami ankam, um Dwyane während der Finals in 2012 zu helfen, wusste ich Folgendes: Ich war mit einer Situation konfrontiert, die wirklich verfahren war, und ich musste etwas erreichen, das keiner bisher geschafft hatte. Die Fragen, die Dwyane am meisten auf den Nägeln brannten, waren, ob ich in so kurzer Zeit seinem verletzten Knie helfen konnte oder ob es für den Rest der Playoffs zu spät war; die Miami Heat befanden sich schon im dritten Spiel. Ich war damals ehrlich zu ihm und sagte ihm, was ich für ihn tun konnte und was nicht. Er würde sich nach der Saison operieren lassen müssen. Wenn er annahm, ich könnte das verhindern, war das ein Trugschluss. Aber konnte ich ihn für sieben Spiele fit machen? Auf jeden Fall. Würde er sich besser fühlen? Ja, er würde sich definitiv besser fühlen.

Ich bin mir hundertprozentig sicher, dass ich einen positiven Einfluss haben kann, egal mit welcher Situation Sie mich konfrontieren. Auf keinen Fall komme ich unvorbereitet und ohne Plan zu Ihnen. Wenn Sie bereit sind, mir bei meinen Fragen zuzuhören, mir zu sagen, was ich wissen muss, und das befolgen, was ich Ihnen sage, werden Sie sich zumindest etwas verbessern.

Wenn das jetzt wie arrogante Angeberei klingt, ist mir das egal. Ich habe Vertrauen in das, was ich tue, weil ich weiß, dass ich mich, egal was auch passiert, auf eine neue Situation einstellen kann und dranbleibe. Nicht alles klappt gleich beim ersten Mal, manches klappt sogar gar nicht. Aber es gibt einen feinen Unterschied zwischen Selbstvertrauen und Großspurigkeit: Wenn man selbstbewusst ist, erkennt man, wenn etwas nicht funktioniert, und ist flexibel genug, die Taktik zu ändern. Wenn man großspurig ist, ist man nicht in der Lage zuzugeben, dass etwas nicht funktioniert, und macht aus Dickköpfigkeit immer wieder dieselben Fehler.

Wenn ich mich mit den Physiotherapeuten eines Teams über einen meiner Kunden unterhalte, ihnen erzähle, was wir gemacht haben und was sie jetzt tun müssen, damit er gesund bleibt, sagen sie wahrscheinlich irgendwann: »Ja, klar, das hört sich gut an, aber so machen wir das hier eigentlich nicht.« Ja, das habe ich schon verstanden, aber wenn ihr es so gemacht *hättet*, müsste ich ja jetzt nicht hier sein. Aber ich *bin* hier und jetzt müsst ihr es so machen, wie ich es sage.

Mein Job unterscheidet sich nicht von dem eines Troubleshooters, der einem Unternehmen in Schwierigkeiten hilft, oder von dem eines Sportdirektors, der ein Siegerteam zusammenstellen soll. Wenn man etwas versucht und es funktioniert nicht, dann sollte man sich jemanden suchen, der das Problem lösen kann. Und es ihn lösen lassen.

Das ist ein Job für einen Cleaner.

Nicht jeder möchte diesen Job machen, denn er setzt Sie Misstrauen und Kritik aus. Mir kam es damals aber gar nicht in den Sinn, dass es in irgendeiner Weise auf mich zurückfallen könnte, wenn der Zustand von Dwyanes Knie sich verschlechterte oder er in einigen Spielen schlecht spielte; dass es dann heißen würde: »Grover hat's nicht hingekriegt.« So denke ich einfach nicht. Es wäre sicher einfacher gewesen, an meinem Standort in Los Angeles zu bleiben und Kobe dort auf die Olympischen Spiele vorzubereiten. Ich hätte Dwyane ein paar gute Ratschläge geben und ihm sagen können, dass wir uns im Sommer sehen. Ich hatte seit zwei Spielzeiten nicht mehr mit ihm zusammengearbeitet und hatte nun etwa drei Stunden Zeit, um mich über seine beiden letzten Jahre zu informieren, damit er die nächsten fünf Tage überstand. Herausforderungen, an denen andere scheitern, sind mein Spezialgebiet.

Denn als die Finalserie vorbei war, hielt Dwyane die Trophäe in den Händen und das ist ein Triumph, der mit Worten nicht zu beschreiben ist. Man muss ein Risiko eingehen, um solch einen glorreichen Moment erleben zu dürfen.

Ein Cooler geht keine Risiken ein.
Ein Closer geht Risiken ein, wenn er sich vorbereiten kann und weiß, dass die Konsequenzen bei Versagen gering sind.
Für einen Cleaner gibt es keine Risiken; er weiß immer, was zu tun ist, egal, was passiert.

Stellen Sie sich eine Militäroperation mit einer spezifischen taktischen Strategie vor: Geht in das Gebäude, stellt sicher, dass es leer ist, geht durch die rote Tür und steigt in den Lastwagen, der draußen auf euch wartet, bevor das Gebäude gesprengt wird. Sie machen also alles nach Vorschrift und alles läuft nach Plan ... bis Sie zu der roten Tür kommen. Sie ist verschlossen. Was nun? Panik? Die zehn Minuten, in denen Sie panisch reagieren, könnten Ihre letzten sein. Ein Closer hat zunächst Angst und sucht dann mehr recht und schlecht nach einer Lösung. Bei einem Cleaner weckt diese Situation jedoch sofort alle Überlebensinstinkte, die ihm ein ganzes Arsenal von Möglichkeiten zur Verfügung stellen. Und er weiß genau, dass eine davon funktionieren wird, denn er hat sich schon vor Betreten des Gebäudes 30 Varianten überlegt. (Einem Cooler würde man einen solchen Auftrag nie übertragen, daher müssen wir ihn hier nicht berücksichtigen).

Wenn Sie ein Cleaner sind, kennen Sie dieses Gefühl und waren wahrscheinlich auch schon in einer Situation, in der alle ausgeflippt sind, Sie hingegen aber genau wussten, was zu tun war. Komisch ist, dass Sie noch nicht einmal sagen können, *woher* Sie es wissen, Sie wissen es einfach. Dabei geht es nicht darum zu improvisieren. Ich rede davon, durch zahlreiche Erfahrungen so gut vorbereitet zu sein, dass man auf alles gefasst ist.

Manche Menschen wissen einfach, dass alles glattgehen wird, egal, was auch passiert. Andere werden schon panisch, sobald etwas schiefläuft. Beim Sport sieht man das ständig: Ein Eiskunstläufer stürzt, ein Quarterback wirft eine Interception, ein Pitcher erzielt keinen Grand-Slam-Homerun. Danach gibt es zwei Möglichkeiten: Entweder der Sportler wendet das Blatt sofort und spielt wieder auf einem irrsinnig hohen Niveau oder er kann sich davon nicht mehr erholen und spielt danach noch schlechter.

Warum ist das so? Beide Spieler besitzen doch gleich viel Talent und haben die Spielzüge beim Training schon hundertmal geübt. Warum können sich manche Spieler dennoch einer unerwarteten Wendung im Spiel anpassen und andere nicht?

Dieses Phänomen zeigt sich nicht nur beim Sport; man muss einfach nur den Blick schweifen lassen und schon entdeckt man Menschen, die mit allem zurechtkommen, und andere, die das nicht können. Was ist der Unterschied zwischen beiden Typen?

Nur wenige Menschen haben die Fähigkeit, sich schnell auf neue Situationen einzulassen und etwas anderes auszuprobieren, das funktioniert. Man kann sich zwar auf zehn verschiedene Szenarien und alle möglichen Varianten vorbereiten ... aber garantiert gibt es noch ein elftes Szenario, mit dem man nicht gerechnet hat. Die meisten Menschen bereiten sich auf ein Szenario vor und sind bei zehn schon völlig überfordert. Zu viele Möglichkeiten lähmen sie geradezu, und wenn irgendetwas schiefläuft, können sie sich nicht auf die neue Situation einstellen.

Sie üben immer wieder denselben Wurf, bis Sie ihn mit verbundenen Augen machen können. Super, aber gelingt Ihnen der Wurf auch, wenn ich Sie währenddessen mit einem Sandsack schlage? Können Sie sich konzentrieren, wenn ich ganz fürchterliche Musik dabei laufen lasse oder Ihnen ins Gesicht brülle? Wenn Sie immer alles nach Schema F machen, werden Sie zu einem Roboter und verlieren die angeborene Fähigkeit zu wissen, was zu tun ist, wenn sich der Plan plötzlich ändert und Sie mit Unwägbarkeiten konfrontiert werden. Ein Cleaner kann den gleichen Plan haben, aber wenn etwas schiefläuft, übernehmen seine Instinkte und er passt sich der neuen Situation an. Er denkt gar nicht erst darüber nach, es muss ihm auch nichts gesagt werden, er weiß einfach, was zu tun ist.

Das ist das Markenzeichen eines gefährlichen Konkurrenten: Er muss gar nicht wissen, was auf ihn zukommt, denn er ist immer vorbereitet. Er hat keine Angst vorm Versagen.

Das hat nichts mit dem Mythos des »positiven Denkens« zu tun, sondern mit harter Arbeit und guter Vorbereitung, die dafür sorgen, dass man seine Ängste und Unsicherheiten loslassen und auf sein Talent vertrauen kann, jede Situation bewältigen zu können.

Ich sage nicht, dass Sie nicht darüber nachdenken sollten, was Sie tun müssen, aber bitte denken Sie *vorher* darüber nach. Trainieren Sie Ihre Reflexe, damit Sie, wenn Sie mit dem Rücken an der Wand stehen, die richtige Entscheidung treffen. Das schafft man nicht, wenn man sich in etwas hineinsteigert, sich Sorgen macht, am Ende ein emotionales Wrack ist und weder schlafen noch sich konzentrieren kann. Bereiten Sie sich so vor, dass Sie schussbereit sind. Sie müssen den Abzug gar nicht drücken, die Waffe muss nur geladen, gesichert und schussbereit sein.

Wie schnell können Sie auf eine falsche Entscheidung reagieren? Sind Sie in der Lage, Ihren Fehler zu erkennen und zu korrigieren? Wenn Sie auf Ihre Bauchentscheidungen vertrauen, müssen Sie auch dazu bereit sein, sich zu irren und gegebenenfalls neu auszurichten. Ihr Selbstvertrauen ermöglicht es Ihnen, Risiken einzugehen und dennoch zu wissen, dass Sie sich, egal, was passiert, auf eine neue Situation einstellen können. Lernen Sie unbedingt, sich auf neue Situationen schnell einzustellen.

Ich glaube, man kann nicht wirklich verstehen, was kompromisslos sein bedeutet, bis man sich nicht mit seinen größten Ängsten konfrontiert hat und seine innere Stimme einem gesagt hat, was man tun soll. Wenn Sie auf bedeutende Ereignisse in Ihrem Leben zurückschauen, können Sie wahrscheinlich diejenigen herauspicken, die Ihr weiteres Leben beeinflusst haben und die Sie gelehrt haben, was zu leisten Sie imstande sind.

Ein Ereignis, aus dem ich gelernt habe: Meine Familie ist in die USA eingewandert, als ich vier Jahre alt war. Mein Vater arbeitete zunächst im Keller eines Krankenhauses in Chicago, wo er Leichen zerlegte. Wenn ich keine Schule hatte und meine Eltern zur Arbeit gehen mussten, hat er mich manchmal mitgenommen. Ich war fünf Jahre alt, als ich meinem Vater zum ersten Mal beim Zerstückeln eines Leichnams zusah. Als ich sechs war, gab er mir eine Knochensäge und wies mich an, ihm zu helfen. Seine Lektion war: So sorgt ein Mann für seine Familie.

Was ich daraus gelernt habe: Man muss irgendwie zurechtkommen.

Meine Eltern stammen aus Indien, zogen jedoch nach der Hochzeit nach London. Dort bin ich geboren. Meine Mutter war von Beruf Krankenschwester und meine Eltern entschlossen sich damals, dass sie zum Arbeiten nach Amerika gehen würde, weil sie wollten, dass mein Bruder und ich einmal ein besseres Leben führen. Ein ganzes Jahr hat sie allein in Chicago gelebt und wir in London, bis meine Eltern so viel gespart hatten, dass auch der Rest der Familie nach Chicago umsiedeln konnte.

An dem Tag, als wir in Chicago ankamen, um wieder als Familie vereint zu sein, nahm mein Vater am Flughafen ein Taxi, verstaute unser ganzes Hab und Gut im Kofferraum und fuhr mit uns in Richtung Stadtzentrum. Aber ein paar Kilometer vor dem Ziel bat er den Taxifahrer plötzlich anzuhalten. Also stiegen wir aus, hievten unsere Taschen und Koffer aus dem Kofferraum und liefen einfach los. Wir Jungs waren damals noch sehr jung und hatten keine Ahnung, was los war. Unser Vater ließ unseren Fußmarsch wie eine große Abenteuerreise aussehen. In Wirklichkeit hatte er aber nicht genug Geld, um das Taxi bis in die Innenstadt zu bezahlen. Deshalb gingen wir mit dem ganzen Gepäck zu Fuß weiter. Mein Vater war ein Neuankömmling in einem fremden Land, mit zwei kleinen Jungs und keinem Cent in der Tasche.

Man muss irgendwie zurechtkommen. Genau das habe ich damals gelernt.

Auch heute noch weiß mein Vater instinktiv, dass alles, was er anpackt, auch funktioniert, und das hat er an mich weitergegeben. Er ist ein waschechter Cleaner. Er besaß nichts, als er in dieses Land kam, und hat um nichts gebeten, aber er hat dennoch gewusst, dass er es aus eigener Kraft schaffen wird.

Kompromisslos zu sein, bedeutet aber auch, den Mut zu haben zu sagen: »Ich probiere das mal aus, und wenn es nicht klappt, probiere ich etwas anderes aus, und am Ende wird trotzdem alles gut.« Man kann nicht jedes Hindernis, das sich einem vielleicht in den Weg stellt, im Voraus kennen. Man kann nur seine Reaktion darauf kontrollieren sowie seine Fähigkeit, das Unvorhersehbare zu steuern. Was auch immer passiert: Sie haben die Intelligenz und die Fähigkeiten, eine Lösung zu finden und das Ergebnis zu erzielen, das Sie sowieso erzielen wollten.

Wenn ich sage: »Man muss irgendwie zurechtkommen«, meine ich damit nicht, dass man eine Woche lang darüber nachdenkt und jeden, den man kennt, nach seiner Meinung fragt. Vielmehr geht es darum, sofort und instinktiv auf seine innere Stimme zu hören, die sagt: »Da geht's lang!« Und dann marschieren Sie los.

Natürlich ist es nicht möglich, immer treffsicher und erfolgreich zu sein; Instinkte erkennen keine Nuancen und Details, sie lassen uns spontan handeln und ermöglichen es unseren Fähigkeiten, das Steuer zu übernehmen. Wenn man seinen Instinkten vertraut, ist es also durchaus möglich, eine falsche Entscheidung zu treffen. Das kann man in Spielsituationen immer wieder beobachten: Beim Baseball holt ein Batter zu einem Schlag aus, aber der Ball, den der Pitcher wirft, beschreibt eine Kurve und der Batter schlägt daneben; beim Football rechnet ein Abwehrspieler mit einem Snap [dem Start eines Spielzugs], überquert die Linie und erhält eine 5-Yard-Strafe, weil der Quarterback ihn getäuscht hat.

Ein ebenso gutes Beispiel: Im vierten Spiel der NBA-Finals 2012, als nur noch 17 Sekunden zu spielen waren, fünf Sekunden auf der Wurfuhr und die Thunder mit drei Punkten im Rückstand lagen, foulte Russell Westbrook Mario Chalmers von den Miami Heat absichtlich, wobei er sich nicht bewusst war, dass er in dieser Situation nicht hätte foulen dürfen. Wenn er darüber nachgedacht hätte, hätte er das Foul nicht begangen. Aber seine Instinkte hatten ihm geraten zu foulen. Man muss erwähnen, dass Westbrook damals sehr jung und noch nie zuvor in einer solchen Situation gewesen war. Er hatte nur an die 17 Sekunden bis zum Spielende gedacht und nicht an die fünf Sekunden auf der Wurfuhr. Chalmers bekam dann zwei Freiwürfe, verschaffte Miami damit einen Fünf-Punkte-Vorsprung und Oklahoma verlor.

Hätte Westbrook es besser wissen müssen? Natürlich. Aber diese Blitzaktion zeigt mir, was für ein Spieler er ist, und langfristig konnte er von der Aktion wahrscheinlich profitieren. Wenn man alternativ nämlich abwartet, nachdenkt und zu zögerlich ist, weil man

Angst hat zu versagen, versagt man auf jeden Fall. Wie der berühmte Hockeyspieler (und Cleaner) Wayne Gretzky einst sagte: »Man verschießt 100 Prozent der Schüsse, die man nicht macht.«

Wollen Sie wissen, wie ein Cleaner vorgeht? Er verspürt keinen Druck, wenn er versagt, und es macht ihm nichts aus zuzugeben, dass er unrecht hat, und die Schuld auf sich zu nehmen. Wenn ein Cooler einen Fehler macht, fallen ihm zwar viele Ausreden, aber keine Lösungen ein. Wenn ein Closer einen Fehler macht, schiebt er die Schuld auf andere. Wenn ein Cleaner einen Fehler macht, schaut er Ihnen direkt in die Augen und sagt: »Ich habe Mist gebaut.«

So handelt ein Cleaner. Er ist selbstsicher, unkompliziert, sachlich und liefert keine langen Erklärungen ab. Du hast einen Fehler gemacht? Okay. Aber erklär ihn mir nicht stundenlang. Die Wahrheit kann in einem Satz zusammengefasst werden, ich möchte keine lange Geschichte hören. Sag einfach, dass du Mist gebaut hast, und übernimm die Verantwortung dafür ... so gewinnst du mein Vertrauen. Sobald du anfängst, mir die Gründe zu erklären, weiß ich, dass du etwas zu verbergen hast und noch nicht bereit bist, Verantwortung zu übernehmen. Erspar uns das. Du hast Mist gebaut. Sag es frei heraus. Schneller kann man Druck nicht verringern: »Mann, ich habe Mist gebaut.« Okay. Da gibt es kein Zurück, aber du hast wenigstens dazu gestanden. Und jetzt biegst du es wieder gerade. Man kann nichts geradebiegen, was man nicht zugibt.

Die meisten Menschen denken, dass es mehr Druck erzeugt, Fehler einzugestehen, weil sie die Schuld auf sich genommen haben. Das ist falsch. Wenn man in der Lage ist, die Hand zu erheben und zu sagen: »Ja, ich habe einen Fehler gemacht«, ist das die beste Möglichkeit, den Druck zu *verringern*. Jetzt müssen Sie die Angelegenheit nur noch in Ordnung bringen. Solange Sie nicht die Verantwortung für etwas übernehmen, wird es Sie zusätzlich belasten, Ihren Fehler vertuscht zu haben, denn Sie wissen ganz genau, dass die Wahrheit über kurz oder lang herauskommt. Warum also noch zögern? Sie haben Mist gebaut, stehen Sie einfach dazu.

Cleaner bauen sich direkt vor einem auf und sagen einem ins Gesicht, dass man Mist gebaut hat. Sie sind völlig unempfindlich in Bezug auf Tadel und Kritik und gehen davon aus, dass ihr Gegenüber das auch ist. Was manche für einen persönlichen Angriff halten, ist für Cleaner lediglich das Lösen eines Problems unter Männern. Ihr Selbstvertrauen ist so groß, dass es ihnen nichts ausmacht zuzugeben, wenn etwas schiefgelaufen ist. Sie wissen, dass sie es wieder in Ordnung bringen können. Kein Problem.

Ich habe schon reichlich Fehler gemacht und werde noch viele machen. Aber ich deute das nicht als Versagen. Versagen bedeutet für mich, dass man andere Menschen mit reinzieht und sich rechtfertigt, anstatt seine eigenen Fehler zu akzeptieren und einen Weg zu finden, das Problem zu lösen. Wenn man andere für etwas verantwortlich macht, gesteht man ein, dass man die Kontrolle verloren hat. Und ohne diese Kontrolle kann man keine Lösung finden.

Gibt es viele Situationen, über die Sie keine Kontrolle haben? Sicherlich. Aber es liegt an Ihnen herauszufinden, wie man die Kontrolle übernimmt und vorangeht. Andernfalls bestimmt der äußere Druck über Erfolg oder Misserfolg. Erzeugen Sie deshalb Ihren eigenen Druck, um Erfolg zu haben. Lassen Sie es nicht zu, dass andere ihn erzeugen. Vertrauen Sie darauf, alles im Leben selbst regeln zu können.

Es zeugt von Selbstbewusstsein, über sich selbst lachen zu können und Rückschlage nicht so ernst zu nehmen. Problematisch für Ihr Selbstbewusstsein ist es hingegen, wenn jemand etwas zu Ihnen sagt, dass Ihnen nicht gefällt oder das Sie nicht hören möchten. Dann ermöglichen Sie der anderen Person, Druck auf Sie auszuüben, selbst wenn es nur für kurze Zeit ist. Wenn Sie selbstbewusst sind, interessiert es Sie nicht, was andere denken. Sie nehmen Ihre Fehler zwar ernst, lachen aber dennoch darüber, weil Sie wissen, dass Sie es besser machen können. Cleaner sind selbstbewusst genug zu wissen, dass sie etwas wieder geradebiegen können. Akzeptieren Sie die Folgen und machen Sie einfach weiter.

Wenn ich jeden Tag mit einem Spieler zusammenarbeite und er dennoch ein schlechtes Spiel abliefert, ziehe ich ihn dafür nicht zur Rechenschaft. Ich weiß, dass andere ihn für sein schlechtes Spiel verantwortlich machen, aber ich frage mich stattdessen, was wir im Training vielleicht falsch gemacht haben oder was seine Wurftechnik beeinflusst hat. Das gehört zu meinem Job; es liegt in meiner Verantwortung, dafür zu sorgen, dass er nicht noch ein schlechtes Spiel abliefert. Es wäre leicht, die Sache einfach achselzuckend abzutun – das würden die meisten Menschen so machen –, aber wenn man der Beste sein will, kann man sich den Luxus nicht erlauben, eine schlechte Leistung einfach so abzutun. Man setzt sich damit auseinander, trainiert hart und bereitet sich darauf vor, beim nächsten Mal besser zu spielen.

Leute fragen mich immer, ob ich während eines Spiels nervös bin. Ich werde dann nervös, wenn meine Spieler etwas Dummes tun oder etwas vermasseln, woran wir lange gearbeitet haben. Es gibt Augenblicke, in denen ich denke: »Machst du eigentlich Witze? Wie konntest du das *tun*?« Weil ich mich dann selbst fragen muss, ob ich etwas falsch gemacht oder etwas nicht korrekt erklärt habe. Erst kürzlich habe ich einem meiner Jungs gesagt, er müsse seine Augen untersuchen lassen. »Warum?«, hat er mich gefragt. »Ich kann einwandfrei sehen.« Mann, lass deine verdammten Augen untersuchen, okay? Du hast den Ball in diesem Jahr so oft verloren, dass ich einfach wissen will, ob irgendwas mit deiner Sehkraft nicht stimmt. Ist was mit deiner Tiefenwahrnehmung nicht in Ordnung? Lass es uns überprüfen. Wenn ich damit falschliege, okay. Hilf mir einfach herauszufinden, ob ich dich nicht richtig trainiere oder du nicht gut siehst.

Als ich mit Kobe zusammenarbeitete, probierten wir immer viele neue Sachen aus, weil er seine Übungen immer so engagiert machte, dass wir genug Zeit hatten, unterschiedliche Ideen zu entwickeln. Wenn wir dann an etwas Neuem arbeiteten und sein Spiel nicht rund lief, fragte ich mich nicht, was er falsch machte. Ich setzte mich selbst unter Druck, um herauszufinden, was verändert werden musste. Ich hinterfragte mich selbst, ob wir Übungen gemacht hatten, die seine Wurftechnik beeinflussten, oder ob sich eine Übung irgendwie auf seinen Bewegungsablauf ausgewirkt hatte ... das lag in meiner Verantwortung, nicht in seiner.

Als ich diese wenigen Tage mit Dwyane während der Playoffs trainierte, erreichten wir in kurzer Zeit sehr viel, aber wir hatten keine Gelegenheit zu überprüfen, wie sein Körper darauf reagieren würde. Viele seiner Muskeln waren nach dem Training nicht mehr verhärtet und funktionierten wieder gut; und er bewegte sich schneller, schwungvoller und explosiver. Aber wenn man eine Zeit lang in einem bestimmten Tempo trainiert und sich dann plötzlich sehr viel schneller bewegen kann, gerät das Timing durcheinander.

Es kam mir gar nicht in den Sinn, ihm das zu erklären, bis er im dritten Spiel den Ball verlor, weil sein Timing nicht stimmte. In dem Moment dachte ich nur: »Verdammt, ich habe ihm das nicht gesagt.« Ich wusste, dass 99,9 Prozent der Zuschauer keine Ahnung davon hatten, dass das für das Spiel entscheidend war, aber ich wusste, dass ich dafür verantwortlich war und es vermasselt hatte. Mein Fehler. Ich weiß, das hört sich nicht besonders spektakulär an, aber für mich war es das, weil ich etwas übersehen hatte, was ich hätte beachten sollen.

Ja, er lieferte am Ende ein gutes Spiel ab und die Miami Heat gewannen, aber vielleicht hätte er noch besser spielen und Miami hätte mit einer noch höheren Punktezahl gewinnen können.

Es wäre ein Leichtes für mich gewesen, die Sache gar nicht zu erwähnen, weil Dwyane keinen Schimmer hatte, was eigentlich passiert war; er wusste nur, dass er den Ball verloren hatte. Aber so bin ich nicht. Wenn ich etwas falsch gemacht habe, dann stehe ich dazu. Mein Fehler, meine Fehleinschätzung, so erklärte ich es ihm nach dem Spiel. Hier kommt der innere Druck ins Spiel, sich selbst die Schuld für etwas zu geben, dass niemand sonst bemerkt hätte, und es beim nächsten Mal richtig zu machen. Nicht, weil man es muss, sondern weil man es will.

Seien Sie selbstbewusst genug zuzugeben, dass Sie Mist gebaut haben. Andere werden Sie dafür respektieren.

Wenn Sie Mist gebaut haben, stehen Sie dazu. Wenn Sie etwas gesagt haben, geben Sie es zu. Das gilt nicht nur für Fehler, sondern für alle Entscheidungen. Das sind Sie Ihrem Ruf schuldig. Wenn Sie wollen, dass Ihre Meinung wertgeschätzt wird, müssen Sie sie klar zum Ausdruck bringen und meinen, was Sie sagen. Es gibt zwei Dinge, die Sie sich nicht nehmen lassen dürfen: erstens Ihren Ruf und zweitens Ihre Eier. Das bedeutet, Sie müssen die Verantwortung für alles, was Sie sagen oder tun, übernehmen und den sich dadurch ergebenden Druck aushalten.

Reife, Erfahrung, Übung … je geschulter Sie sind, desto mehr erhöhen Sie Ihre Fähigkeit, sich auf neue Situationen einzustellen, weil Erfahrung Ihnen ermöglicht, auf Feinheiten und Details zu achten, die sonst niemand wichtig nimmt. Hiermit meine ich nicht, dass Sie ein einheitliches Regelwerk akzeptieren oder sich die Meinung eines anderen aneignen sollten. Ich möchte, dass Sie das, was Sie schon wissen, mit dem, was andere Ihnen beigebracht haben, verknüpfen und sich Ihre eigene Meinung bilden. Übernehmen Sie nicht die Richtlinien anderer, sondern legen Sie Ihre eigenen fest.

Wenn man jung ist, gibt es nur ein Tempo: schnell. Wenn Sie älter werden, lernen Sie, Ihr Tempo der jeweiligen Situation anzupassen. Sie wissen, wann Sie langsamer werden müssen und wann schneller. Folgendes Beispiel gebe ich meinen Spielern immer: Zwei Stiere stehen auf der Anhöhe eines Hügels, Vater und Sohn, und blicken herab auf das Feld und die Kühe im Tal. Der Sohn kann es nicht abwarten und sagt: »Komm, lass uns herunterlaufen und uns ein paar Kühe schnappen.« Der Vater schaut ihn weise an und sagt: »Nein, lass uns langsam heruntergehen und uns *alle* Kühe holen.« Instinkt, nicht Impuls.

Die erfolgreichsten Menschen sind diejenigen, deren Instinkte sie auf alles schnell reagieren lassen, und zwar ohne sich vorher nochmal den Game Plan oder Videos anzusehen, ein Meeting anzuberaumen, ein weiteres Meeting anzuberaumen, um zu besprechen, was im Hauptmeeting diskutiert werden soll, oder unzählige andere Dinge zu tun, die eine Entscheidung nur aufschieben. Vor einigen Jahren leitete ich mit einem meiner Spieler ein Jugendcamp für einen der NBA-Sponsoren. Wir hatten 500 Kinder erwartet, es kamen aber 2000. Alle reagierten panisch: Es gibt nicht genügend Stationen und nicht genug Platz für alle. Wie konnte das nur passieren? Wer ist dafür verantwortlich? Stopp. Langsam. Was haben wir zur Verfügung, was benötigen wir noch? Gebt mir zehn Minuten Zeit, um darüber nachzudenken. Ich verwarf die ursprüngliche Planung und überlegte mir eine neue. So und so werden wir es machen. Natürlich gibt es immer jemanden, der sich nicht auf eine neue Situation einstellen kann, sich an die bereits überholte Planung klammert und herumstottert: »Aber … aber … wir wollten doch dies und das und jenes machen …« Nein. So wird es jetzt gemacht. Ende der Diskussion. So reagieren Cleaner. Sie ignorieren die Panik und die Klagen, lösen das Problem und sorgen dafür, dass alles wie am Schnürchen klappt.

Ein Closer wird sich lediglich der neuen Situation anpassen; ein Cleaner passt die Situation auf sich an. Ein Closer muss wissen, was er zu tun hat. Ein Cleaner nicht; er will nie an einen Plan gebunden sein. Er wird den ursprünglichen Plan zwar kennen und sich danach richten, wenn er ihn gutheißt, aber seine Fähigkeiten und seine Intuition sind so ausgeprägt, dass er für gewöhnlich improvisiert. Er kann nicht anders. Er geht mit dem Flow und macht das, was seine Instinkte ihm sagen.

1. WENN SIE EIN CLEANER SIND …

… messen Sie sich nicht mit anderen, sondern machen sich die Schwächen Ihres Gegners zunutze.

Ein Cooler macht seinen Job gut
und wartet dann auf ein Schulterklopfen.
Ein Closer macht seinen Job gut
und klopft sich selbst auf die Schulter.
Ein Cleaner macht seinen Job einfach nur gut.
Das ist sein Job.

Wenn Sie ein Cleaner sind, gibt es für Sie keinen Unterschied zwischen wichtigen und unwichtigen Spielen. Es ist Ihnen egal, ob es sich um ein Vorsaisonspiel, ein All-Star Game in der Saisonmitte oder das letzte und entscheidende Spiel der Saison handelt – ein Cleaner will immer gut spielen.

Während des All-Star Games 2012 ging es hoch her: Dwyanes Foul an Kobe hatte eine Gehirnerschütterung und eine gebrochene Nase zur Folge. Selbst für ein Spiel in der regulären Saison wäre das schon ein ziemlich heftiges Foul gewesen, aber es war das All-Star

Game, also im Grunde eine Showveranstaltung, und viele waren der Meinung, Dwyane hätte völlig überreagiert.

Aber so sind Cleaner. Sie erfassen die Situation, ihr Killerinstinkt setzt ein und sie greifen an. *Ich habe das im Griff. So bin ich. Es ist nichts Persönliches.*

Aber hier trafen zwei Cleaner aufeinander. Nach dem Spiel war Kobe von einer Armee von Ärzten, offiziellen Vertretern der Liga und Mannschaftsbetreuern umringt, die ihn alle untersuchen und ins Krankenhaus bringen wollten. Er konnte sich kaum bewegen, seine Nase war gebrochen und sein Kopf dröhnte, aber er wollte nicht ins Krankenhaus. Warum? Weil er zuerst mit Dwyane über den Vorfall sprechen wollte.

Wir haben es damals dann doch geschafft, ihn ins Krankenhaus zu bringen. Dwyane hat sich am nächsten Tag entschuldigt, Kobe weigerte sich, beim nächsten Spiel auszusetzen, und die ganze Geschichte verlief im Sande. Niemand war dem anderen böse.

Aber Sie können mir glauben: Wenn zwei kompromisslose Individuen gegeneinander antreten, gerät so ein Vorfall jahrelang nicht in Vergessenheit. Die Spieler können zwar nett miteinander plaudern, zusammen abhängen und sich gut verstehen ... aber ein Cleaner wird dem anderen nicht vergeben und den Vorfall ganz bestimmt niemals vergessen.

So konkurrieren Cleaner miteinander. Sie teilen aus, sie stecken ein und sorgen dafür, dass alle anderen das auch tun.

Aber nicht jeder kann so agieren. Ich habe die Theorie, die noch widerlegt werden muss, dass jeder Spieler, der 2,07 Meter oder größer ist, harte, konfrontative Kritik nicht aushalten kann. Spieler unter 2,07 Meter kann man anbrüllen und fertigmachen. Größere Spieler drehen durch und verziehen sich in ihr Schneckenhaus. Ich denke, es hat damit zu tun, dass man ein Leben lang angestarrt wurde, weil man so viel größer als der Durchschnitt ist, weil Menschen auf einen zeigen und sich über einen lustig machen. Daher sind sehr große Menschen sensibler und unsicherer. Eigentlich sind sie emotionale Softies. Im Wettkampf können sie totale Killer sein, aber man muss ihnen auch auf die Schulter klopfen, ihr Selbstbewusstsein stärken und ihnen das Gefühl geben, ihre Sache gut zu machen. Und kleine Männer? Die kann man beschimpfen, wie man will, die ziehen ihr Ding einfach durch.

Ich erzähle das nur, um Ihnen ein Beispiel zu geben, wie unterschiedlich Menschen mit Niederlagen umgehen.

Bei den Bulls versuchte Scottie Pippen mal während der Finalserie, Luc Longley zu motivieren. Alle Spieler waren vor einem Spiel versammelt und Scottie sagte zu Luc, der nur 1,84 Meter groß ist:

»Du musst heute ein Eins-A-Spiel hinlegen.«

Aber bevor Luc etwas darauf entgegnen oder auch nur nicken konnte, drehte sich Michael schon vor allen anderen um und sagte: »Ein Eins-A-Spiel? Ich würde mich schon freuen, wenn er *gut* spielt.«

Luc war völlig fertig. Ich glaube, in diesem Spiel hat er keinen einzigen Punkt geholt. Sein Selbstvertrauen war zunichtegemacht worden. Der Ofen war aus.

Michael hat nicht gewusst – oder es hat ihn jedenfalls nicht interessiert –, wie man mit Teamkollegen psychologisch richtig umgeht. Sensibilität anderen gegenüber gehörte nun mal nicht zu seinen Stärken. Sein Antrieb war einzig und allein, anzugreifen, den Spielverlauf zu bestimmen und zu siegen. Er hat immer getan, was er tun musste, und erwartete das auch von anderen Spielern.

Jeden Tag während des Trainings hatten seine Mannschaftskollegen Angst vor dem, was ihnen wohl bevorstand. Nicht, weil das Training so schwer war, sondern weil sie wussten, dass sie es mit der Nr. 23 und seinem legendären Mundwerk zu tun hatten.

Jeden. Verdammten. Tag. Er war hinter jedem einzelnen Spieler her, um ihn anzutreiben, zu fordern, herauszufordern, zu beleidigen, zu verunsichern und noch härter trainieren zu lassen.

Einmal, während der Playoffs, am Tag nach einem sehr anstrengenden Spiel mit Verlängerung, als sich das Team zum Training versammelt hatte, blickte Michael in die Runde und stellte fest, dass ein Spieler fehlte. »Wo zum Teufel ist Burrell?«, brüllte er.

Scott Burrell, bestenfalls ein Teilzeitspieler, war im Physioraum. Michael stürmte rein und sah den armen Scott, der sich wegen einer Muskelzerrung im Oberschenkel behandeln lassen wollte, auf dem Behandlungstisch liegen. MJ lief auf den Tisch zu – auf dem Scott immer noch lag – und stieß ihn einfach um.

»Ich habe gestern Abend verfickte 48 Minuten gespielt!«, schrie er. »Alles tut mir weh und du hast beschissene Oberschenkelprobleme? Beweg deinen verdammten Arsch zum verdammten Training, und zwar sofort!«

Trainiere auf meinem Level oder geh mir verdammt nochmal aus dem Weg.

Wenn Sie der Typ an der Spitze sind, liegt es an Ihnen, alle auf Ihr Level hochzuziehen, oder alles, was Sie sich aufgebaut haben, stürzt in sich zusammen. Für einen Cleaner stellt das ein Problem dar, denn er fordert von sich selbst Spitzenleistungen und ist anderen gegenüber, die nicht auf seinem Level sind oder sein können, nicht gerade tolerant. Ist es für einen Cleaner möglich, sich auf ein niedrigeres Level zu begeben, den Leuten auf die Schulter zu klopfen, sie zu loben und darauf zu hoffen, dass dennoch alle gemeinsam aufsteigen? Oder steht er ganz allein da, geht mit gutem Beispiel voran und sorgt dafür, dass alle härter arbeiten? Die Antwort liegt auf der Hand, aber Sie wären erstaunt, wie viele Menschen nicht allein im Rampenlicht stehen wollen, denn sobald man gezeigt hat, wozu man fähig ist, wird das von einem in Zukunft immer wieder erwartet. Aber wenn keiner erkennt, wie gut man eigentlich ist, muss man auch nicht derjenige sein, der Wunder vollbringt und die Sache in die Hand nimmt, denn keiner wird viel von einem erwarten und jede noch so kleine Tat wird als Heldentat gefeiert. Das ist auf jeden Fall einfacher.

Zumindest wenn es einem reicht, durchschnittlich zu sein.

Viele talentierte Menschen stellen ihr Licht unter den Scheffel. Einerseits, um sich ihrer Umgebung anzupassen, und andererseits, damit andere sich selbstbewusster, involvierter und relativ konkurrenzfähig fühlen können. Ich habe gesehen, dass Kobe das, wenn nötig, zwischendurch mal gemacht hat, um seine Teamkollegen miteinzubeziehen und sie bei der Stange zu halten. Das kann, je nach Teamkollegen, gut funktionieren, denn sobald Kobe sah, dass die Spieler einen Gang höher schalteten, ging er wieder zu seinem normalen Spielstil über. Es ist eine bewusste Entscheidung, die anderen spüren zu lassen, dass sie Teil eines Teams sind, und sich nicht als Superstar zu geben, der von zweitklassigen Spielern umringt ist.

Michael bezeichnete zum Beispiel seine Teamkollegen öffentlich als seine Hilfstruppe.

Seine Botschaft war klar und deutlich: Hey, ich werde nicht schlechter spielen, nur damit *ihr* besser dasteht; ihr solltet lieber *besser* spielen, damit ihr besser dasteht. Er hat sich schlichtweg geweigert, anderen Raum zu geben, es sei denn, man konnte ihm beweisen, dass man der Verantwortung gewachsen war.

Wenn Sie je ein Bulls-Spiel in der Jordan-Ära gesehen haben, kennen Sie folgende Szene: Paxson dribbelt den Ball bis in die Mitte, wirft ihn Michael auf dem Flügel zu, Michael wirft zu Cartwright, Cartwright zielt auf den Korb und trifft oder trifft nicht. Nächster Ballbesitz, gleiche Situation, Paxson dribbelt den Ball bis in die Mitte, wirft ihn Michael auf dem Flügel zu, Michael wirft zu Cartwright, er punktet oder punktet nicht ... okay, Cartwright, du hast deine Chance gehabt, das war's für den Rest des Spiels und sag mir nicht, ich hätte dir den verdammten Ball nicht zugeworfen. Jetzt muss ich tun, was ich tun muss.

Während eines Spiels hat Michael immer analysiert, wer 100 Prozent gibt und wer nicht, und daraus seine eigenen Schlüsse gezogen. Auf dem Spielfeld zeigte er sich nie frustriert; seine Körpersprache und sein Verhalten haben sich nie verändert. Er sagte lediglich: »Ihr habt heute keine Lust zu spielen? Prima, dann spiele ich für uns fünf. Seht zu, dass wir im letzten Viertel nicht zu weit zurückliegen, ich mache dann den Rest.« Und er ließ es so aussehen, als sei dies von Anfang an die Strategie gewesen.

Es ist eher typisch für Stars, genervt und emotional zu reagieren, wenn ihre Teamkollegen sich nicht ins Zeug legen, und dann bricht alles zusammen, weil einen, wie schon erwähnt, Emotionen schwächen und emotionale Energie einfach nur destruktiv ist.

Michael hat nie Emotionen auf dem Spielfeld gezeigt. Er blieb immer positiv und hatte Spaß. *Nach* dem Spiel jedoch war er wie Dschingis Khan: Er hat dich zur Schnecke gemacht. Aber während des Spiels, während er in seiner Zone war, ging es nur um Kontrolle und darum, cool zu bleiben und ein sehr gutes Endergebnis zu erzielen.

Bevor Dennis Rodman 1995 von San Antonio zu den Bulls wechselte, nahm er sich gerne mal eine Auszeit, und jedes Mal, wenn er das tat, verloren die Spurs. Seine Message war: Ihr könnt nicht ohne mich gewinnen. Als er dann nach Chicago kam und für elf Spiele suspendiert wurde, weil er einen Fotografen am Spielfeldrand getreten hatte, konnte er es gar nicht abwarten, allen zu zeigen, dass selbst die Bulls nicht ohne ihn gewinnen konnten. Wirklich? Michael Jordans Team? In jedem Spiel, das Rodman damals aussetzen musste, spielten Michael und Scottie, als ginge es um die Meisterschaft; keine Chance, dass Michael Rodman die Gelegenheit gab zu behaupten, die Bulls bräuchten ihn zum Sieg. Und das sagte er ihm sogar direkt ins Gesicht: So einen Bullshit brauchst du hier gar nicht zu verbreiten, wir werden gewinnen, und zwar mit dir oder ohne dich.

Komm auf mein Level.

Michael wusste immer, wer gut vorbereitet war und wem er vertrauen konnte. Er liebte Steve Kerr, weil der ihm Kontra gab. Der Hintergrund eines heute legendären Handgemenges im Trainingscamp war, dass Kerr mal nicht gefiel, was Michael zu ihm gesagt hatte, und ihn deswegen anschnauzte. Daraufhin boxte Michael ihm ins Gesicht. »Das war eines der besten Dinge, die ich je getan habe«, hat Kerr Jahre später gesagt. »Ich musste mich gegen ihn behaupten. Ich glaube, dadurch habe ich seinen Respekt erworben.« Das stimmte. Sobald das Training vorbei war, rief Michael ihn aus dem Auto an und entschuldigte sich. Michael wusste jetzt, dass sie zusammen in den Kampf ziehen konnten.

Niemand hätte sich träumen lassen, dass Kerr – als Spieler ein Closer und ein totaler Cleaner bei allem, was er im Leben erreicht hat, nachdem er die Bulls verließ, unter anderem zwei weitere Meisterschaftsringe mit den Spurs, eine Karriere als Sportkommentator und ein Job als General Manager der Phoenix Suns, bevor er Head Coach der Golden State Warriors wurde – der Spieler sein würde, dem Michael am meisten vertraute. Wenn Michael eine kurzfristige Veränderung machen musste, weil er merkte, dass er nicht in der Lage war, beim nächsten Spiel einen Treffer zu erzielen, vertraute er auf Kerr und sagte: »Steve, sei bereit.« Nicht Scottie, Horace oder Kukoc; Michael setzte auf Kerr.

Ein echter Cleaner entscheidet, dass auch ein Closer manchmal ausreicht. Ein Closer kann nie die Rolle eines Cleaners übernehmen, außer der Cleaner entscheidet, dass dies die beste Lösung ist. Wenn Michael es nicht gewollt hätte, hätte Kerr nie den letzten, entscheidenden Wurf gemacht. Und wenn Kerr beim ersten Mal versagt hätte, hätte er keine zweite Chance bekommen.

Magic Johnson und Michael werden gerne miteinander verglichen, aber Magic hat sich während eines Spiels immer auf Kareem verlassen. Michael hat sich nie auf jemanden verlassen. Er hat den Jungs zu Beginn der Saison immer gesagt: Ich werde euch den Ball einmal zupassen. Wenn ihr ihn nicht versenkt, passe ich ihn euch nicht mehr zu. Daneben werfen kann ich selbst, dazu brauche ich euch nicht. Also, seht zu, dass der Ball reingeht, weil ihr nur eine Chance bekommt. Verdient sie euch.

Wenn ein Cleaner einem eine Chance gibt, ist man besser darauf vorbereitet. Irgendwann, ob man nun im Sitzungszimmer eines Aufsichtsrats sitzt oder im Umkleideraum oder sonst irgendwo, kann jemand plötzlich auf dich zeigen und sagen: »Jetzt bist du dran.« Dieses Fenster öffnet sich vielleicht für eine Minute, vielleicht für zehn Minuten, vielleicht sogar eine Woche oder einen ganzen Monat. Aber was du in diesem Zeitraum machst, kann über deine Zukunft entscheiden. Vielleicht hat ein Mitspieler nicht gut gespielt oder ein Kollege hat seine Arbeit nicht gut erledigt, und plötzlich hat man die Chance, seinen Platz einzunehmen. Sind Sie darauf gut genug vorbereitet? Haben Sie die nötige Vorarbeit geleistet, die es Ihnen ermöglicht einzuspringen? Sind Sie so vorbereitet, dass Sie zeigen können, dass Sie diesen Job schon lange verdient haben? Haben Sie Wege gefunden, auf Zack und fokussiert zu bleiben? Denn wenn Sie Ihre Sache gut machen und andere beeindrucken, sind Sie drin. Jetzt weiß der Chef, dass er mit Problemen zu Ihnen kommen kann und Sie das Team voranbringen. Aber wenn Sie versagen, ist alles aus. Dann wird der Nächste die Chance bekommen, die Sie vermasselt haben. Sie haben Ihre Chance gehabt und werden keine zweite bekommen.

Ein Cleaner sagt einem immer, was er von einem erwartet, und fordert einen auf abzuliefern. Dwight Howard erzählt immer die wunderbare Geschichte, dass er Kobe kurz vor Beginn der Vorsaison der Lakers 2012 mal anrief, um ihm mitzuteilen, dass er sich gut fühle und sein operierter Rücken zu 85 Prozent wiederhergestellt sei.

»Das ist gut«, antwortete Kobe. »Ich brauche dich aber bei 100 Prozent. Ich will mir einen Meisterschaftsring holen. Bis dann.« Komm auf mein Level oder geh mir aus dem Weg.

Michael hat jeden einzelnen seiner Mannschaftskameraden dazu gezwungen, gut vorbereit zu sein und besser, härter und engagierter zu spielen. Und jeder Einzelne von ihnen hat, nachdem er nicht mehr mit Michael zusammengespielt hatte, eine Bilderbuchkarriere gemacht. Es muss euch nicht gefallen, aber die Ergebnisse werden euch gefallen – das war Michaels Einstellung. Und er hatte recht. Es hat ihnen nicht gefallen. Aber *alle* haben auf einem höheren Niveau und besser als vorher gespielt und letztendlich sind sie dafür belohnt worden. Auch die Jungs, die keine Minute auf dem Spielfeld waren, hat er besser gemacht. Druck hat er nur sich selbst gemacht, den anderen hat er ihn genommen.

Aber als sie irgendwann ohne Michael spielen mussten (weil er oder sie das Team gewechselt hatten), fielen alle wieder auf ihr ursprüngliches Kompetenzniveau zurück, und zwar sowohl physisch als auch mental. Manche hat man sich nach ihrer Zeit bei den Bulls angeschaut und gedacht: »Was ist bloß mit dem passiert?« Andere Teams haben Ex-Bulls-Spieler verpflichtet und sich plötzlich gefragt: »Für *den hier* haben wir so viel Geld bezahlt?«

Ihr hohes Niveau hatten sie Michael zu verdanken. Ohne Michael gab es keinen kompromisslosen Druck, niemanden, der sie zur Rechenschaft zog und unnachgiebig Spitzenleistungen forderte. Manche haben zwar später tolle Karrieren in anderen Bereichen gemacht – zum Beispiel Steve Kerr und John Paxson, um nur zwei zu nennen –, aber die meisten konnten sich nicht auf dem Level halten, auf dem sie noch gewesen waren, als sie Michaels spielerische Erwartungen erfüllen mussten.

Aber lassen Sie sich nicht täuschen: Ein echter Cleaner denkt gar nicht daran, Sie um Ihrer selbst willen zu verbessern. Er freut sich für Sie, wenn Sie auch etwas davon haben, aber was auch immer er tut, tut er nur für sich, nicht für Sie. Sein einziges Ziel ist es, Sie da zu platzieren, wo er Sie benötigt, damit er das Ergebnis erzielt, das er erzielen möchte.

Man nehme nur die Meisterschaftssaison der Miami Heat 2012. Sie können so viel darüber reden, wie Sie wollen, dass LeBron im Finale über sich hinauswuchs, aber hätte Dwyane ihm damals nicht die Chance dazu gegeben, wäre das nicht möglich gewesen. Denken Sie immer daran: Ein Closer kann zwar den Siegtreffer erzielen, aber der Cleaner holt ihn ins Team und sorgt dafür, dass er den Ball bekommt, wenn er ihn bekommen soll. Das beschreibt LeBron und Dwyane perfekt. So wie Michael es mit seinen Teamkollegen machte – als Cleaner zu entscheiden, was ein Closer tun soll –, wusste auch Dwyane, dass er sich während der ganzen Saison zurückhalten musste, damit LeBron sich verbessern konnte. Daran besteht kein Zweifel. So erstellt ein Cleaner einen Plan: Wenn ich dies tue, wird er jenes tun, und am Ende werden wir gewinnen. In Dwyanes Fall war das noch genialer, wenn man bedenkt, dass er mit einem stark geschädigten Knie spielte, was seine eigene Leistung eingrenzte. Daher hat er alle so positioniert, dass sie für ihn übernehmen konnten. Mission vollendet. Man hinterfragt nicht die Methoden, man schaut sich nur die Ergebnisse an.

Dwyane war der Drahtzieher des Teams und LeBron spielte die Rolle, die für ihn bestimmt war. Anders kann ich es nicht sehen. Dwyane war wie ein Löwenvater und LeBron war sein Löwenbaby. Das Löwenbaby wusste, dass sein Löwenvater immer direkt neben ihm war, falls etwas schiefging. Wenn der Löwenvater eingreifen und die Familie beschützen musste, dann tat er das, und das Baby machte weiter das, was seine Aufgabe war. Wenn man Dwyane aus dem Spiel genommen hätte, hätten sie die Meisterschaft nicht gewonnen. Es tut hier nichts zur Sache, wie talentiert LeBron war. Ohne Dwyanes

Führungsqualität wären die Miami Heat von 2012 nur ein gewöhnliches Team gewesen, das trotz der enormen Talente in seinen Reihen keinen Meisterschaftsring geholt hätte.

Aber Dwyane hat man nie darüber reden hören oder den Ruhm dafür einheimsen sehen, weil er es einfach als seinen Job angesehen hat. Eine wirklich gute Führungspersönlichkeit weiß: Um die Leistung von Menschen zu steigern, platziert man sie am besten dort, wo sie sich wirklich hervortun können, und nicht dort, wo man möchte, dass sie sich hervortun. Cleaner halten andere nicht davon ab, mit ihnen an der Spitze zu stehen, sofern sie dazu in der Lage und darauf vorbereit sind. Und so wie LeBron sich als Kapitän und potenzieller Cleaner entwickelte, war er irgendwann in der Lage, die Verantwortung für ein Gewinnerteam zu übernehmen.

Nur wenige Menschen sind in allem außergewöhnlich gut, daher muss man manchmal ein wenig herumexperimentieren, bevor man das richtige Ergebnis erzielt. Das hätte fast dazu geführt, dass Michael in der NBA Center statt Shooting Guard spielte. Vor dem NBA-Draft 1984 hatten die Portland Trail Blazers Bob Knight angerufen – der in jenem Sommer das olympische Basketballteam trainierte, in dem auch Michael war – und ihn gefragt, wen sie seiner Meinung nach mit ihrem zweiten Pick (der zweiten Wahl) im Draft wählen sollten. Jeder wusste, dass Houston mit dem ersten Pick Hakeem Olajuwon wählen würde, aber niemand (auch Portland nicht) war sich sicher, ob Portland an zweiter Stelle Sam Bowie oder Michael Jordan auswählen würde.

»Nehmt Jordan«, riet Knight ihnen.

»Ja, okay«, antwortete Portland, »aber wir brauchen einen Center.«

»Setzt ihn als Center ein«, hatte Knight gesagt.

Michael hätte wahrscheinlich auch als Center spielen können. Aber die meisten Menschen haben diese Option gar nicht erst. Man sollte seine Teamkollegen oder Angestellten danach bewerten, was sie tun können, und danach, was sie *nicht* tun können. Menschen, die Talent beurteilen, formulieren immer negativ: »Er kann dies oder jenes nicht.« Okay, was *kann* er denn? Er ist ja nicht ohne Grund so weit gekommen. Wie ist er denn dahin gekommen? Wir wissen jetzt, was er nicht kann, also kommt er dafür nicht infrage. Lassen Sie uns also herausfinden, was er kann, und ihn so einsetzen, dass er erfolgreich spielt.

Jeder hat von Geburt an gewisse Fähigkeiten. Aber nicht jeder kennt seine Fähigkeiten. Manchmal findet man es selbst heraus, manchmal muss jemand anderes einen darauf bringen. Auf jeden Fall sind sie vorhanden. Aber es gibt auch Dinge, die man nicht kann. Unsere Herausforderung im Leben ist es, die Fähigkeiten, die wir haben, zu nutzen und die Fähigkeiten, die wir nicht haben, zu kompensieren. Das passiert völlig instinktiv; wir kompensieren, um überleben zu können. Menschen mit geringerer Sehkraft können manchmal besser hören; Menschen mit gewissen Behinderungen entdecken, dass sie herausragende Talente in anderen Bereichen haben. Manches ist einem gegeben und anderes eben nicht. Ich kenne etliche Sportler, die unglaubliche physische Fähigkeiten haben, zum Beispiel Größe, Geschick, Stärke, Schnelligkeit ... aber keine Arbeitsmoral oder keine Unterstützung durch ihr Umfeld besitzen und deshalb keinerlei Chance haben, diese Fähigkeiten zu nutzen, weiter auszubauen oder zu ihrem Vorteil einzusetzen. Erfolgreiche Menschen kompensieren das, was sie nicht können; erfolglose Menschen machen Ausflüchte, schieben die Schuld auf andere und überwinden ihre Unzulänglichkeit nie. Eine echte Führungspersönlichkeit kann über diese Unzulänglichkeiten hinwegsehen, Fähigkeiten erkennen und das Beste aus einem Individuum herausholen.

Ein Cooler fragt sich, was passieren wird.
Ein Closer beobachtet, was passieren wird.
Ein Cleaner sorgt dafür, dass etwas passiert.

Einmal hatte ich anlässlich eines Notfalls während der Playoffs mit einem Kunden eine intensive Unterhaltung. Wir haben nur geredet, keine einzige praktische Übung gemacht. Er sollte sich vor dem Spiel weder dehnen noch aufwärmen, noch im Kraftraum trainieren. Wir haben einfach nur dagesessen und geredet.

Der Grund für die Unterhaltung war, dass er sich über einige seiner Teamkollegen geärgert hatte und frustriert darüber war, zu was sie seiner Meinung nach alles nicht in der Lage waren. Wenn man der Beste in seiner Disziplin ist, ein angeborenes Talent hat und sehr gute Leistungen erbringt, ist es manchmal schwer zu verstehen, dass nicht jeder so viel leisten kann wie man selbst. Dabei geht es nicht darum, dass andere weniger ausprobieren oder weniger arbeiten, sie sind einfach nur nicht so leistungsstark. Wenn man das nicht erkennt, kann es sich negativ auf das ganze Team, die Kollegen im Unternehmen oder wo immer Leistungseliten auf weniger talentierte Kollegen treffen, auswirken.

Wir sprachen damals über jeden einzelnen Spieler des Teams, wobei wir uns auf ihre Stärken und nicht auf ihre Schwächen konzentrierten. Ich erklärte ihm, dass es sein Job als Kapitän sei, die Talente seiner Mitspieler zu erkennen und sie dort einzusetzen, wo sie am effektivsten waren. Ja, wir wissen, dass ein bestimmter Spieler mental nicht so belastbar ist und dass er deshalb unter Druck keinen Korb werfen kann. In der normalen Saison kann er zwar gute Leistungen erbringen, aber in den Playoffs käme ans Licht, dass er eigentlich ein

Spieler für die G-League ist. Also setz diesen Spieler nicht auf einer Schlüsselposition ein. Arbeite mit seinen Stärken und betrachte alles, was du darüber hinaus von ihm bekommst, als Bonus. Nur du als Kapitän bist in der Lage, das zu steuern. Du musst die Verantwortung übernehmen und zusehen, dass es funktioniert.

»Aber«, erklärte ich ihm, »du musst auch erkennen, dass du als sehr ehrgeiziger Mensch andere demoralisierst, wenn du ihre Leistung kritisierst. Du weißt gar nicht, welchen Einfluss du auf andere hast, weil du völlig anders gepolt bist. Wenn du mit dem Kopf schüttelst oder sie anschreist, machen sie einfach dicht. Ich weiß doch, dass du deine Jungs gern hast, und deshalb müssen sie spüren, dass du hinter ihnen stehst und dich nicht von ihnen abwendest.«

»Das tue ich doch gar nicht«, antwortete er.

Doch, tat er. Wenn man mit jemandem redet und sich abwendet, noch bevor derjenige antworten kann, bringt man seinen Standpunkt rüber, lässt den anderen aber im Regen stehen. Es ist aber wichtig zu sehen, wie jemand reagiert, damit man weiß, was als Nächstes passiert. Lässt der Spieler den Kopf hängen? Ist er wütend? Hat man es geschafft, ihn zu motivieren, oder hat man das Gegenteil bewirkt? Wenn man jemanden rügt oder tadelt, verleiht man ihm keine Energie, sondern stürzt ihn nur in ein emotionales Loch. Man kann niemanden überzeugen, wenn man ihm das Gefühl gibt, wertlos zu sein.

Nachdem ich ihm das erklärt hatte, hat er mich verstanden. Beim nächsten Spiel ging er an der Mittellinie auf seine Teamkollegen zu und klopfte ihnen auf den Hintern, um ihnen seine Unterstützung zu signalisieren ... wenn es nötig ist, muss man das eben machen.

Es ist für jeden Mannschaftskapitän schwer, der Versuchung zu widerstehen, das Ruder an sich zu reißen und den Job einfach selbst zu erledigen. Kobes Job war es, 30 bis 40 Punkte pro Spiel zu erzielen. Wenn man ihm gesagt hätte, er solle dafür sorgen, dass andere auch punkten und sich involviert fühlen, hätte man sein Spiel gestört. Es war natürlich sein Job, das Team anzuführen, aber sein Hauptaugenmerk konnte nicht darauf liegen, wie viele Würfe die anderen Jungs machten. Darüber mussten sie sich selbst Gedanken machen, sie mussten auf sein Niveau kommen. Wenn ein Cleaner dir die Gelegenheit gibt, dich zu beweisen, musst du bereit sein, denn diese Chance bekommt man kein zweites Mal, wenn man es vergeigt. Es ist einfacher für einen Cleaner, den Job selbst zu erledigen, und wenn das Schiff untergeht, geht er als Kapitän mit unter.

Es ist der Job eines Cleaners, die Kontrolle zu übernehmen und zu entscheiden, was geschehen muss, damit das Team gewinnt. Ein Coach erzählt einem dies, Spieler wollen das ... aber der Cleaner hat das Talent und trägt die Verantwortung und ist am Ende dafür verantwortlich, ob sein Team siegt oder verliert. Das gilt nicht nur für den Sport, sondern das ist überall so. Wenn Sie derjenige sind, der dafür eingestellt wurde, dass es vorwärtsgeht, sollte es das auch tun, oder Sie werden gefeuert. Sie tragen die Verantwortung. Wenn ein Fehler passiert ist, sind Sie besser derjenige, der ihn gemacht hat, damit Sie ihn sofort ausbügeln und alle wieder auf die Spur bringen können. Alles hängt an Ihnen.

Aber wenn man Verantwortung trägt, sollte man dafür sorgen, dass auch die anderen aus Überzeugung mitziehen. Jeder Häuptling braucht seinen Stamm und irgendwann sollten alle Stammesmitglieder einmal Häuptling sein dürfen, damit sie die Schwierigkeiten und Probleme erkennen, den Gesamtüberblick bekommen und ein Gefühl dafür entwickeln, was es bedeutet, an der Spitze zu stehen. Sobald sie jedoch den Gesamtüberblick haben und man ihnen sagt, dass sie sich um alles selbst kümmern müssen, und zwar um jedes noch so kleine Detail und jede einzelne Spielerpersönlichkeit mit all ihren Stärken und Schwächen, sobald man ihnen also für einen Augenblick die ganze Macht und Kontrolle überlässt, sagen die meisten:

»Äh, nein danke.« Es ist viel einfacher, dort zu bleiben, wo man es sicher und bequem hat.

Das weiß niemand besser als die Trainer, die einerseits die Stammesmitglieder verstehen und andererseits die Häuptlinge managen müssen. Gute Trainer wissen, was in diesem Fall zu tun ist: Lass den Cleaner sein Ding machen. Coaches, die nicht in der Lage sind, Kontrolle abzugeben, verlieren letztendlich ihren Job. Ein Spieler, der ein Cleaner ist, benötigt einen Trainer, der ein Cleaner ist, weil beide den Job des anderen verstehen und respektieren. Cleaner hintergehen sich nicht, sie lassen den jeweils anderen seinen Job machen. Phil Jackson hat das in Bezug auf Michael verstanden: Du respektierst meinen Job und ich deinen. Phil pflegte keine engen Beziehungen zu seinen Spielern. Er stellte sie einfach dort auf, wo sie erfolgreich sein konnten, und versuchte nie, Spieler zu etwas zu zwingen, was sie nicht leisten konnten. Er war kein verkopfter Trainer, sondern einer, der auf Instinkt und Bauchgefühl setzte. Er setzte sich mit den verschiedenen Spielerpersönlichkeiten auseinander und begriff, was sie leisten konnten und was nicht.

Pat Riley (früherer Coach und heutiger Präsident der Miami Heat), ein weiterer Cleaner, geht es immer nur ums Endergebnis; das ist sein Erfolgsgeheimnis. Wer nicht von sich aus macht, was Riley will, wird dazu gezwungen. Eine Zeit lang ging das Gerücht um, dass er, falls Erik Spoelstra als Coach für die Miami Heat nicht den Titel holen würde, wieder selbst den Job übernehmen würde. Davor hatten die Spieler so viel Angst, dass sie sich lieber für Spoelstra ins Zeug legten, der »nur« knallhart ist, als Riley als Coach zu bekommen, der als echter Schleifer gilt. Der Lehrling war ihnen lieber als der Meister.

Doug Collins war als Coach der beste Stratege, den ich je kennengelernt habe. Er erkannte Probleme schon drei Spiele im Voraus, wenn noch kein anderer begriffen hatte, was da gerade passierte. Dann platzierte er alle strategisch dort, wo es für niemanden Sinn ergab, bis man den Spielzug endlich verstanden hatte und sich auf einmal alles zusammenfügte. Seine Basketballintelligenz ist unübertroffen. Aber manchmal vergisst er, dass nicht alle so wie er sind. Trainer wie Riley, die Van Gundys und Tom Thibodeau in Chicago haben Spielern klipp und klar gesagt, was sie machen sollen, was bei gut verdienenden Superstars zu Reibungen führen kann, wenn sie es so *nicht* machen wollen. Wenn man sie zu dreistündigen Teamtrainings und zweistündigen Wurfübungen verdonnert, fangen die Spieler an zu meutern. Sie hören, dass bei anderen Teams weniger trainiert wird … und fragen sich, warum gerade sie so hart arbeiten müssen. Bei jüngeren Spielern hat man vielleicht noch eine Chance, aber viele der langjährigen und erfahrenen Spieler, die schon eine Menge Spiele und Auszeichnungen gewonnen haben, lassen das nicht mit sich machen. Man sollte als Trainer also besser Spiele gewinnen, sonst ziehen die Spieler nicht mit.

Coach Mike Krzyzewski und ich verstehen uns prima; wir haben uns über die Jahre oft unterhalten. Er ist der Beste darin, genau die Spieler einzusetzen, die in seinem System funktionieren – *Ich setze das Muskelpaket hier ein, den Typen mit dem hohen Basketball-IQ dort und den Spieler mit dem guten Sprungwurf da* –, er sortiert sie so, dass am Ende alles gut funktioniert. Nicht immer wählt er hierfür die talentiertesten Sportler aus, aber er weiß genau, was für das Team am besten funktioniert, erkennt ihre Fähigkeiten und setzt sie dort ein, wo sie glänzen können. Deshalb war er für die olympischen Mannschaften ein sehr guter Trainer; er setzte die Spieler dort ein, wo sie hingehörten, und nicht dort, wo sie hinwollten (was oft eine große Herausforderung ist, wenn man es mit zwölf Superstars zu tun hat). John Calipari geht ganz anders vor. Er lässt nur die besten Sportler spielen, damit er nichts lenken und leiten muss. Am Ende haben beide Trainer dasselbe Ziel – zu gewinnen –, aber Calipari verlässt sich auf die Fähigkeit der Spieler zu brillieren, ohne großartig gecoacht zu werden.

Doch unabhängig davon, wie man ein Team zusammenstellt – egal, welches Team, ob im Sport, im Geschäftsleben oder sonst irgendwo –, unabhängig davon, wie man die Puzzleteile zusammenfügt: Man braucht diesen einen Spieler, dem man kein Feuer unterm Hintern machen muss, der Respekt und Aufmerksamkeit verlangt und der fordert, dass andere Spieler die gleiche hervorragende Leistung erbringen wie er. Das muss nicht der talentierteste oder fähigste Spieler sein, aber er muss ein Vorbild sein, an dem sich alle orientieren können.

Nur wenn man selbst für etwas brennt, kann man in anderen ein Feuer entfachen. Dafür muss man professionell, gelassen und konzentriert sein. Wenn man schlecht geschlafen hat und am nächsten Tag nicht fit ist oder sogar gar nicht erscheint, betrifft das nicht nur einen selbst, sondern wirkt sich auch auf alle anderen aus. Wer professionell sein will, lässt andere nicht im Stich, weil er persönliche Probleme hat. Wenn man erscheinen muss, dann erscheint man auch. Vielleicht kannst du deine Mannschaftskameraden nicht ausstehen, aber wenn die eigene Präsenz dazu führt, dass andere sich wohlfühlen, wenn sie das Team zusammenschweißt, wenn sie zu besseren Leistungen führt, kommen auch Sie Ihrem Ziel einen großen Schritt näher. Man bringt andere auf sein Niveau, indem man ihnen zeigt, wo die Messlatte hängt, und mit gutem Beispiel vorangeht.

1. WENN SIE EIN CLEANER SIND …

… machen Sie keine Vorschläge, sondern treffen Entscheidungen und kennen die Antworten schon, wenn andere noch Fragen stellen.

Zu drei Punkten werde ich mich nie im Leben positiv äußern:

Zu dem Begriff »innerer Antrieb«,

zu dem Begriff »Leidenschaft«,

zu der Streitfrage, ob ein Glas halb voll oder halb leer ist.

Wissen Sie, was alle drei gemeinsam haben?

Sie bedeuten so viel wie: »Ich habe darüber nachgedacht, aber nichts unternommen.«

Was zum Teufel ist ein »innerer Antrieb«? Ein innerer Antrieb ist lediglich ein Gedanke, dem keine Taten folgen, ein Gedankenspiel, das zu nichts führt. Er ist völlig nutzlos, bis dieser Gedanke äußerlich sichtbar wird und in Aktion umgesetzt wird. Was nützt einem ein innerer Antrieb ohne Resultate? Menschen, die über einen inneren Antrieb philosophieren, sind Träumer, die zwar viele Ideen vorbringen und viel Gerede um etwas machen, aber am Ende kommt nichts dabei heraus. Sie erzählen einem, was sie so alles vorhaben, aber dann setzen sie nichts davon in die Tat um. Das nennt man dann »inneren Antrieb«.

Okay, nächster Punkt.

Leidenschaft: ein starkes Gefühl oder eine Emotion für etwas oder jemanden. Sehr nett. Und nun? Fühlen Sie es nur oder machen Sie auch etwas damit? Motivationstrainer raten gerne: »Folge deiner Leidenschaft.« Folgen? Wie wäre es mit daran *arbeiten*? Sich *hervortun*? *Der Beste darin sein wollen*? Ihr folgen? Also wirklich!

Aber am liebsten mag ich die ewige Debatte darüber, ob ein Glas halb voll oder halb leer ist.

Dieses Konzept wurde von jemandem erfunden, der überhaupt nicht in der Lage ist, Entscheidungen zu treffen. Halb voll oder halb leer? Entweder, es ist etwas im Glas oder nicht. Wenn Ihnen das Getränk schmeckt, trinken Sie mehr davon. Wenn nicht, schütten Sie es aus und probieren etwas anderes. Sonst starren Sie dieses nicht existierende Glas nur an und denken: »Mist, ich kann mich einfach nicht entscheiden.«

Bullshit. Natürlich kann man sich entscheiden. Der Punkt ist, dass Sie nur nicht zu dieser Entscheidung stehen wollen. Wenn jemand eine »Das Glas ist halb voll oder halb leer«-Diskussion beginnt, folgt für gewöhnlich eine lange Rede über nichts, die zeigt, dass derjenige keine Entscheidungen treffen kann oder will. Visuell kann man sich das so vorstellen, dass jemand mitten auf einer Kreuzung steht und ruft: »Ich weiß nicht, in welche Richtung ich gehen soll!«, während andere ihm zurufen: »Geh endlich von der Straße runter!«

Vertrauen Sie sich selbst. Entscheiden Sie.

In jeder Minute, in jeder Stunde und an jedem Tag, an dem Sie herumsitzen und darüber grübeln, wie Sie sich wohl entscheiden sollten, hat jemand anderes die Entscheidung schon getroffen.

Während Sie noch überlegen, ob Sie nach links oder nach rechts, hierhin oder dorthin gehen sollen, ist jemand anderes schon da. Während Sie noch wie gelähmt dasitzen und grübeln und die Situation analysieren, ist Ihnen jemand, der seinem Bauchgefühl gefolgt ist, schon zuvorgekommen.

Entscheiden Sie sich oder die Entscheidung wird Ihnen abgenommen.

Die meisten Menschen treffen nicht gerne Entscheidungen. Sie machen lieber Vorschläge und warten dann ab, was andere dazu sagen, damit sie bei Ablehnung des Vorschlags sagen können: »Es war ja nur ein Vorschlag.« Sie kennen die richtige Antwort, können aber nicht handeln, weil sie, falls etwas schiefliefe, die Verantwortung dafür übernehmen müssten und sie niemand anderem die Schuld geben könnten. In der Zwischenzeit trifft jemand anderes eine Entscheidung, und wenn sie gut war, wird er dafür belohnt. Vielleicht ist diese Entscheidung nur für ihn selbst gut und nicht für die anderen, aber da sonst keiner den Mut hatte, sie zu treffen, kann man nur sagen: Pech gehabt.

Ein Cleaner ist immer entscheidungsfreudig, weil er um nichts in der Welt irgendjemand anderen Entscheidungen für sich treffen lassen würde. Er fragt andere vielleicht nach ihrer Meinung und berücksichtigt dies bei seiner Entscheidung, aber er wird nie das tun, was andere ihm sagen; er folgt immer nur seinen Instinkten. Und wenn er eine Entscheidung trifft, ist sie wie in Stein gemeißelt; es interessiert ihn nicht, was andere darüber denken, und er wird mit dem Ergebnis leben.

Er entscheidet und handelt.

Coolern halte ich Folgendes zugute: Sie sind flexibel und bereit, über ihre Entscheidungen noch mal nachzudenken und ihren Kurs zu ändern, wenn man ihnen einen Grund nennt. Ein Cleaner schaut dich nur an und sagt: »Verpiss dich!«

Man kann sein ganzes Leben damit verbringen, verschiedene Perspektiven gegeneinander abzuwägen. Einerseits ... andererseits ... aber dann wiederum ... hören Sie auf damit, Sie haben nur zwei Hände und das ist schon eine zu viel.

Manche raten Ihnen: »Denken Sie positiv!« Jemand anderes leitet seine Rede mit: »Ich will ja nicht negativ klingen, aber ...« ein. Ich glaube nicht an positives *oder* negatives Denken. Viele sogenannte Experten haben hiermit schon viel Geld verdient; das gönne ich ihnen, aber halten Sie sie bloß von meinen Spielern fern. Die positiven Denker wollen, dass Sie Ihre Erfolge visualisieren; die negativen Denker möchten, dass Sie sich auf das konzentrieren, was schieflaufen könnte. Aber wenn man etwas visualisiert, ist es noch nicht Realität geworden, und über imaginäre Probleme nachzudenken, erzeugt nur Angst und Furcht. Ich möchte, dass Sie Ihren Reflexen und Instinkten folgen, dann benötigen Sie auch keine Beruhigungsmittel mehr.

Sie werden mich nie sagen hören: »Jetzt haben wir ein Problem.« Es gibt vielleicht etwas, um das wir uns kümmern müssen, aber nie ein Problem. Warum etwas sofort negativ besetzen? Instinkte kennen kein positiv oder negativ. Es gibt nur einen bestimmten Sachverhalt, Ihre Reaktion darauf und ein Endergebnis. Wenn Sie zu allem bereit sind, denken Sie nicht darüber nach, ob etwas gut oder schlecht ist, sondern verschaffen sich einen Überblick über die Gesamtsituation. Wenn Sie zu viel nachdenken, sind Sie nicht mehr in der Zone, sind abgelenkt und verschwenden zu viel Energie und zu viele Gefühle, statt sich nur darauf zu konzentrieren, was Sie tun sollten. Ergebnisse werden nicht durch Nachdenken erzielt, sondern durch Handlungen. Rüsten Sie sich mit allem, was Sie brauchen, um erfolgreich zu sein, und handeln Sie dann. Sie brauchen als Rückendeckung und Sicherheitsnetz nicht Hunderte von Leuten. Ihr Sicherheitsnetz besteht aus Ihrer guten Vorbereitung und Ihren Instinkten.

Sie haben plötzlich eine großartige Idee, etwas wird in Ihrem Kopf ganz lebendig. Sie erzählen die Idee einigen Freunden ... aber diese starren Sie nur ausdruckslos an. Plötzlich geht Ihr ganzer Enthusiasmus verloren. Warum? Die Idee, die Sie noch vor einigen Stunden so toll fanden, ist immer noch dieselbe. Was ist also passiert?

Hören Sie auf nachzudenken.

Warum werden Sie nach Ihrem ersten spontanen Bauchgefühl gleich wieder schwach und zweifeln im Nachhinein Ihre Idee an? Hören Sie auf andere oder folgen Sie Ihren eigenen Instinkten? Folgen Sie dem Rat von Menschen, die wissen, worüber sie reden, oder dem von Menschen, die nur ans Scheitern denken? Sobald Sie beginnen, Ihre Entscheidungen anzuzweifeln, sagen Sie zum Beispiel: »Ich schlafe nochmal drüber« oder »Ich lege das nochmal auf Eis« oder sonst irgend so einen dummen Spruch, der bedeutet: »Ich traue mir nicht zu, diese Entscheidung zu treffen.« Auf Eis legen? So kühlt man Dinge ab. Sie haben gerade eine heiße Idee abgekühlt. Und dann werden Sie sie vergessen und nie erfahren, wie nahe Sie dem Erfolg eigentlich gewesen sind.

Apropos Klischees: Folgendes Sprichwort verdeutlicht Unentschlossenheit und Apathie auch sehr gut:

Gut Ding will Weile haben.

Nein, gut Ding will *Arbeit* haben! Ich verstehe, dass es auch Vorteile haben kann, Dinge nicht zu überstürzen – man will ja schnell, aber nicht unüberlegt handeln. Doch Sie sollten trotzdem auf ein Ergebnis hinarbeiten und sich nicht zurücklehnen und darauf warten, dass etwas passiert. Man kann nicht auf etwas warten. Die Entscheidung, die Sie am Montag nicht getroffen haben, steht am Dienstag immer noch an und dann gibt es schon zwei weitere Entscheidungen, die getroffen werden müssen, und noch drei mehr am Mittwoch. Bald sind Sie so überfordert von all den Entscheidungen, die Sie noch nicht getroffen haben, dass Sie vollkommen gelähmt sind und gar nicht mehr handeln können.

Während Sie sich zurücklehnen und nichts tun, weil Sie Angst davor haben, einen Fehler zu machen, wird da draußen irgendjemand alle möglichen Fehler machen, aus ihnen lernen und da hinkommen, wo Sie hinwollen. Und wahrscheinlich wird er außerdem über Ihre Schwäche lachen.

Und wenn Sie sich endlich dazu zwingen, eine Entscheidung zu treffen, was wählen Sie dann? Fast immer entscheidet man sich für das, was man zu Beginn für richtig gehalten und an das man spontan gedacht hat. Sie wussten also von Anfang an, welche Entscheidung die richtige sein würde. Warum haben Sie sich nicht gleich zu Beginn vertraut?

Sie können darauf warten, dass andere Ihre Träume wahr werden lassen. Andere Menschen haben aber ihre eigenen Träume und sind an den Ihrigen nicht interessiert. Sie helfen Ihnen vielleicht bei der Entscheidung, wenn sie es können, aber letztendlich liegt es an Ihnen. Umgeben Sie sich mit den besten Leuten, erkennen Sie Ihre eigenen Stärken und Schwächen und vertrauen Sie anderen, das zu tun, was sie am besten können. Aber letztendlich ist es immer noch Ihre Entscheidung. Erstellen Sie einen Plan und setzen Sie ihn in die Tat um.

Welchen Plan haben Sie? Alles beginnt mit einem simplen Gedanken. Jede Idee, jede Erfindung, jeder Plan, jedes Werk ... basiert auf einem simplen Gedanken. Aber um dem Gedanken Leben einzuhauchen, müssen Sie einen Plan erstellen. Ein Workout beginnen, für einen Sport trainieren, ein Geschäft eröffnen ... daran können Sie einfach nur denken oder Sie können einen Plan erstellen, der Sie ans Ziel führt. Überlegen Sie ganz nüchtern: Wie viel Zeit haben Sie? Wie viel Zeit können Sie erübrigen? Wird die Aktivität zur Priorität in Ihrem Zeitplan oder ist sie eine von vielen? Wenn Ihr Plan Ihre wirklichen Ziele und Interessen spiegelt, ist die Chance größer, ihn in die Tat umzusetzen. Welchen Sinn macht es, jeden Tag ins Fitnessstudio gehen zu wollen, wenn Sie genau wissen, dass Sie es nur dreimal pro Woche schaffen werden?

Entscheiden Sie sich und bleiben Sie dabei.

Die meisten Menschen können das nicht. Sie sind zufrieden damit, zu »improvisieren« oder »abzuwarten, was passiert«. Sie wissen doch bereits, was passiert, wenn Sie mit so einer Einstellung an etwas herangehen – was Sie auch immer gerade begonnen haben, wird garantiert in die Binsen gehen. Aber so sind die meisten Menschen, Sie wollen das Wasser prüfen, bevor sie reinspringen. Aber warum? Wenn man nicht gerade befürchten muss, dass dieses vor Krokodilen wimmelt, was wäre das Schlimmste, was Ihnen passieren könnte? Dass Sie nass werden. Ein Cleaner denkt: »Kein Problem, ich schwimme.« Aber die meisten Menschen stehen zitternd am Ufer und suchen nach einem Handtuch.

Sie können nicht schwimmen? Okay, dann sagen Sie mir, *was* Sie können. Warum nur am Ufer stehen und sich selbst bemitleiden? Beschreiten Sie einen anderen Weg, versuchen Sie, sich bei etwas anderem auszuzeichnen. Man kann nicht unaufhaltbar sein, wenn man anderen hinterherläuft, sondern nur, wenn man sich bei irgendetwas hervortut und jeden Tag beweist, warum man darin der Beste ist.

Bestimmt kennen Sie jemanden, der vermeintlich alles kann. Diese Woche ist er Blogger, Songwriter und Motivator. Letzte Woche arbeitete er als Tennislehrer und Sushi-Koch. Und am Wochenende restauriert er einen Maserati aus dem Jahr 1955. Wenn man das hört, denkt man, man hätte noch nie im Leben etwas geleistet. Bis man einmal genauer hinsieht und entdeckt, dass dieser Mensch wie so viele andere auch vieles ausprobiert hat und bei allem gescheitert ist. Wenn ich solchen Menschen zuhöre, denke ich immer: »Sofern ich das beurteilen kann, bist du nur gut darin, dich zu beschäftigen.«

Ich habe es lieber, wenn jemand sagt: »Ich tue *dieses und jenes*.« Wenn man Kobe nach seinem Beruf fragte, sagte er: »Ich verteile Punkte.« Punkte? »Ja, einmal habe ich 81 verteilt, ein anderes Mal ein Triple-Double, anderen Jungs 61 Punkte eingeschenkt ...« Die Menschen haben Kobe gerne dafür kritisiert, dass er den Ball nicht oft genug passte, aber es war eben sein Job, »Punkte zu sammeln«.

Ich sage einem Spieler immer: »Um der Beste in etwas zu werden, darfst du deinen Fokus nur darauf richten. Ich möchte dich darin unterstützen, dass du in dieser einen Sache herausragend bist. Du kannst in anderen Sachen durchschnittlich oder überdurchschnittlich sein, aber wenn man über diese eine Sache redet, muss dein Name fallen.«

Die meisten Menschen demonstrieren aber gerne, dass sie vieles beherrschen, was letztendlich von ihren eigentlichen Fähigkeiten ablenkt. Wenn Sie kein Drei-Punkte-Schütze sind, dann nehmen Sie diese Würfe eben nicht. Menschen wird eine Menge Geld dafür gezahlt, Experte in etwas zu sein. Wenn Sie dieser Experte sind, wird man Sie anrufen, wenn auf diesem speziellen Gebiet Not am Mann ist.

Vor einigen Jahren fuhr ich mal mit Michael zu einem Trainingsgelände des FBI, wo es einen Übungsplatz für die besten Scharfschützen der Welt gibt. Dort sahen wir einen Typen, der ganz allein unablässig an seiner Schusstechnik feilte. Das Ziel war 365 Meter entfernt, was der Länge von vier Footballfeldern entspricht. Er musste in seinen Wagen steigen, zur Zielscheibe fahren, sie aufrichten und wieder zu dem Punkt fahren, an dem er gestanden hatte. Er griff sich die Waffe mit dem Sucher, zielte, schoss – *wooosch*, wir haben den Schuss nicht mal gehört –, dann stiegen wir mit ihm in den Wagen und fuhren zur Zielscheibe. Er hatte sie genau in die Mitte getroffen. Wir wären schon beeindruckt gewesen, wenn er die Zielscheibe überhaupt getroffen hätte. Aber aus 365 Meter Entfernung? Exakt in die Mitte?

Michael hat ihn damals gefragt, ob viele so präzise schießen könnten wie er. Er antwortete: »Nur ich.« Wenn keine Besucher da waren, und es kamen nicht oft welche vorbei, war er dort ganz allein und feilte an diesem einen Schuss, immer und immer wieder, damit er eingesetzt würde, wenn man beim Militär jemanden suchte, der diese Schussweite beherrscht. Keiner wusste, was er alles tat, um so gut zu werden. Sie wussten nur, dass er sein Ziel nicht verfehlen würde.

Finden Sie heraus, was Sie gut können, und tun Sie es. Werden Sie besser darin als irgendein anderer.

Und bauen Sie dann alles andere auf diesem Können auf. Bleiben Sie bei dem, was Sie beherrschen. In etwas sehr gut zu sein, heißt nicht, dass man genauso gut ein Restaurant oder eine Autowerkstatt führen oder Sportkleidung entwerfen kann. Bill Gates wird nie Sportkleidung entwerfen. Und wahrscheinlich sollten Sie das auch nicht versuchen.

Obwohl ich schon so viele Jahre in diesem Geschäft bin, kann ich immer noch nicht verstehen, warum manche Profispieler nicht danach streben, der Beste ihres Fachs zu sein. Es ist dein Körper, deine Karriere. Auf dieser Welle kann man nur ein paar Jahre reiten. Willst du auf der Welle reiten oder lieber am Strand liegen und jammern, dass das Wasser zu kalt ist?

Eine der schwierigsten Entscheidungen für einen Sportler ist es zu entscheiden, wie viel Erschöpfung und Schmerz er ertragen und wie gut er sich selbst antreiben kann. Grundsätzlich spielt jeder Spieler für gewöhnlich trotz Schmerzen weiter, denn jeder hat irgendein physisches Problem. Die Frage ist nur, wie er es schafft, seine körperlichen Probleme nicht zu mentalen zu machen. Können Sie sich mit dem Gedanken anfreunden, sich stets unwohl zu fühlen und immer Schmerzen zu haben?

Manche Spieler, die sich verletzen, sind sogar erleichtert, wenn der Arzt ihnen sagt, dass sie nicht trainieren können, und vermissen das Training nicht einmal. Wenn sich ein Cleaner verletzt, findet er eine Möglichkeit zu trainieren, sonst würde er durchdrehen. Sie müssen sich entscheiden. Sie können auf den Arzt hören und sich länger ausruhen oder Sie können sich für eine schnelle Lösung entscheiden, die zwar langfristig schlechter ist, es Ihnen aber ermöglicht zu spielen. Es kommt darauf an, wie schnell Sie wieder spielen möchten.

Wenn ein Cleaner in der Situation wäre, sich ein Körperteil abtrennen zu müssen, um zu überleben, würde er nicht lange fackeln. Er würde irgendwie ohne dieses Körperteil auskommen. Ich soll mir einen Finger abtrennen? Den brauche ich sowieso nicht. Wenn er die Wahl zwischen dem Verlust eines Fingers oder dem Aussetzen einer Spielsaison hätte, würde er lieber den Finger verlieren.

Kobe hatte einen Finger, der sich in alle möglichen Richtungen biegen ließ. Ein normaler Mensch hätte ihn operieren lassen. Er aber sah keinen Vorteil in einer Operation, außer dass er danach den Finger eben nicht mehr ganz nach hinten hätte biegen können. Für diese Operation hätte er neun Monate auf Basketball verzichten müssen. Wäre es das wert gewesen?

Cleaner können sowohl physische als auch psychische Schmerzen sehr gut aushalten. Das ist für sie nur eine weitere Herausforderung, um zu testen, wie viel sie auf sich laden, wie viel sie ertragen und wie gut sie spielen können, wenn sie nicht ganz gesund sind. Dazu fällt mir Michaels legendäres Spiel in den NBA-Finals von 1997 ein, bei dem er erkältet war … und Kobes berühmtes Spiel in der Saison 2012, das er ebenfalls mit einer Erkältung in den Knochen absolvierte. Wenn er krank ist, sollte man sich vor einem Cleaner ganz besonders in Acht nehmen, weil sein Körper dann voll und ganz beansprucht ist. Und weil er körperlich nicht fit ist, versucht er, seine Gegner auf andere Art und Weise zu besiegen – für gewöhnlich mental. Krankheiten, egal, ob physische oder psychische, sind eine sehr gute Möglichkeit, jemanden in die Zone zu bringen. Weil er gegen seinen geschwächten Zustand ankämpfen muss, wird sein Überlebensinstinkt geweckt, was ihn einen Gang höher schalten lässt.

Noch ein Wort zu Michaels Erkältung: Ich glaube, die meisten Menschen wissen mittlerweile, dass er wahrscheinlich an jenem Abend in Utah nicht wirklich erkältet war, sondern eine Lebensmittelvergiftung hatte. Kurz bevor er krank wurde, hatte er sich nämlich spät am Abend noch Essen vom einzigen Lokal bestellt, das um diese Uhrzeit in Park City noch geöffnet war. Als gleich sechs Männer das Essen vorbeibrachten, spürte ich schon, dass etwas nicht in Ordnung war. Kurze Zeit später wälzte Michael sich mit Krämpfen auf dem Boden und zitterte am ganzen Körper. Ich habe ihn zuvor noch nie so krank erlebt. Dennoch war er damals entschlossen, am nächsten Abend zu spielen. Er erzielte 38 Punkte in einem Spiel, das als eines der Schlüsselspiele seiner Laufbahn gilt. »Das war wahrscheinlich das Schwierigste, was ich je gemacht habe«, gestand er mir später.

Erstaunlich, wozu jemand in der Lage ist, wenn es um alles oder nichts geht.

***

Manche Entscheidungen können lebensverändernd sein: Soll man sich aus dem aktiven Sport zurückziehen? Soll man sich operieren lassen? Soll man seinen Traum aufgeben?

Andere hingegen sind einfacher.

Nach jedem Spiel habe ich Michael nur eine Frage gestellt:

Fünf, sechs oder sieben?

Das sollte heißen: Um wie viel Uhr beginnen wir morgen früh zu trainieren?

Er raunzte mir eine Uhrzeit zu, und das war's. Ganz besonders nach einem verlorenen Spiel, wenn es sonst nichts gab, worüber wir uns hätten unterhalten konnten. Es gab nie eine Diskussion oder einen lahmen Versuch, mich davon zu überzeugen, dass er am nächsten Tag ausruhen müsse. Alles klar bei dir? Okay, dann bis morgen.

Am nächsten Morgen stand ich immer zur vereinbarten Zeit vor seiner Tür. Egal, was am Vorabend passiert war – ob das Spiel gut oder schlecht war, ob er müde war oder Schmerzen hatte –, er stand immer auf und trainierte, während die anderen noch schliefen.

Ist es nicht bemerkenswert, dass derjenige mit dem meisten Talent und den meisten Erfolgen mehr als alle anderen trainierte?

Kobe war ganz genauso. Er hatte ein unstillbares Verlangen nach Training. Manchmal sind wir zweimal pro Tag in den Kraftraum gegangen und dann nochmal am Abend. Wir haben dann dieses und jenes ausprobiert, an bestimmten Problemen gearbeitet und immer nach einer Möglichkeit gesucht, ihm einen Vorteil zu verschaffen. Auf seinem Spitzenniveau gibt es keinen Spielraum für Fehler und keiner – wirklich *keiner* – hat je intensiver trainiert, mehr in seinen Körper investiert und mehr darauf geachtet, sich mit den richtigen Menschen zu umgeben, um immer in Topkondition zu sein, als er.

Aber es ist nicht einfach. Kobe traf jeden Tag aufs Neue die Entscheidung, hart zu arbeiten. Und auch hier arbeitete derjenige mit dem meisten Talent härter als alle anderen.

Es war seine Entscheidung.

Jedes von Kobes Workouts dauerte etwa 90 Minuten und zumeist befassten wir uns eine halbe Stunde lang nur mit dem Training seiner Handgelenke, seiner Finger und seiner Knöchel ... das heißt, wir haben uns jedem Detail gewidmet.

Die Besten werden dadurch besser, dass sie auch auf Kleinigkeiten achten.

Bei jedem Workout hat er mich irgendwann zornig angestarrt und gefragt: Was müssen wir noch machen? Seien wir ehrlich: So ein Training ist wirklich mühsam und manchmal scheint der Korb einfach 100 Meter weit weg zu sein oder man hat das Gefühl, einen Korbleger mit Gewichten an den Füßen machen zu müssen.

Aber er hat sich durchgeboxt. Wenn er den Ball nämlich nicht versenkt, ist alles umsonst. Man muss sich entscheiden.

Letztendlich kommt es im Leben nur auf eines an: Will man erfolgreich sein? Kann man zu dieser Entscheidung stehen oder wird man aufgeben, wenn es zu anstrengend ist? Wird man weiter trainieren, auch wenn andere einem raten aufzuhören? Schmerz kann mental, physisch oder emotional sein. Ist es für Sie wichtig, schmerzfrei zu sein? Oder können Sie sich durch den Schmerz hindurcharbeiten und zu Ihrer Verpflichtung und Entscheidung stehen weiterzumachen? Sie müssen sich entscheiden. Es hängt ganz allein von Ihnen ab.

1. WENN SIE EIN CLEANER SIND …

… müssen Sie harte Arbeit nicht unbedingt lieben, aber für den Erfolg brennen.

Ein Cooler ist sein Geld nicht wert.
Ein Closer erkundigt sich nach seinem Gehalt
und entscheidet dann, wie hart er
dafür arbeiten möchte.
Einem Cleaner ist Geld nicht wichtig;
er macht einfach seine Arbeit und weiß,
dass man dankbar ist, ihn bezahlen zu dürfen.

Endlich ist der große Tag gekommen. Der Knoten Ihrer 200-Euro-Krawatte sitzt perfekt, Ihre Mutter hat sich ein neues Kleid gekauft und die ganze Familie ist versammelt. Plötzlich flüstert Ihnen jemand ins Ohr: Jetzt geht es los! Der Commissioner steht am Rednerpult: »Mit dem elften Pick [des Drafts] ausgewählt wurde …« ist alles, was Sie hören. Als Erstes umarmt Sie Ihr Agent.

Herzlichen Glückwunsch, heute ist der Anfang vom Ende Ihrer Karriere.

Haben Sie tief ausgeatmet? Haben Sie gedacht: »Jetzt läuft alles rund in meinem Leben«? Oder haben Sie gedacht: »Jetzt geht die Arbeit erst richtig los«?

Die meisten Spieler feiern ausgelassen, nachdem sie am Draft-Day für die NBA ausgewählt wurden. Kobe ging damals in den Kraftraum, um zu trainieren.

Es bis an die Spitze zu schaffen, ist nicht dasselbe, wie es an der Spitze zu schaffen. Das gilt für jede Branche. Einen Job zu bekommen, heißt nicht, ihn auch zu behalten; einen Kunden zu gewinnen, heißt nicht, dass er für immer ein Kunde bleibt. Die meisten Menschen verstehen das. Sie erhalten eine Chance und erkennen für gewöhnlich, dass sie jetzt hart arbeiten müssen, um zu beweisen, dass sie ihr Gehalt wert sind und sich den Job verdient haben.

Aber wenn Sie ein Sportler sind, der gerade über Nacht reich geworden ist, kann das Unterschreiben eines Vertrags ganz schnell das Ende Ihrer Laufbahn bedeuten. Das hat folgenden Hintergrund: Sie stehen bereits auf einem Podest und haben einen Vertrag über die Vermarktung von Sportschuhen in der Tasche. Von nun an sind Sie nicht nur durch das Team, für das Sie spielen, berühmt, sondern auch über die Verbindung zu einer Schuhmarke. Statt im Sommer an Ihrer Spieltechnik zu feilen, reisen Sie in der Welt herum und machen Werbung für diese Sportmarke. Ihre »Freunde« haben sich im Vergleich zu vorher blitzartig vervielfacht. Sie träumen nicht mehr davon, was Sie für das Team tun können, sondern was das Team für Sie tun kann.

Sie haben den Vertrag angenommen, der Ihnen angeboten wurde, und das war der Anfang vom Ende.

Sportler dienen mir hier als Beispiel, aber die Beschreibung trifft auf alle Menschen zu: Was ist Ihnen angeboten worden und wofür sind Sie bereit zu arbeiten?

Irgendwann wurde Ihnen etwas geschenkt: Vielleicht sind Sie mit Talent gesegnet worden, Ihnen wurde das Unternehmen der Eltern vererbt oder Ihnen wurde eine Chance gegeben und eine Tür geöffnet. Und was dann? Nehmen Sie die Chance wahr oder lassen Sie sie an sich vorbeiziehen?

Es ist völlig in Ordnung, etwas geschenkt zu bekommen. Entscheidend ist, was man damit macht. Wie vielen anderen Menschen mit einem verrückten Traum hat sich mir damals eine Chance dargeboten. Ich habe sie ergriffen, hart daran gearbeitet und nie damit aufgehört, um festzustellen, wie weit ich es bringen kann. Wenn andere innerhalb meiner Branche mich in der Luft zerreißen wollen, sagen sie so etwas wie: »Ja, klar, hat der es weit gebracht, er hat ja auch als Erstes Michael Jordan trainiert. Es ist ja wohl nicht schwer, den besten Spieler zu trainieren.« Wenn jemand glaubt, es sei »nicht schwer«, die Besten der Besten zu trainieren und sie noch besser zu machen, hat er oder sie noch nie vor dieser Herausforderung gestanden. Mittelmäßigkeit lässt sich leicht verbessern, Spitzenleistungen zu verbessern, ist hingegen sehr schwer.

Ein Cleaner-Gesetz ist: Wenn deine Konkurrenten herumjammern, du hättest »Glück gehabt«, weißt du, dass du etwas richtig gemacht hast.

Es gibt keine Abkürzungen und auch kein »Glück haben«. Wenn jemand vor einer Prüfung steht, wünschen ihm alle immer »viel Glück«. Nein. Es geht hier nicht um Glück, ich glaube nicht an Glück. Für mich gibt es nur Fakten, Chancen und Tatsachen. Wie wir mit ihnen umgehen, bestimmt unseren Erfolg oder unseren Misserfolg. Selbst bei der Lotterie geht es nicht um Glück: Es gibt eine bestimmte Anzahl von Zahlen, und entweder man kombiniert sie richtig oder eben nicht. Vor einem Spiel will man nicht »viel Glück« hören, weil das bedeutet, dass man sich nicht gut genug vorbereitet hat. Wenn Sie zu einem Jobinterview gehen, brauchen Sie kein Glück. Sie müssen gut vorbereitet sein und sich unter Kontrolle haben, statt sich auf zufällige Ereignisse oder mystische Interventionen zu verlassen. Kein Glück gehabt zu haben, klingt wie eine faule Ausrede, wenn etwas nicht so gelaufen ist, wie man es sich erhofft hat. Eine Ausrede, um in der Komfortzone zu bleiben, während man weiterhin darauf wartet, dass »Glück« das eigene Schicksal besiegelt. Man kann nicht kompromisslos sein und gleichzeitig auf etwas Ungewisses setzen.

Es ist egal, was einem geschenkt wird. Erst was man danach damit macht, gibt einem das Privileg, später zu behaupten: »Das habe ich ganz alleine geschafft.« Wenn Ihnen etwas geschenkt wird und Sie meinen, Sie hätten Ihr Ziel dadurch schon erreicht, haben Sie keine Chance – wirklich gar keine –, je zu verstehen, was Spitzenleistung oder wahre Größe überhaupt bedeuten. Das macht Sie nicht unaufhaltbar, sondern hemmt Sie geradezu.

Dwyane ist das perfekte Beispiel für jemanden, der nichts außer Talent geschenkt bekam und es bis an die Spitze geschafft hat. Er besuchte in Chicago eine Highschool, die nicht gerade bekannt für ihr tolles Basketballprogramm war. Er hatte kaum Angebote von Colleges und landete schließlich in Marquette. Aufgrund seiner schlechten akademischen Leistungen durfte er im ersten Collegejahr noch nicht einmal spielen. Aber er wusste, was er tun musste, um die Chance zu bekommen, professionell zu spielen. Er kämpfte sich ins Team. 2003 wurde er von den Miami Heat gedraftet, als fünfter Pick nach LeBron James, Darko Milicic, Carmelo Anthony und Chris Bosh.

Ganz genau. Von den »Big Three« wurde Dwyane Wade als Letzter gedraftet.

Als er damals in Miami ankam, prangte sein Gesicht noch nicht auf Plakatwänden, hatte er noch keinen Multimillionen-Dollar-Werbevertrag in der Tasche und noch keine Meisterschaft gewonnen. Er war einfach da und spielte. Drei Jahre später steckte er sich seinen ersten Championship-Ring an. Es sollte noch Jahre dauern, bis die vier vor ihm gedrafteten Spieler das auch schafften.

Es ist schwer zu verstehen, was kompromisslos sein bedeutet, bis man selbst dafür kämpft, endlich etwas zu besitzen, das eigentlich unerreichbar ist. Immer wenn man denkt, dem Ziel etwas nähergekommen zu sein, rückt es ein Stückchen weiter in die Ferne. Aber etwas tief in einem drin – dieser Killerinstinkt – treibt einen an weiterzumachen, danach zu greifen, bis man es endlich zu packen bekommt und mit all seiner Macht dafür kämpft, es festzuhalten. Jeder kann nach etwas greifen, das direkt vor seiner Nase baumelt. Nur wenn man wirklich kompromisslos ist, kann man die Entschlossenheit verstehen, ein Ziel verfolgen zu wollen, das sich ständig weiter entfernt.

Es steht außer Frage, dass talentierte Menschen schneller an die Spitze kommen als andere. Na und? Dient Ihnen das etwa als Ausrede dafür, sich nicht genauso hohe Ziele zu setzen? Die Herausforderung ist für alle gleich, aber die meisten Menschen haben nicht die Eier, die nötige Arbeit zu investieren. Wenn man zur Elite gehören will, muss man es sich verdienen. Jeden Tag, bei allem, was man tut. Verdienen Sie es sich. Beweisen Sie, was in Ihnen steckt. Bringen Sie Opfer.

Es gibt keine Abkürzungen. Sie können nicht mit Elefanten kämpfen, wenn Sie sich nicht vorher mit Schweinen im Schlamm gesuhlt haben. Das bedeutet, dass Sie sich erst mit den schmutzigen kleinen Widrigkeiten des Alltags herumschlagen müssen, bevor Sie die großen Herausforderungen annehmen. Wenn Sie sich gleich mit Elefanten messen wollen, können Sie sich nicht gut genug darauf vorbereiten. Egal wie gut Ihre Instinkte auch sein mögen, es wird Ihnen immer an Basiswissen mangeln, um Ihr Waffenarsenal aufzubauen. Und wenn Sie dann von Elefanten umringt sind, werden diese ganz genau merken, dass sie es mit einem hoffnungslosen Anfänger zu tun haben.

In einem Sommer hatte ich mal 50 Jungs im Kraftraum, teils erfahrene und teils junge, noch nicht gedraftete Spieler, darunter auch ein junger Mann, der sich noch nie mit einem Schwein im Dreck gesuhlt hatte. Er war auf gute Schulen mit Top-Coaches gegangen und kam aus einer intakten Familie, die dafür gesorgt hatte, dass es ihm an nichts mangelte. Er hatte zwar hart gearbeitet, aber ihm war alles im Leben in den Schoß gefallen, von Stipendien bis hin zu Trophäen. Er war ein Star geworden, ohne Lehrgeld bezahlt zu haben. Er erwartete nun, von einem Spitzenteam an hoher Position gedraftet zu werden, und hatte keine Ahnung, wie das echte Leben funktionierte, so ganz ohne das College und seine Familie als Unterstützung.

Von der ersten Minute an war er für alle eine Zielscheibe. Jeder einzelne Spieler im Fitnessraum hatte an diesem Tag nur ein Ziel: Dem werden wir mal so richtig den Tag vermiesen. Das ist vielleicht nicht nett, aber im Wettkampf geht es oft nicht so nett zu. Und weil er noch nie so viel Druck und Aggression zu spüren bekommen hatte, brach er völlig zusammen. Er kriegte nichts auf die Reihe – von den 50 Jungs im Kraftraum war er der Schlechteste. An diesem Tag hat er auf schmerzliche Weise gelernt, dass weder dein Bild auf der Titelseite noch eine Parade hilfreich sind, wenn man nicht gut genug vorbereitet ist.

Menschen, die von Anfang an gleich an der Spitze stehen, werden nie begreifen, was sie an der Basis versäumt haben. Jemand, der schon einmal Briefe ausgetragen, bis spätnachts im Restaurant geputzt oder Trainingsgeräte repariert hat, weiß, wie man Dinge handhabt. Wenn er sich mit der Zeit hocharbeitet, weiß er, wie alles funktioniert, warum es funktioniert und was man tun muss, wenn etwas nicht funktioniert. So jemand wird lange an der Spitze bleiben, wertvoll für andere sein und Einfluss auf sie haben, weil er weiß, was es heißt, sich hochzuarbeiten. Man kann nicht behaupten, einen Marathon gelaufen zu sein, wenn man erst nach Kilometer 27 eingestiegen ist.

Die meisten Menschen fahren lieber mit dem Aufzug, als die Treppe zu benutzen – sie wollen es sich leicht machen. Die meisten Menschen hören auf zu trainieren und werfen ihre Diäten über

Bord, weil ihnen alles viel zu anstrengend ist. Sie hören auf, sich im Leben weiterzuentwickeln und an ihrer Karriere zu basteln, weil sie zu viel Arbeit investieren müssen. Manche Spieler schaffen es bis an die Spitze, wollen dann aber nicht für strenge Coaches spielen. Sie können es nicht ertragen, sich unwohl zu fühlen. Daher suchen sie nach einer Abkürzung und wenn sie die nicht finden, geben sie ganz auf. Trotz seines Talents: Michael hat gewusst, dass er es ohne diese Basisarbeit nicht geschafft hätte. Diese ganz einfachen Grundbewegungen, die er seit seiner Kindheit unaufhörlich übte, waren die Basis für seine Karriere. Es war nicht sein Ziel, besonders aufzufallen. Vielmehr wollte er beständig sein. Daran hat er kompromisslos gearbeitet. Cleaner sind nicht an sofortiger Bedürfnisbefriedigung interessiert; sie investieren vielmehr in langfristigen Erfolg.

Fragen Sie sich einmal ganz ehrlich, worauf Sie verzichten müssten, um das zu bekommen, was Sie wirklich wollen. Auf Ihr Privatleben? Auf Beziehungen? Auf Kreditkarten? Auf Freizeit? Auf Schlaf? Und jetzt beantworten Sie folgende Frage: Was wären Sie zu opfern *bereit*? Wenn die beiden Listen nicht identisch sind, wollen Sie es nicht intensiv genug.

Egal was Sie tun: Wenn es Ihnen nur ums Geld oder um Aufmerksamkeit geht, wenn Sie keine harte Arbeit reinstecken und sich einer Sache verpflichten wollen, wenn es für Sie in Ordnung ist, nur Mittelmaß zu sein, muss ich Sie fragen: Warum das Ganze?

Vielen Leuten reicht es, nur Mittelmaß zu sein. Darüber will ich gar nicht urteilen. Diese Menschen wollen den Druck und den Stress nicht, sie wollen ihre Zeit lieber mit Freunden und der Familie verbringen, sie wollen feiern, wenn sie Lust dazu haben, sie wollen möglichst lange schlafen und bloß nicht mit vielen Sorgen und einer großen Verantwortung auf den Schultern aufstehen oder zu Bett gehen. Ich verstehe das. Das macht das Leben leichter.

Aber allzu oft zeigen genau diese Menschen mit dem Finger auf erfolgreiche Menschen und sagen: »Ich kann nicht glauben, wie viel Glück dieser Typ gehabt hat, genau das könnte ich auch tun, wenn ...« Stopp. Sie könnten das auch tun, wenn ... was? Sie mehr Zeit und Anstrengung investieren würden? Wenn Sie bereit wären, den Preis dafür zu zahlen, den er bezahlt? Was macht er denn, was Sie nicht machen können?

Aha, das dachte ich mir. Sie könnten das auch tun und noch viel mehr. Was hält Sie also davon ab?

Und selbst wenn Sie es nicht genauso wie er machen könnten – und warum sollten Sie? –, warum tun Sie es dann nicht auf Ihre Art und Weise?

Seien Sie nicht neidisch auf jemanden, wenn Sie dieselben Chancen hatten und diese nicht genutzt haben.

Seit wann ist harte Arbeit eine Fähigkeit? Um hart zu arbeiten, benötigt man kein besonderes Talent. Das kann jeder. Seien Sie einfach pünktlich, arbeiten Sie hart und hören Sie zu. Sie müssen nur bereit sein, sich ein Ziel zu setzen, sich zu verbessern und besser als andere zu sein. Mir ist es egal, ob Sie ein Superstar sind oder das schwächste Mitglied des Teams. Jeder kann pünktlich sein, hart arbeiten und zuhören. Suchen Sie nach der nichtexistenten Abkürzung oder sind Sie bereit, eine Sache richtig anzugehen? Wollen Sie es im Leben leicht haben oder wollen Sie der Beste sein?

Während der NBA-Saison 2011/12, die damals wegen eines Arbeitskonflikts zwei Monate verspätet anfing, hatten viele Spieler ernsthafte Verletzungen. Schuld daran waren angeblich die Aussperrung der Spieler (der »Lockout«), die verkürzte Saison und die nicht ausreichende Ruhephase. Als die Pattsituation geklärt war und die Liga sich in der noch verbleibenden Zeit ins Training stürzte, beklagten sich alle darüber, die Spieler hätten nicht genügend Vorbereitungszeit gehabt. Die Konsequenzen wurden nur allzu schnell sichtbar: Viele Spieler waren in keiner guten Verfassung; sie hatten eine schlechte Kondition und waren nicht gut genug vorbereitet. So waren Verletzungen vorprogrammiert. Einige mussten ein paar Tage aussetzen, andere einige Wochen und wieder andere sogar für den Rest der Saison.

Aber jetzt frage ich Sie: Warum waren die Spieler in keiner guten Verfassung, hatten eine schlechte Kondition und waren nicht gut genug vorbereitet?

Sie saßen in all den Monaten nur herum und warteten darauf, dass der Konflikt beigelegt wurde ... was hatten sie sonst noch zu tun?

Wenn man mit seinem Körper Geld verdient, muss man nur eines tun: hart daran arbeiten, um stets in bester Verfassung zu sein. Das ist alles. Tu alles für deinen Körper, arbeite an deinen Fähigkeiten und bleib topfit. Das ist deine tägliche Pflicht. Du bist einer von wenigen hundert Sportlern, die diesen Job ausüben dürfen, und du kannst nicht trainieren, weil du nicht weißt, wann die Saison beginnt? Scheiß drauf, wann die Saison beginnt. Beweg deinen Hintern in den Kraftraum!

Als klar war, dass die NBA-Saison später beginnen oder vielleicht auch gar nicht stattfinden würde, fingen die meisten Spieler an, weniger (oder gar nicht) zu trainieren. Sie wollten nur hart arbeiten, wenn es nötig war. Ich musste mir wieder und wieder anhören, dass sie die Fitnesstrainer nicht bezahlen und keine Zeit und Anstrengung darauf verschwenden wollten, sich bestmöglich vorzubereiten. Na toll, die besten Sportler der Welt wollten sich im Fitnessstudio gerade mal so sehr anstrengen wie irgendein Durchschnittstyp. Vielleicht sogar noch weniger. »Wenn wir gewusst hätten, wann die Saison beginnt ...« Hört auf damit. Welchen Unterschied macht das? Sie hätten sich in ihrer freien Zeit vorbereiten sollen, statt sich vorzunehmen, erst dann »wirklich« zu arbeiten, wenn die Saison beginnt. Man kann sich nicht in letzter Minute auf die Intensität einer NBA-Saison vorbereiten, besonders nicht auf eine, die kürzer als gewöhnlich ist und einem wenig Ruhepausen und Zeit zur Erholung gönnt. Ach, ihr habt nicht gewusst, dass der Terminplan straffer sein würde? Na und? Ihr hättet trotzdem vorbereitet sein sollen.

Einer, der nicht nach einer Abkürzung suchte, war Kobe. Mit seiner Verletzungsgeschichte und seiner langen Liste von Erfolgen wäre es ein Leichtes für ihn gewesen, sich im Sommer freizunehmen, sich auszuruhen und darauf zu warten, dass die Liga ihre Probleme löst. Stattdessen investierte er Zeit, trainierte hart und bereitete sich darauf vor, besser als je zuvor an den Start zu gehen. Als andere Spiele sich also ausruhten und nur einfache Übungen machten, die sie in keinster Weise auf die anstehenden mörderischen Monate vorbereiten würden, waren Kobe und ich in jenem Sommer und Herbst jeden Tag, oft zweimal täglich und manchmal noch abends, im Kraftraum.

Als die Saison am ersten Weihnachtstag endlich begann und andere Spieler noch ihre Form finden und ihre Wurftechnik koordinieren mussten, war er schon mental und physisch bereit. In den folgenden Monaten spielte er a) mit Knieschmerzen, b) mit gerissenen Gelenkbändern, c) mit einer gebrochenen Nase und d) mit einer Gehirnerschütterung, aber er verpasste kein einziges Spiel. Bis ihm jemand während des Spiels gegen die Hornets im April gegen das Schienbein trat, was ihn zwang, sieben Spiele auszusetzen und sich unfreiwillig auszuruhen, und ihn ultimativ den Titel als punkthöchster Spieler kostete. Bis zu dieser Verletzung hatte er nie darum gebeten, aussetzen zu dürfen, und nie nach einer Abkürzung gesucht. Niemand außer Kobe weiß, wie viel Schmerz und Unbehagen er aushalten musste, aber die harte Arbeit, die er schon investiert hatte, machte sich dennoch bezahlt, denn sein Körper erlaubte es ihm, da weiterzumachen, wo die meisten anderen Sportler schon aufgeben hätten.

Sie benötigen kein Talent, um hart zu arbeiten. Sie müssen es nur tun wollen. Ich könnte Ihnen zahlreiche Geschichten von Sportlern erzählen, die ein unglaubliches physisches Talent besitzen – Größe, Kraft, Athletik –, aber den Sport nur deshalb ausüben, weil ihre Talente sie dazu befähigen. Sie lieben ihn nicht oder mögen ihn nicht einmal, aber sie üben ihn aus, weil sie physisch so außergewöhnlich gut sind. Das führt dazu, dass sie nicht motiviert sind, mehr zu tun, weil ihnen das Endergebnis egal ist. Sie sind froh, bei einer Meisterfeier dabei sein zu können, aber wenn keine stattfindet, ist es ihnen auch egal.

Wenn man diesen Spielern vorschlägt: »Für das gleiche Honorar kannst du zu diesem Team wechseln, aber wahrscheinlich wirst du auf der Bank sitzen müssen, oder du kannst zu jenem Team gehen und jeden Tag spielen, aber dafür musst du zuerst 18 Kilo abnehmen und topfit sein«, ist die Antwort jedes Mal dieselbe: »Ich werde bei beiden Teams gleich bezahlt? Scheiß drauf, ich muss nicht topfit sein.«

Ich habe mal einen Spieler trainiert, der sehr gut in sein Team passte und dort sehr geschätzt wurde. Als sein Vertrag auslief, boten sie ihm 42 Millionen US-Dollar an, was wahrscheinlich 32 Millionen zu viel waren. Dann bot ihm ein anderes Team 48 Millionen US-Dollar. »Bitte«, habe ich damals zu ihm gesagt, »bleib, wo du bist. Du passt nicht in das andere Team, sie werden nicht wissen, wo sie dich einsetzen sollen, es wäre ein Fehler.« Natürlich hat er das Geld genommen und das Team gewechselt. Und diese zusätzlichen 6 Millionen haben ihn wahrscheinlich 20 Millionen gekostet, weil es – Überraschung! – im anderen Team nicht klappte und er sich selbst um eine lange und erfolgreiche Karriere betrog.

Wenn Sie Ihre Karriere auf der Bank eines guten Teams verbringen, können Sie mit einem schönen Bonus und einem Meisterschaftsring nach Hause gehen. Schön und gut. Wenn Ihnen das reicht, okay. Sie haben Ihr Geld im Sitzen verdient. Aber Geld alleine macht einen weder klug noch zu einem besseren Geschäftsmann und ganz sicher macht es einen nicht schöner. Meistens macht es einen weich und selbstgefällig und wiegt einen im Hinblick auf die Zukunft in falscher Sicherheit. Aber das fällt sicher sehr lange nicht auf, denn wenn du viel Geld hast, wirst du hofiert, und alle tanzen nach deiner Pfeife.

Bis dann das böse Erwachen kommt, wenn das Geld alle und die Party vorbei ist, sich alle dem nächsten Supertypen zuwenden und niemand mehr auf deine Mails oder Textnachrichten antwortet.

Und was passiert, wenn die Party zu Ende ist, wenn es Ihnen nur ums Geld geht, wenn das Ihr einziges Ziel ist? Denn sie wird irgendwann zu Ende sein, ob Sie es nun zugeben wollen oder nicht. Jemand anderes wird mehr verdienen, mehr tun und mehr sein als Sie, weil Sie sich nur zurückgelehnt und gesagt haben: »Schaut alle her, ich bin reich.«

Jeder kann mit irgendetwas beginnen. Aber nur wenige können es auch beenden. Prioritäten können sich ändern, wenn man sie nicht im Auge behält. Tut man dies nicht, ist es einem irgendwann egal, ob man noch konkurrenzfähig ist, und es wird einem wichtiger, mehr als andere zu besitzen. Statt beständig an der eigenen Laufbahn und an seinem Vermächtnis zu arbeiten, geht es nur noch darum, größere Häuser mit mehr Garagen zu besitzen und mehr Menschen zu Partys einzuladen. Schneller, als man denkt, landet man so auf der Abschussliste. Die eigenen Fähigkeiten nehmen ab und schon bald hat man keinen Job mehr.

Wenn man sich verpflichtet, hart zu arbeiten, sollte man wissen, worauf man verzichten muss, um seinen Job gut zu machen und Umstände zu kontrollieren, die einen von dieser Mission abhalten. Wenn Sie Erfolg haben, werden Menschen auf Sie aufmerksam, was Ihnen guttut, Sie befriedigt und Ihnen Privilegien verschafft. Aber glauben

Sie mir: Privilegien sind Gift für Sie, wenn Sie damit nicht umgehen können.

Das Leben ist voller Ablenkungen. Auf welche können Sie verzichten? Jedes Jahr ab September blendete Michael alles aus, was nicht mit Basketball zu tun hatte, und konzentrierte sich nur noch aufs Training. Sein Trainingsprogramm sah wie folgt aus: Krafttraining, in der Pause eine Runde Golf, Krafttraining, Mittagessen, eine Runde Golf, Krafttraining, Abendessen, schlafen. So ging das jeden einzelnen Tag. Keine Werbeshootings, keine Promotouren, keine Events. Nur Arbeit, denn er wusste, dass sein Erfolg das Ergebnis seiner harten Arbeit war. Werbeverträge für Sportschuhe und Werbespots machen einen noch lange nicht zur Ikone. Unaufhaltbar zu sein, macht einen zur Ikone. Und das wird man nur durch harte Arbeit.

Achten Sie auf sich. Wenn Sie am Ende Ihrer Karriere 180 Kilo wiegen und den ganzen Tag im Bett Kartoffelchips essen wollen, ist mir das egal. Aber momentan ist Ihr Körper Ihr wichtigstes Gut. Er allein ermöglicht es Ihnen, Ihren Job gut zu machen, Verträge an Land zu ziehen und Ihre Rechnungen zu bezahlen.

Ich werde jeden Tag pünktlich, motiviert und vorbereitet sein und das erwarte ich auch von Ihnen. Teilen Sie mir also bitte am Vorabend mit, wenn Sie ausgehen möchten und am nächsten Tag nichts leisten können, damit ich mich entsprechend darauf einrichten kann. Mir ist es wichtig zu wissen, ob etwas mit Ihrer Spieltechnik nicht stimmt oder ob Sie noch betrunken sind und nicht geradeaus schauen können. Vielleicht werde ich an dem Tag das Training etwas einfacher gestalten, aber das Versäumte holen wir dann an einem anderen Tag nach. Je mehr Sie mit mir kommunizieren, desto bessere Ergebnisse kann ich für Sie erzielen. Aber sagen Sie die Wahrheit und fassen Sie sich kurz. Sagen Sie einfach: »Ich fühle mich heute beschissen.« Gut. Ich hab's kapiert. Keine weiteren Erklärungen bitte. Wenn ich welche benötige, werde ich Sie danach fragen. Wenn ich denke, dass Sie gerade ernsthaft Mist bauen, werde ich es Ihnen sagen. Ansonsten: Geben Sie mir das Gefühl, dass Ihnen Ihre Karriere am Herzen liegt. Dann wird sie mir auch am Herzen liegen.

Seien Sie professionell. Das habe ich an Michael so bewundert, als er damals um seinen Vater getrauert hat. Nach der Beisetzung war er wieder voll da und hat getan, was er tun musste, und das auf einem noch höheren Niveau. Als Dwyane eine hässliche Scheidung und einen noch hässlicheren Sorgerechtsstreit durchstehen musste, erschien er trotzdem jeden Tag, weil er eben ein Profi ist. Hier ein weiteres Cleaner-Gesetz: Wenn Sie gerade großen Schmerz erleiden, verstecken Sie sich nicht. Erscheinen Sie gut vorbereitet zur Arbeit, stellen Sie sich allen Widrigkeiten, jedweder Kritik sowie allen, die über Sie urteilen. Betreten Sie die Zone und liefern Sie Bestleistungen, besonders wenn jeder von Ihnen das Gegenteil erwartet. Das nennt man professionell sein.

Es ist hingegen gar nicht professionell, seinen Körper und seine Fähigkeiten zu vernachlässigen. Jedes Jahr führe ich mit frustrierten Geschäftsführern oder Agenten Gespräche über irgendeinen jungen Spieler, der gerade seine ganze Zukunft wegwirft, weil er das nicht verstanden hat. Man hört ihn darüber reden, dass es zu teuer und auch zu anstrengend sei, im Sommer zu trainieren, und dass er die Nebensaison zur Erholung brauche. Stattdessen sollte er Zeit und Energie darin investieren, seine Fähigkeiten und seine Kondition zu verbessern, damit er es in der Liga schafft. Er fährt einen Wagen, der 150.000 US-Dollar gekostet hat, trägt eine zehn Pfund schwere Diamantuhr am Armgelenk und eine dicke Goldkette wie eine Boa Constrictor um den Hals. Aber er hat nicht kapiert, dass ihm eine Investition von 10.000 US-Dollar weitere 10 Millionen US-Dollar garantieren. Tut mir leid, wenn man gewinnen will, gibt es keine Nebensaison. Aber, hey, Sie können die Nebensaison auch permanent genießen, wenn Sie möchten. Der Fall tritt nämlich ein, wenn Sie aus dem Team fliegen.

Tun Sie, was nötig ist. Es gibt kein größeres Privileg auf der Welt als der Druck, sich durch Leistung hervortun zu können, und keine größere Belohnung als der Respekt derjenigen, die Sie ehrfürchtig anstarren.

1. WENN SIE EIN CLEANER SIND …

… wollen Sie lieber gefürchtet als gemocht werden.

Ein Cooler behält seine Meinung für sich.
Ein Closer sagt, was er denkt,
aber nur hinter deinem Rücken.
Ein Cleaner sagt dir seine Meinung direkt ins Gesicht,
egal, ob dir das gefällt oder nicht.

Miteinander konkurrierende Spieler auf dem Spielfeld zu beobachten, fasziniert mich immer wieder, besonders wenn Neid und wettkämpferische Verbissenheit sichtbar werden. Da ich mir schon zigtausend Basketballspiele angesehen habe, weiß ich, wenn ein Spieler in einem All-Star Game oder bei den Olympischen Spielen ins Aus gedrängt wird, weil andere Spieler sich gegen ihn verschworen haben und ihm den Ball nicht zuspielen, obwohl Spielplan und Trainer etwas anderes vorgesehen haben.

Das sind keine Cleaner. Ein Cleaner will dich besiegen, wenn du Bestleistungen zeigst, und nicht, wenn du ohne Ball dastehst. Einen Spieler auszugrenzen, ist kleinkarierter Bullshit. Meistens machen so etwas jüngere Spieler, die erste Erfolge hatten und dem Häuptling jetzt zeigen wollen, dass der Stamm jetzt das Kommando übernimmt.

Irgendwie ist es aber auch amüsant, denn eigentlich sollte man für seinen Auftritt im Rampenlicht weder die All-Star Games noch die Olympischen Spielen wählen, bei denen der Konkurrenzkampf doch eher fragwürdig ist. Aber wenn jemand meint, dies sei der beste Weg, um bewundert zu werden, dann sollten er oder sie tun, was sie nicht lassen können.

Aber Gott behüte, wenn man einen echten Cleaner ins Aus drängen will. Er wird sofort bemerken, was man vorhat, und es nie vergessen. Wenn man der Beste der Besten ist, gibt es immer jemanden, der so gut sein will wie man selbst. Cleaner sehen anderen gerne bei dem Versuch zu.

Cooler werden gemocht.
Closer werden respektiert.
Cleaner fürchtet man und
respektiert sie dafür, dass sie
genau das tun, weswegen man
sie fürchtet.

Ein Cleaner bewegt sich geräuschlos wie ein Panther – daher weiß man nie, wann er auftaucht und was er vorhat. Man sieht und hört ihn nicht kommen. Vielleicht weiß man noch nicht mal, wer er ist. Aber wenn er will, dass Sie auf ihn aufmerksam werden, stürmt er ohne Vorwarnung auf Sie zu. Man hat keinen blassen Schimmer, was da gerade passiert, und bis man sich wieder von dem Angriff erholt hat, ist es ohnehin zu spät, darauf zu reagieren.

Cleaner interessiert es nicht, ob sie gemocht werden oder nicht. Aber sie werden alles dafür tun – und das erfolgreich –, damit man sie fürchtet.

Wie fühlt es sich an, wenn man nicht weiß, was passiert? Man wird nervös und ist abgelenkt … man schaut über die Schulter, macht sich Gedanken und ist beunruhigt. Wenn ich will, dass sich jemand an mich erinnert, flüstere ich jemand anderem etwas ins Ohr, während die betreffende Person zuschaut. Vielleicht teile ich ihm nur mit, wo wir nach dem Spiel essen gehen, aber jetzt fragt er sich, über was wir geredet haben, statt sich auf das Wesentliche zu konzentrieren. Damit hat man den anderen erfolgreich aus der Zone geworfen.

Möchten Sie derjenige sein, der beunruhigt ist, oder derjenige, der Unruhe stiftet?

Kobe, einer der besten Spieler aller Zeiten, hat anderen nie mitgeteilt, was er dachte oder plante. Er hat einfach gemacht, was er für richtig hielt. Er sorgte dafür, dass andere seinen nächsten Spielzug fürchteten.

Als Dwyane während des All-Star-Games Kobes Nase brach und ihm eine Gehirnerschütterung verpasste, wollte Kobe ihn persönlich sprechen, bevor er ins Krankenhaus eingeliefert wurde. Dabei ging es weder um Rache noch um Vergeltung oder darum, eine offene Rechnung zu begleichen. Nein, es ging um das Gesetz des Dschungels, um zwei Tiere, die sich instinktiv gegenüberstanden, und um den König der Löwen, der auf einen Stein kletterte, damit alle anderen Tiere sehen konnten, dass er immer noch der Herrscher des Dschungels war. Ein Blick, der sagt: »Ich habe hier immer noch das Sagen, du Arschloch.«

Furcht und Respekt muss man anderen durch Taten, nicht durch Worte oder Emotionen einflößen. Man muss nicht laut sein, um im Mittelpunkt zu stehen. Denken Sie nur an den Film *Der Pate*. Der Hauptdarsteller ist ein Cleaner par excellence und der Ruhigste im

Raum. Alle warten nur darauf, was er gleich sagen oder tun wird, aber er muss gar nicht sprechen, um seine Botschaft zu vermitteln.

Das gilt auch für Eltern, die ihren Kindern diesen gewissen Blick zuwerfen. Sie müssen keine Reden schwingen oder Predigten halten. Ein Blick und vielleicht ein paar Worte genügen. Damit ist alles gesagt. Totale Kontrolle. Furcht und Respekt.

Am lautesten sind diejenigen, die sich noch beweisen müssen und es nicht können. Ein Cleaner hat es nicht nötig, seine Anwesenheit zu verlautbaren. Dass er da ist, merkt man durch seine Ausstrahlung, immer cool und selbstsicher. Er hat es nicht nötig, anzugeben und damit zu prahlen, wie toll er ist. Er ist eher ruhig und konzentriert sich darauf, erfolgreich zu sein, weil nur das wichtig für ihn ist. Ein Dieb geht ja auch nicht in ein Geschäft und verkündet: »Ich raube jetzt den Laden aus!« Er geht ganz ruhig hinein und führt seinen Plan aus, bevor irgendjemand etwas bemerkt. Und er ist schon über alle Berge, bevor Sie feststellen, dass Ihre Uhr gestohlen wurde.

Wenn Menschen meinen, laut verkünden zu müssen, was sie in Zukunft tun werden und wie toll sie sind, zeigt es nur, dass sie selbst von ihrer Idee noch nicht überzeugt sind. Wenn Sie wissen, was Sie wollen, brauchen Sie nicht darüber zu reden. Reden ist Silber, Schweigen ist Gold.

Gerne führe ich dafür die Olympischen Spiele als Beispiel an. Seit der Dream-Team-Spiele 1992 in Barcelona bin ich mit vielen US-Basketballteams zu den Olympischen Spielen gefahren. Dort ist der Unterschied zwischen den Spielern, die von vorneherein nur an Ruhm und Bestätigung denken, und denen, die verstehen, dass man vorher erst noch *gewinnen* muss, allzu offensichtlich. Dafür sind die sozialen Netzwerke und die Sponsoren der Olympischen Spiele verantwortlich, die die Spieler schon vor ihrer Anreise promoten und damit den Hype um sie anheizen. Hinzu kommt, dass alle, die Mütter, die Väter, die Coaches, die Trainer, ja selbst die Ernährungsberater, auch im Rampenlicht stehen wollen.

Und mindestens ein Spieler kann meist der Versuchung nicht widerstehen, damit zu prahlen, wen er besiegen wird und wie viel er trainiert hat, um so gut zu werden. Aber am Ende kann er seinen Worten keine Taten folgen lassen, weil er sich mehr auf die Kameras fokussiert als auf seine Leistungen.

Ich bin mir ziemlich sicher, dass die meisten Menschen den Schwimmer Michael Phelps für seine Medaillen respektieren. Ich respektiere ihn noch mehr dafür, dass er die Medaillen für seinen Erfolg hat sprechen lassen. Während andere Schwimmer sich darüber ausließen, wie sie ihn vom Podest stoßen wollen, um sich die Goldmedaille zu holen, hat er sich selbst dazu nie geäußert. Als er bei einem Wettkampf in seinen Leistungen am Anfang nicht ganz so stark war, hieß es gleich, er sei »erledigt«. Daraufhin zog er sich noch mehr zurück, machte sich klar, worum es ging, und war danach in sämtlichen Wettbewerben unschlagbar.

Auf diese Weise schüchtert man seine Gegner ein, ohne ein einziges Wort zu verlieren.

Michael Jordan hatte die beste Einschüchterungstaktik, die mir je begegnet ist. Heute ist das nicht mehr möglich, aber damals spazierte er vor manchen Playoff-Spielen in die Kabine des gegnerischen Teams. Er tat meist so, als wolle er einen Kumpel begrüßen. Aber wer ihn kannte, wusste, dass dies nicht ernst gemeint war, denn Michael wollte nie jemanden begrüßen, erst recht nicht vor Spielbeginn. Das ganze gegnerische Team ist gerade gedanklich damit beschäftigt, dass es sich gleich mit dem amtierenden NBA-Champion, den Chicago Bulls, messen muss … und hereinspaziert kommt Michael Jordan. Egal, ob da junge oder erfahrene Spieler saßen: Wenn Michael Jordan den Raum betrat, wurde es plötzlich ganz still. Jeder hörte auf, das zu tun, was er gerade tat. Alle starrten ihn an und fragten sich, was er wohl vorhatte. Er blieb immer nur einen Augenblick, schüttelte seinem (vermeintlichen) Kumpel die Hand, nickte kurz in die Runde und verschwand so schnell, wie er gekommen war.

Wir gaben ihm damals den Spitznamen »schwarzer Kater«, weil er fast lautlos kam und ging.

Für ihn war die Sache damit erledigt. Aber die erstaunten Spieler des gegnerischen Teams konnten an nichts anderes mehr denken. Mission erfüllt. Mit dieser Taktik drang er in ihre Sphäre ein und schaffte es, dass sie sich gedanklich mit ihm auseinandersetzten. Das wiederum blockierte ihre Gedanken für das Wesentliche. Statt den Kopf frei zu haben, um in die Zone zu kommen und cool und fokussiert zu sein, zermarterten sie sich das Hirn über Nr. 23. Man sprach nur noch darüber, wie viele Punkte der große Michael Jordan wohl machen würde, wie viele er am Vorabend gemacht hatte, welche Anzüge er trug und welches Auto er fuhr. So wurden aus seinen Gegnern ehrfürchtige Fans.

Manche Spieler machten im Spiel am Abend vor der Begegnung mit Chicago vielleicht 20 Punkte, dann nur zwei Punkte im Spiel gegen die Bulls und wieder 20 Punkte am Tag danach. Das hatte wohl kaum etwas mit der guten Defensive der Bulls zu tun, denn die Leistung eines Spielers kann sich innerhalb eines Tages nicht so dramatisch verschlechtern. Und dennoch veränderte sich etwas, nämlich seine seelische Verfassung. Er dachte darüber nach, was es bedeutete, gegen einen Michael Jordan antreten zu müssen.

Wo immer Michael auftauchte, begegneten ihm die Menschen mit einer gewissen Furcht und mit Respekt. Man konnte es regelrecht spüren. Bei jedem Spiel ließ er sich etwas Neues einfallen und niemand wusste, was es sein würde. Er wusste es selbst nicht. Aber er sorgte dafür, dass man darauf wartete und sich fragte, was es diesmal sein würde. Er hat immer versucht, für das gegnerische Team und für die Zuschauer einen *Wow*-Moment zu erzeugen, manchmal sogar ein ganzes *Wow*-Spiel hinzulegen. In den letzten Jahren seiner Karriere, in denen er nicht mehr jeden Ball versenkte, hat er immer noch hier und da seine Genialität aufblitzen lassen, nur um anderen zu zeigen, dass er es noch draufhatte. Damit wollte er den anderen Spielern sagen: »Jetzt seid ihr dran.« Selbst als er zu den Wizards wechselte und alle sagten, seine Karriere sei am Ende, hat er es immer noch geschafft, den anderen einen Dolch ins Herz zu stoßen. *Nur weil ich es nicht tue, heißt es noch lange nicht, dass ich es nicht kann.*

Ein Cleaner erzeugt bei seinen Opfern gerne einen Anflug von Angst, damit sie über ihn nachdenken und wissen, dass er da ist. Das verschafft ihm einen gewissen Vorsprung vor anderen. Das gilt auch für Tiger Woods, weil jeder auf dem Golfplatz sich umdreht, um zu beobachten, wie sein nächster Spielzug aussieht. Bei jedem Turnier, bei jeder Runde und bei jedem Loch geht es nur um ihn. Jeder, auch seine Gegner, wollen nur eins wissen: »Was hat Tiger da gerade gemacht?« Aber als sich sein Spiel, geschwächt von Skandalen und Verletzungen, verschlechterte, hörten seine Gegner auf, über ihn nachzudenken. Seine Aura, die Angst und Respekt einflößte und ihn unaufhaltbar machte, war verflogen. Dadurch haben sich die physischen Fähigkeiten seiner Gegner zwar nicht verbessert, ihr mentaler Zustand jedoch schon.

Sportler verbringen so viel Zeit damit, sich physisch zu verbessern, dass sie manchmal vergessen, dass nicht nur um physische, sondern auch um intellektuelle und mentale Leistungen geht, wenn man anderen Respekt einflößen will. Was einen von anderen unterscheidet, ist die Art und Weise, wie man sich in allen Lebensbereichen verhält, und dass man Intelligenz, Klasse und Selbstkontrolle hat.

Bei meiner Arbeit geht es vor allem um den mentalen Vorsprung. Wenn ich mich mit einem Spieler streite, habe ich rein körperlich keine Chance. Ich bin circa 1,82 Meter groß und in der Regel fast doppelt so alt. Aber ich werde dennoch als Sieger hervorgehen, weil ich ihn mental schlagen kann. Natürlich trainiere ich nicht so hart wie die Spieler, weil ich das nicht muss. Ich muss nicht physisch auf ihrem Niveau sein, sondern ihnen mental etwas voraushaben. Ständig höre ich von jungen Trainern, wie fit sie körperlich sind und seit wie vielen Jahren sie schon trainieren. Super, herzlichen Glückwunsch. Das sind die Sportler, die diese Trainer anleiten möchten, aber auch und wahrscheinlich sogar noch viel fitter. Aber sind sie auch mental fit? Feilen sie an ihrer Trainingskunst, damit sie alle Techniken beherrschen, oder genügt es ihnen, ihren Bizeps zu zeigen und zu hoffen, dass ihnen das im Kraftraum Respekt verschafft? Die meisten Menschen denken, dass physische Fähigkeiten ausreichen. Das tun sie aber nicht.

MJ hat das besser als jeder andere verstanden. Er hat gewusst, dass seine Fans von ihm nicht nur ein gutes Basketballspiel erwarteten, sondern eine Performance sehen wollten. Damals hat man sich ein Spiel im alten Chicago Stadium oder im neuen United Center angeschaut, weil man wusste, dass einen ein ganz besonderes Spektakel bevorstand. Die Zuschauer machten sich damals schick und ließen sich nach einem teuren Dinner von einer Limousine vor das Stadion fahren. Und man dinierte früh, weil man keine Minute der Show verpassen wollte. Schon während der Aufwärmphase war jeder einzelne Platz besetzt, und jedes Mal, wenn Michael den Ball berührte, sah man 20.000 Kamerablitze. Damals war es sehr schwer, überhaupt an Eintrittskarten zu kommen, und jeder Abend ähnelte einer Oscar-Verleihung. Menschen, die normalerweise an Sport, den Bulls oder an Basketball überhaupt nicht interessiert waren, bezahlten Hunderte von Dollars, um bei einem Spiel der Bulls dabei zu sein. Alle wollten nur sagen können, dass sie Michael Jordan live gesehen hatten.

Für wie viele Sportler, egal in welcher Sportart, gilt das heute noch?

Und obwohl seine Leistung auf dem Spielfeld schon ausreichte, um ihm den Respekt zu verschaffen, von dem andere nur träumen können, fing die Performance bereits früh morgens an und endete erst, wenn er spätabends die Tür seiner eigenen vier Wände hinter sich schloss. Er kümmerte sich um die Eintrittskarten, damit er wusste, wo jeder, der für ihn wichtig war, saß. Er wusste, was seine Sponsoren von ihm erwarteten und wen er vor und nach dem Spiel treffen musste. Ihm war jedes noch so kleine Detail wichtig, angefangen von seiner Krawatte bis hin zu seinem Uhrenarmband, das farblich zu seinen Schuhen passte. Er trug keine Uhr, sondern einen »Zeitmesser« und fuhr ein »Automobil«. Sein Wagen musste immer frisch gewaschen sein, selbst wenn es regnete, sonst setzte er sich nicht ans Steuer. Aber warum war ihm das so wichtig? Weil er wusste, dass rund ums Stadion viele Menschen versammelt waren, die sich keine Eintrittskarte leisten und höchstens einen Blick auf ihn erhaschen konnten, wenn er ankam oder wegfuhr. Näher würden sie ihrem Idol nie kommen. Er war der einzige Spieler, der seinen Wagen direkt ins United Center fahren durfte, aber das tat er selten. Stattdessen parkte er vor dem Stadion und stieg aus, damit alle Fans ihn sehen konnten. Und egal, ob sein Team gewann oder verlor: Er blieb cool und gelassen, bis er zu Hause oder in seinem Hotelzimmer war und sich endlich entspannen konnte. Erst dann war die Show für ihn vorbei.

Ich rate meinen Jungs heute, ab und zu vor einem Spiel aus dem Auto auszusteigen, die Fans ein paar Bilder machen zu lassen und ein paar Autogramme zu geben. Das dauert keine 30 Sekunden, aber diese 20 Fans, die das erleben dürfen, werden schon bald 200 Fans sein und dann 2000 und alle werden begeistert davon berichten.

So verdient man sich Respekt. Man zeigt Spitzenleistungen, und zwar in jedem Bereich. Genau das macht einen nicht nur zu einem hoch dotierten Sportler, sondern zeugt von Klasse.

Einmal habe ich einen Spieler trainiert, dessen Team die Finals erreicht hatte. Ich wartete auf ihn in der Hotellobby des Teamhotels, um zur Halle zu fahren. Dabei bemerkte ich, dass alle Spieler, die aus dem Bus ausstiegen, durchweg schlecht gekleidet waren. Ich konnte es kaum fassen. Waren wir auf dem Weg zu den NBA-Finals kurz davor, einen Spirituosenladen zu überfallen? Wenn Michael Teil dieses Teams gewesen wäre, hätte er jeden Einzelnen aus dem Bus gezerrt und ihm befohlen, sich einen Anzug anzuziehen und eine Krawatte umzubinden. Es muss ja kein 3000-Dollar-Anzug sein, es reicht schon einer für 100 Dollar, aber man sollte wenigstens wie ein Mann aussehen und nicht wie ein Junge, der von der Schule geflogen ist.

Und dann stieg der Spieler, den ich damals betreute, aus dem Aufzug und sah noch schlimmer aus als die anderen. Er war der Star des Teams, ein sogenanntes Vorbild, und war angezogen, als wolle er gleich seinen Wagen waschen. Ich habe ihn damals beiseitegenommen und ihm Folgendes klargemacht: Das hier sind die Finals. Hierfür hast du hart gearbeitet. Du stehst gleich auf einer der größten Bühnen und jeder wird dich beobachten, deine Fans, deine Sponsoren sowie die Medien. Das hier ist die ultimative Gelegenheit, dich zu präsentieren. Was zum Teufel denkst du dir bei diesen Klamotten?

Aber er antwortete nur: »Keiner der anderen Jungs trägt einen Anzug. Ich muss ins Team passen. Mit Anzug falle ich auf.«

Sie ahnen wahrscheinlich schon, was jetzt kommt: So etwas würde ein Cleaner niemals sagen.

Er musste zum Team passen? Wirklich? Ich dachte, es gehe darum, sich von anderen abzuheben. All die harte Arbeit, um ein Superstar zu werden und die Messlatte höher zu hängen – nur um nicht aufzufallen? Wenn man an der Spitze steht, sollte man für andere ein Vorbild sein und sich nicht auf ihr Niveau herablassen. Man sollte Respekt verlangen, damit andere sich auf ein höheres Niveau begeben, nicht umgekehrt.

Es geht auch nicht darum, neue Freunde zu gewinnen. Man steht an der Spitze, weil man der Beste ist und keine Angst hat, dies auch zu zeigen. Und wenn das bedeutet, sich von anderen abzuheben, kann ich nur sagen: Gut gemacht! Denn nur dann hat man es richtig gemacht.

Kobe hat sich immer von anderen abgehoben. Er hat sich vor einem Spiel immer ganz allein warm geworfen, und zwar nie an demselben Korb, an dem die anderen übten. Die anderen Spieler respektierten das; das war seine Zone. Manchmal beschloss er, sich mit den anderen aufzuwärmen, aber das war dann seine Entscheidung; die anderen hätten das nie von sich aus vorgeschlagen. Das nennt man Respekt haben.

Als er sich 2012 die Schienbeinverletzung zuzog und einige Spiele aussetzen musste, saß er nicht, wie verletzte Spieler es normalerweise tun, in Sportklamotten auf der Bank, sondern er trug Designeranzüge und hielt ein Clipboard in der Hand ... man hätte ihn für den elegantesten Trainer in der Geschichte der NBA nach Chuck Daly halten können. So sticht man heraus und ist ein Vorbild für andere. Man zeigt, dass man nicht einfach ein verletzter Spieler ist, sondern ein Vollprofi.

Ich will nicht damit sagen, dass Sie andere vor den Kopf stoßen sollten. Aber seien Sie nicht überrascht, wenn es doch passiert. Cooler sind nette Menschen. Sie kompensieren ihre Unzulänglichkeiten im Wettbewerb damit, sympathisch zu sein. Cleaner haben das nicht nötig. Sie unterscheiden sich von ihren Teamkollegen, weil sie sich auf einem höheren Niveau bewegen. Wenn man sich auf sein Ziel konzentriert – auf seine Fähigkeiten –, fällt es schwer, sich gleichzeitig noch um andere zu kümmern. Es interessiert einen Cleaner vielleicht, wie es jemandem geht, aber er wird diese Person niemals anrufen, um sich nach ihr zu erkundigen. Falls er sie dennoch anruft, hat er ein bestimmtes Motiv. Cleaner nehmen sich keine Zeit für ein gemeinsames Mittagessen oder Smalltalk, da sie das von ihrem Ziel ablenkt. Ihr Ziel ist es nicht, von anderen gemocht zu werden, sondern das zu erreichen, was sie sich vorgenommen haben. Das ist nicht besonders hilfreich, um neue Freundschaften zu schließen oder sich alte zu bewahren. Aber es ist der einzige Weg, um wirklich kompromisslos zu sein.

Kobe ist selten mit Teamkollegen ausgegangen. Er hat lieber trainiert oder sich Videos von Spielen angesehen. Er wollte lieber respektiert werden, als neue Freunde zu gewinnen. Michael und Bird waren genauso. Sie haben sich immer auf einen kleinen Kreis von engen Freunden gestützt – nicht auf ihre Teamkollegen –, weil diese weder unterhalten noch beeindruckt werden mussten. Leute, die ihre Rolle verstanden und die gleichen Vorstellungen von Erfolg hatten wie ihr Freund.

Man kann nicht an die Spitze gelangen, ohne anderen auf die Füße zu treten, aber ein Cleaner weiß genau, wo er hintreten muss, ohne Fußabdrücke zu hinterlassen, weil man nie wissen kann, wann man jemanden noch braucht. Gefürchtet zu werden, heißt nicht, dass man ein Arschloch ist. Ich möchte, dass Sie sich so verhalten, dass man Sie respektiert, und kein unsicherer Idiot sind, der andere abkanzelt, um sich selbst besser zu fühlen. Jeder kennt Typen, die mit einem aufgeblasenen Ego herumstolzieren und viel heiße Luft verbreiten, aber dennoch nach der abgestandenen Luft eines Versagers riechen. Solche Menschen sind Blender, keine Cleaner. Sie schaffen es vielleicht, kurzfristig Menschen zu blenden, aber wenn es um Erfolge geht, kommt die Wahrheit ans Licht.

Cleaner verkünden nicht prahlerisch, wie sie jemand anderen geschlagen haben; sie lassen die Ergebnisse für sich sprechen. Glauben Sie, dass Teams froh darüber sind, wenn ein Spieler mich mitten in der Saison anruft, weil sein Team ihm nicht mehr helfen kann?

Nein, das sind sie nicht. Interessiert mich das? Nein. Das Endergebnis spricht für sich. Können Sie den Meisterschaftsring an seinem Finger sehen?

Ich möchte für meine herausragenden Leistungen anerkannt werden, für sonst nichts. Wenn Leute mich als Arschloch oder Idioten bezeichnen – und das tun sie –, zeigt mir das nur, dass ich mich auf einem Niveau befinde, das sie weder erreichen noch verstehen können. Das nennt man, anderen Furcht einflößen. Wenn andere Ihnen Beleidigungen an den Kopf werfen müssen, um Sie zu besiegen, haben Sie schon gewonnen, weil es bedeutet, dass sie nicht wissen, wie sie sich mit Ihnen messen sollen. Jetzt wissen Sie, dass Sie sie eingeschüchtert haben, und daraus können Sie ihnen jederzeit einen Strick drehen. Die Einzigen, die nicht eingeschüchtert sind, sind Menschen wie Sie. Lasst die Spiele beginnen! Zeig mir, was du draufhast.

Mir bedeutet es gar nichts, wenn Menschen mir sagen, dass sie mich »mögen«. Mögen ist für mich Durchschnitt. Etwas oder jemanden zu mögen, hinterlässt keinerlei Spuren, keine Hitze, einfach nichts, woran man sich erinnert. Es ist wie das Wort »nett« ... was so viel heißt wie: ganz okay. Aber es hat absolut gar nichts mit Respekt, Bewunderung und Vertrauen zu tun oder mit einer instinktiven Verbindung und der Einsicht, dass man auf der gleichen Wellenlänge ist und dieselben Ziele verfolgt.

Das größte Kompliment für mich ist, wenn jemand über mich sagt: »Er ist ein Arschloch, aber der beste Trainer, den ich kenne.« Danke sehr. Für einen Cleaner gibt es kein größeres Lob. Aber dann sollte man auch wirklich der Beste *sein*, sonst ist man wirklich nur ein Arschloch. Sind Sie der wirklich Beste oder tun Sie nur so?

Ein Cleaner-Gesetz lautet: Der Typ, der als gnadenloser Kämpfer verehrt wird, ist auch derjenige, den sein Umfeld mit großer Wahrscheinlichkeit als Arschloch bezeichnet. Wenn ich jemandem sage, er sei das größte Arschloch, das ich kenne, zeigt er gleich auf jemand anderen und sagt: »Der ist ein noch größeres Arschloch.« Nein, ist er nicht, und du hast nichts kapiert: Ich habe dir gerade ein Kompliment gemacht. Werte es als Zeichen, dass du etwas richtig gemacht hast, weil es dir weder um Freundschaft, um Mitgefühl noch um Loyalität geht, sondern nur darum zu gewinnen. Es interessiert dich nicht, was andere über dich denken. Du weißt, was sie über dich sagen, und das treibt dich noch mehr an. Sollen sie dich ruhig hassen. Das unterstreicht nur ihre Schwäche und ihre Gefühle und macht dich nur noch leistungsstärker. Du brauchst keine Freunde, deine Freunde brauchen dich. Du weißt, wem du vertrauen kannst … aber derjenige lässt dich besser nicht hängen.

1. WENN SIE EIN CLEANER SIND …

… vertrauen Sie wenigen Menschen … und die sollten Sie besser nicht hängen lassen.

Cooler haben Angst vor der Wahrheit,
weil sie damit nicht umgehen können.
Closer suchen nach der Wahrheit und sind verärgert,
wenn sie nicht zu ihren Gunsten ausfällt.
Cleaner spüren, wenn man sie belügt, und warten darauf,
dass die Wahrheit ans Licht kommt, weil sie wissen,
dass sie damit umgehen können.

Vor einigen Jahren habe ich mal mit einem Star zusammengearbeitet, der die wohl legendärste Entourage hatte, die mir je begegnet ist. Eine solide Entourage ist ein unvergesslicher Anblick. Im Grunde besteht sie aus ungelernten, unerfahrenen und unnützen Losern aus der ehemaligen Nachbarschaft des Stars oder sonst irgendwoher. Typen, die ohne Einladung auf einer Party auftauchen und sie nie mehr verlassen, immer auf der Suche nach einer herrenlosen Tussi oder einem Gratisdrink. Und diese Loser schleppen weitere Loser an, um denen zu zeigen, dass sie den Trick raushaben, sich auf Kosten anderer zu besaufen. Natürlich muss alles kostenlos sein, denn diese Typen haben ja keinen Cent in der Tasche.

Meine Jungs wissen, dass sie solche Typen nie mitbringen dürfen, wenn ich dabei bin, weil ich dann einfach zu einem der Typen hingehe und sage: »Erklär mir mal, warum du in den nächsten sechs Stunden hier abhängst, während wir hart trainieren. Geh und lies ein Buch, wasch das Auto oder hole die Wäsche aus der Reinigung. Oder mach dich am besten gleich vom Acker, weil du zu nichts nütze bist.« Technisch gesehen, ist das falsch, denn in einer Hinsicht sind sie sehr nützlich: Sie sagen den Superstars, wie toll sie sind, und dienen ihnen als PAK, als professionelle Arschkriecher. Eines Tages werde ich PAK-T-Shirts drucken lassen, diesen Typen zu ihrem Erfolg gratulieren und sie ihnen schenken; die tragen sowieso alles, was umsonst ist.

Wenn der Superstar sich jedoch verletzt, operiert wird oder einige Monate in der Reha verbringen muss, verschwindet die ganze Entourage über Nacht und begibt sich auf die Suche nach einem anderen Star, der ihnen Drinks spendiert.

Genau das passierte meinem besagten Spieler. An einem Tag war er noch von einer Entourage dankbarer Arschkriecher umgeben und schon am nächsten hatte er nur noch mich und die Eistonne. Auf einmal gab es keine Anhängerschar mehr, niemand hat ihm mehr den Hintern geküsst und niemand hat ihm mehr gesagt, er sei der Größte. Für jemanden, der es gewöhnt ist, Ansagen zu machen und alle nach seiner Pfeife tanzen zu lassen, ist es nicht leicht, die Kontrolle aus der Hand zu geben. Er ist daran gewöhnt, den Trainern zu sagen, was er zu tun gedenkt und was er nicht tun wird, und jetzt muss er mir vertrauen, diese Entscheidungen für ihn zu treffen.

Berühmte Spieler kommen mit ihren Sperenzchen bei den Konditionstrainern und Physiotherapeuten des Vereins durch, weil sie wissen, dass sie es mit Angestellten zu tun haben, die ihren Job auf keinen Fall gefährden wollen und die normalerweise nicht die Autorität haben, Spieler zu etwas zu zwingen, was diese nicht tun wollen. Diese Trainer liegen mir damit ständig in den Ohren: »Wir haben versucht, es so zu machen, wie du es gesagt hast, aber er weigert sich einfach.« Nein, ihr habt es nicht geschafft, ihn dazu zu *bringen*. Wenn ein Spieler das bei mir versucht, ist unsere Zusammenarbeit von kurzer Dauer. Er kann gerne seinen eigenen Ruf zerstören, aber nicht meinen.

Unsere Beziehung muss auf Vertrauen basieren, sonst hat es keinen Sinn. Ich führe ein strenges Regime in Bezug auf die Heilung ganz spezifischer Verletzungen und es funktioniert prima. Meine Kunden müssen mir aber ihr volles Vertrauen schenken, meine Regeln befolgen oder wir vergeuden nur Zeit. Und die Regeln besagen, dass sie so lange nicht spielen, bis ich genau weiß, dass sie dazu bereit sind. Diese Entscheidung treffe ich basierend auf meinen Erfahrungen und nicht basierend auf ihrem Ego oder ihrer Ungeduld, weil sie wieder aufs Spielfeld wollen.

Ein Spieler glaubte mal, es besser zu wissen, weil andere ihm dies ständig sagten. Er humpelte nach einer Woche Reha auf mein Basketballfeld und verkündete mir fröhlich, wieder spielen zu können. »Ich kenne meinen Körper«, sagte er. »Ich bin gesund, ich kann wieder spielen.«

Ach wirklich? »Hör zu«, antwortete ich ihm, »wenn du wieder fit werden willst, wirst du in den nächsten drei Wochen kein Basketballfeld betreten. Du wirst zunächst mit Gewichten und der Unterwassertretmühle trainieren und all das tun, was wir dir sonst noch vorschlagen, bis wir genau wissen, dass du so weit bist. Erst dann werden wir dich langsam wieder auf den Platz lassen. Ich habe dir den Plan ja gleich am Anfang erklärt. Wir werden auf keinen Fall davon abweichen.«

»Mann, du kannst mich nicht vom Spielen abhalten«, blaffte er zurück.

»Meinst du das ernst?«

»Ja.«

Einen Moment lang starrten wir uns nur wütend an. Einige dieser Spieler sind 30 Zentimeter größer als ich. Sie könnten mich locker quer durch den Raum werfen. Aber wenn einer das je wagen sollte, sorgt er besser dafür, dass ich tot bin, denn wenn ich wieder aufstehe, werde ich Dinge mit ihm veranstalten, die er sich in seinen kühnsten Träumen nicht vorstellen kann.

»Prima«, sagte ich, »dann ist heute dein letzter Tag hier. Ich kann dich nicht wieder fit machen. Ich verlange nur drei Dinge, wenn jemand mit mir zusammenarbeiten will: Sei pünktlich, arbeite hart und hör mir zu. Wenn du das nicht willst, kann ich dir nicht helfen. Dann verschwendest du nur dein Geld und bezahlst mich für einen Job, den ich nicht machen kann.« Dann ging ich weg und ließ ihn mit dem Ball in der Hand einfach stehen.

Glauben Sie mir, ich verstehe den Druck, der auf den Spielern lastet. Die Medien sind hinter ihnen her, um herauszufinden, wie es ihnen geht, das Team versucht derweil, den Schaden zu begrenzen, der Agent gerät ins Schwitzen, die Familie flippt aus, die Sponsoren möchten, dass man bis zum Ende des Monates wieder fit ist und um die Welt reist, und außerdem hat man noch Hypotheken auf fünf Häuser und sieben Autos abzuzahlen. Jeder will wissen, ob er in Zukunft weiter von ihnen profitieren kann. Das ist schon ein gehöriger Druck.

Aber ich konfrontiere sie trotzdem mit der Wahrheit.

An dem Tag sah ich den Spieler nicht mehr. Aber am Abend klingelte mein Telefon: »Okay, wir machen es so, wie du es für richtig hältst.« Und von da an gab es keinen Tag, an dem er nicht pünktlich erschien, nicht hart arbeitete und mir nicht zuhörte.

So verhält sich ein Champion. Er erkannte, wem er vertrauen konnte, und sah ein, dass er nicht die Antworten auf alle Fragen wusste. Denn er wusste, was auf dem Spiel stand, wenn er so tat, als würde er die Antworten kennen.

In der Welt der Cleaner ist man weg vom Fenster, wenn man nicht vertrauenswürdig ist. Ein Cleaner kann sich nur auf wenige Menschen verlassen, und wenn man einer dieser Menschen ist, hat man es sich verdient. Wenn man es nicht ist, sollte man vorsichtig sein. Ein Cleaner vergibt und vergisst nie.

Aber ehrlich gesagt, sollte man generell vorsichtig sein. Man kann darauf vertrauen, dass ein Cleaner seinen Job sehr gut macht. Aber wenn sein nächster Job es erfordert, dich fertigzumachen, macht er dich fertig.

Ich habe nie gesagt, ein Cleaner sei ein Vorzeigebürger. Ich habe gesagt, dass er auf jeden Fall Ergebnisse erzielen will. Wenn ihn das in Ihren Augen zu einem schlechten Menschen macht, kann er damit leben, weil es ihn nicht interessiert. Sie müssen ihn nicht mögen. Sie müssen nur darauf vertrauen, dass er das zu Ende bringt, was er einmal begonnen hat.

Wenn Sie selbst ein Cleaner sind, denken Sie wahrscheinlich: »Vertrauen? Rat? Ich vertraue niemandem und ich möchte auch keinen Rat.«

Aber lesen Sie bitte weiter, weil das, was jetzt kommt, für Sie wichtig ist. Und wenn Sie noch kein Cleaner sind, sollten Sie ebenfalls weiterlesen. Wir sprachen schon davon, wie wichtig es ist, seinen Instinkten zu vertrauen, um Entscheidungen zu treffen, und dazu gehört auch zu wissen, wem man vertrauen kann oder ob man überhaupt jemandem vertrauen kann. Um Erfolg zu haben, muss man erkennen, wer einem helfen kann, dahin zu kommen, wo man hinwill, und wer das Beste aus einem herausholt. Sie müssen sich mit Menschen umgeben, die auf Ihrem Niveau operieren. Sie können weder großartig noch unaufhaltbar sein, wenn Sie das nicht schaffen. Für einen Cleaner ist das wahrscheinlich das Schwerste.

Wenn Sie ein Cleaner sind, wissen Sie wahrscheinlich, dass Leute Sie meinen, wenn sie sagen: »An der Spitze ist es einsam.«

Wenn man so lange und so hart wie Sie daran gearbeitet hat, seine Kunst zu beherrschen, sich auf jedes Detail konzentriert und sich Möglichkeiten überlegt hat, für sich und andere neue Maßstäbe für Spitzenleistungen zu setzen: Wer kann einem dann noch Ratschläge geben, wie man sich verbessern kann? Wer kann überhaupt mehr wissen als Sie? Wie viele Menschen können nachempfinden, was Sie geleistet haben und was Sie noch leisten möchten?

Für Cleaner ist es schwer, anderen Menschen zu vertrauen, weil das Kontrollverlust bedeutet. Damit tun sie sich sehr schwer. Cleaner haben alle irgendwann in ihrem Leben gelernt, sich nur auf sich selbst zu verlassen. Vielleicht haben sie diese Lektion in ihrer Kindheit gelernt oder auch später im Leben. Auf jeden Fall waren sie gezwungen, sich auf die Macht ihres Bauchgefühls zu verlassen. Sie haben erkannt, dass ihr Überleben und ihr Erfolg davon abhängen, nie die Hände vom Steuer zu nehmen. Lässt man jemand anderen fahren, übernimmt er die Kontrolle darüber, wo man hinfährt und wie man dorthin kommt. Aber ein Cleaner sitzt nicht gern auf dem Beifahrersitz, es sei denn, er ist sich hundertprozentig sicher, dass er dem Fahrer vertrauen kann. Er weiß aber auch, dass es eine Menge schlechter Fahrer gibt.

Vertrauen zu jemandem zu haben, muss aber nicht gleich heißen, die Kontrolle abzugeben und anderen zu erlauben, Entscheidungen für einen selbst zu treffen. Michael hat immer darauf bestanden, seinen Verpflichtungen selbst nachzugehen. Er hat nie darauf gewartet, dass irgendein Security-Typ, ein Fahrer, ein Stylist oder ein Ticketmanager Angelegenheiten für ihn regelt, sondern er hat sich immer selbst um alles gekümmert. Ich bin immer wieder erstaunt, wenn ich Superstars sehe, die völlig hilflos sind und alle Aufgaben auf andere übertragen. Am Ende wundern sie sich dann, dass sie nicht die Ergebnisse erzielen, die sie erzielen wollten.

Es liegt in Ihrer Verantwortung, sich mit Menschen zu umgeben, die herausragend sind, und diese zur Rechenschaft zu ziehen, was eine besondere Herausforderung darstellt, wenn man sehr erfolgreich ist. Jeder möchte nämlich ein Stück vom Kuchen abhaben. Man muss vorsichtig sein bei der Entscheidung, wen man nah an sich heranlässt und wer sich besser einen anderen Job suchen sollte.

Ein Cleaner überträgt die Verantwortung nicht einfach auf andere und sagt: »Hier, das kannst du erledigen.« Viel zu riskant. Er wird dich erst testen, 15 Minuten oder 15 Jahre lang, so lang wie eben nötig. Dabei wird er sehr genau beobachten, wie du reagierst, wie du arbeitest und dich benimmst, und erst dann entscheiden, ob deine Motive und Methoden seinem Standard entsprechen. Vielleicht braucht er dich nicht sofort, aber wenn er jemanden braucht, muss er wissen, auf wen er schnell zugreifen kann. Und wenn man sich als würdig erwiesen hat, erhält man einen Anruf. Wenn nicht, hat man Pech gehabt.

Für einen Cleaner sind Menschen wie Werkzeuge, alle haben einzigartige und unverzichtbare Eigenschaften. Ein Hammer kann etwas zerstören oder etwas bauen; ein Messer in den falschen Händen kann einen töten, aber ein Messer in den Händen eines Arztes kann einen heilen. Einen Schraubenschlüssel benutzt man für etwas anderes als eine Bohrmaschine. Nur die Werkzeuge, die man sich aussucht, und die Fähigkeit, sie maximal einzusetzen, machen einen zu dem, der man sein möchte.

Dieses Talent haben Cleaner. Sie umgeben sich mit den bestmöglichen Ressourcen, setzen sie genau da ein, wo sie sie brauchen, und bewegen sie, wenn nötig, dahin, wo sie ihnen in bestimmten Situationen am besten helfen können. Cleaner sind sehr gewissenhaft darin, die wichtigsten Personen richtig einzusetzen. Sie lassen sich viel Zeit damit, das ideale Team zusammenzustellen, aber wenn sie es dann endlich haben, sorgen sie dafür, dass das Team sich nicht verändert.

Denken Sie an die erfolgreichsten Menschen, die Sie kennen. Sie haben ein Gespür dafür, was funktioniert, und probieren so lange etwas aus, bis es funktioniert. Cleaner verändern nichts um der Veränderung willen. Was passiert, wenn man etwas umstrukturiert oder umkrempelt? Man erhält zufällige, unvorhersehbare Ergebnisse. Wenn jemand sein Team ständig verändert, liegt das Problem zumeist nicht an den Personen, die ersetzt werden, sondern eher an der Person selbst, weil sie nicht weiß, was sie braucht oder will.

Ich kenne viele Sportler, die ständig Berater, Manager, Trainer oder Assistenten wechseln, weil sie von der Familie unter Druck gesetzt werden, den Schwager für einen Job einzustellen, dem er nicht gewachsen ist. Oder sie lassen einen alten Freund die Buchhaltung machen, um Geld zu sparen. Aber schon bald kooperiert keiner mehr mit dem anderen, alle sind verärgert und genervt, und statt den Spieler zu entlasten, damit er sich auf seinen Job konzentrieren kann, der alle unterhält, muss er sich jetzt um Personalprobleme kümmern. Ich sehe mir dieses unvermeidbare Chaos dann an und denke: »Es ist dein Geschäft. Was machst du da?« Das ganze Team muss ein gemeinsames Ziel haben, damit das Endergebnis zusammen erreicht werden kann; individuelle Prioritäten sind hier fehl am Platz. Ein gutes Team kümmert sich um alles: Soll er hier auftreten oder zu jener Veranstaltung gehen, soll er im Kraftraum trainieren oder lieber erst gesund werden? Ein Cleaner muss wissen, dass sein Team hinter ihm steht und keine anderen Absichten verfolgt als er selbst. Wenn Sie der Beste sind, möchten Sie auch die Besten um sich haben, und jeder muss sein Bestes geben.

Um einen Cleaner gut aussehen zu lassen, muss man den Mut haben, ihm die Wahrheit zu sagen, selbst wenn er sie nicht hören will.

Wenn jemand sagt: »Ich sollte mich mit positiven Menschen umgeben«, lache ich nur. Wissen Sie, was das eigentlich bedeutet? *Ich möchte mich mit Menschen umgeben, die mir ins Gesicht lügen, damit ich mich besser fühle.* Mich kann man nicht dazu verleiten, Lügen zu erzählen, denn mein Job ist es, Menschen die Wahrheit zu sagen, egal, welche Konsequenzen dies für mich hat. Und wenn sich das jetzt gefühllos und hart anhört, ist mir das egal. Genau diese Eigenschaft hat mich zu einem hervorragenden Coach gemacht.

Ein Spieler ist von vielen Menschen umgeben, die ihm alle Ratschläge geben. Wie kann ich es also schaffen, dass er auf mich hört? Was hat er nie in Erwägung gezogen, was macht den Unterschied aus? Wie kann ich dafür sorgen, dass dieser eine Punkt aussagekräftiger ist als all die Dinge, die er schon hundertmal gehört hat?

Noch einmal: Die Wahrheit ist einfach.

In der Halbzeitpause traf ich Kobe manchmal im Tunnel, kurz bevor die zweite Halbzeit begann. Ich redete, er hörte zu. Das Ganze dauerte keine 15 Sekunden. Was ich ihm sagte, ist vertraulich, aber Sie können Gift darauf nehmen, dass es die Wahrheit war.

Für gewöhnlich gebe ich den Jungs ein paar Phrasen an die Hand oder eine Idee, die sie aufhorchen lässt. Das ist eigentlich schon alles. Dann lasse ich sie allein darüber grübeln. Auf diese Weise ist es am Ende ihre Idee und nicht meine.

So war auch meine Beziehung zu Dwyane. Nach seiner Knie- und Schulteroperation im Jahr 2007 schickte ich ihn wieder nach Miami, weil er wieder spielen konnte, blieb aber in engem Kontakt mit den Trainern der Miami Heat, um sicherzustellen, dass er in der Spur blieb. Eines Tages erhielt ich einen Anruf: Ob ich nach Miami kommen könne, um mit Dwyane zu reden. Na klar. Als ich dort ankam, erklärten mir die Trainer, sie wollten, dass Dwyane A, B, C und D mache. Okay, kapiert. Lasst mich mit ihm reden. Ich setzte mich also mit Dwyane zusammen und erklärte ihm: Du musst A, B und C machen. Vergiss D. Okay? Okay. Ich habe nur acht Minuten mit ihm gesprochen. Dann stieg ich wieder ins Flugzeug und flog nach Hause. Am nächsten Tag erhielt ich wieder einen Anruf: »Super, er hat A, B und C gemacht!« Natürlich hat er das. Das nennt man Vertrauen. Ich muss nicht im Mittelpunkt stehen, ich will nur meinen Job machen und dann wieder abrauschen. Wenn ich ihn richtig mache, bin ich immer in der Nähe, ohne dass man mich überhaupt wahrnimmt.

Die Wahrheit ist einfach. Sie erfordert weder Erklärungen, Analysen, Rechtfertigungen noch Ausreden; sie besteht nur aus einer einfachen Aussage, die keinen Zweifel aufkommen lässt. Man kann sie aus jedem Winkel betrachten, sie ans Licht halten, sie umdrehen, zerschneiden oder mit der Axt zerschlagen ... aber sie bleibt dennoch die Wahrheit. Wirklich erfolgreichen Menschen sagt man nicht oft die Wahrheit. Assistenten, Sicherheitspersonal und Professionelle Arschkriecher legen sich mächtig ins Zeug, um zum inneren Kreis zu gehören, und ziehen es daher vor, mit der Wahrheit zu jonglieren, höfliche Meinungsäußerungen von sich zu geben und geschwollene Komplimente abzusondern, um ihren Chef glücklich zu machen.

Aber ein Chef muss nicht immer glücklich sein. Manchmal muss man ihm die Wahrheit an den Kopf werfen. Du willst die wichtigste Person in seinem inneren Zirkel sein? Dann sei mutig, schau einem Cleaner in die Augen und sag ihm, was andere sich nicht zu sagen trauen. Vielleicht wird er nicht gerne hören, was du zu sagen hast, und vielleicht mag er dich auch nicht, weil du ihm die Wahrheit gesagt hast, aber ein echter Cleaner weiß, wann man ihm Mist erzählt und wann man ihm die Wahrheit sagt. Und wenn er später darüber nachdenkt, wem er vertraut, wird er an dich denken.

Aber wenn ich ehrlich zu Ihnen sein soll, müssen Sie es auch zu mir sein. Wenn ich eine Frage stelle, kenne ich die Antwort schon. Und ich werde Sie so lange weiter befragen, bis Sie mir die Wahrheit sagen.

Hast du viel getrunken?

Nein.

Du hast nicht getrunken?

Nein.

Dein Körper reagiert aber so, als hättest du getrunken.

Nein.

Wie oft trinkst du?

Ich trinke n–

Reden Sie nicht weiter, ich kenne die Antwort schon. Was Sie jetzt brauchen, ist ein 30-Tage-Programm. Wenn Sie es nicht absolvieren, ist Ihre Karriere zu Ende. Das wollen Sie nicht? Okay, das ist Ihre Entscheidung, aber Sie brauchen es.

Sie können die Lage nicht verbessern, wenn Sie nicht damit aufhören, sie zu verschlechtern. Das gilt gleichermaßen im Geschäftsleben wie im Sport. Jedes Jahr bitten mich Trainer, Agenten und Geschäftsführer um meine Meinung und ich freue mich darüber, dass sie sie schätzen. *Kann er schon wieder spielen?* Nein. *Aber hast du gesehen, was er da gemacht hat?* Nein. *Aber wenn wir ihn wieder gesund machen* ... Nein. Ich erspare ihnen finanzielle Ausgaben, Kummer und Sorgen: Er kann nicht spielen.

Wenn die Antwort Nein ist, sagt ein Cleaner auch Nein; er versucht nicht, etwas zu beschönigen oder in schöne Worte zu packen. Keine Ausreden und keine weiteren Erklärungen. Erklärungen würden bedeuten: »Ich war mir nicht ganz sicher, aber dann habe ich lange nachgedacht und bin zu einer Entscheidung gekommen und jetzt bin ich mir ziemlich sicher. Ich hoffe, du kannst das verstehen.« Und falls man doch etwas erläutern muss, sollte man wissen, dass man damit die Tür für weitere Diskussionen aufstößt, denn wenn der andere die eigene Unsicherheit merkt, wird er versuchen zu verhandeln. *Nein* heißt: die Tür ist zu, Ende der Diskussion. Wenn jemand Sie bittet, etwas zu tun, das Sie nicht tun möchten, und Sie fangen an, sich zu rechtfertigen, wird derjenige sich mit Ihrem Nein nicht zufriedengeben. Geben Sie keine Erklärungen ab und suchen Sie nicht nach Ausflüchten. Die Wahrheit ist in einem Satz gesagt. Einfach und direkt. Eine Frage, eine Antwort.

Ein Spitzenniveau zu erreichen, bedeutet, nach diesen Antworten zu suchen, und nicht, den einfachen Weg zu beschreiten. Es bedeutet, nach der Wahrheit zu suchen, sie zu akzeptieren und sich, wenn nötig, anzupassen. Es kommt sehr oft vor, dass Spieler viel zu früh wieder auf dem Spielfeld stehen und sich dann noch schwerer verletzen. Meistens hat der Mannschaftsarzt genau gewusst, was er tat, und der Spieler geriet entweder in Panik, hat ihm nicht vertraut oder hat auf den schlechten Rat anderer gehört, die nicht wissen, wovon sie reden. Deinem Rücken geht es besser? Das ist super. Aber was ist mit den Verletzungen, die in Zusammenhang mit deinem Rücken stehen? Willst du dich auch um sie kümmern? Oder sollen wir damit warten, bis du dich in zwei Wochen wieder verletzt hast?

Sportler sind von unzähligen Experten umgeben: von Trainern, Physiotherapeuten, Ärzten, Agenten, Beratern, Ehefrauen, Eltern und natürlich den Arschkriechern. Jeder von ihnen gibt seinen Senf ab. Wenn ein Spieler dann endlich bei mir landet, hat er den Kontakt zu seinen ureigenen Instinkten verloren, und wenn ich ihm erkläre, was wir tun werden, um sein Spiel wieder zu verbessern oder seinen Körper zu heilen, hört er von mir Dinge, die ihm noch nie gesagt wurden. Ich weiß, dass meine Methoden wirksam sind. »Lass mich mal machen«, sage ich ihm. Das fällt einem Sportler, der daran gewöhnt ist, dass alle nach seiner Pfeife tanzen, und der immer das tut, was er will, aber sehr schwer.

Ganz gleich, ob Sie Sportler, Unternehmer, Rockstar oder gerade erst ins Berufsleben eingetreten sind: Sie sollten sich immer darüber im Klaren sein, wovon Sie Ahnung haben und wovon nicht. Meistens möchten wir mit der Wahrheit gar nicht konfrontiert werden, selbst wenn wir jemanden um Rat bitten. Eigentlich möchten wir nur, dass uns jemand beipflichtet. Besser ist es jedoch, offen für die Vorschläge anderer zu sein, auch wenn sie nicht der eigenen Meinung entsprechen.

Hier ein weiteres Cleaner-Gesetz: Umgeben Sie sich mit Menschen, die Sie bei Ihrem Erfolg unterstützen und die wissen, was nötig ist, um erfolgreich zu sein. Menschen, die ihren eigenen Träumen nicht nachgehen, werden Sie wahrscheinlich auch nicht dazu ermutigen, den Ihren nachzugehen. Die erzählen Ihnen nur all das Negative, das sie sich selbst immer erzählen.

Cleaner vertrauen nur sehr wenigen Menschen. Sie folgen lieber ihren Instinkten und klären die Situation später lieber selbst, falls sie unrecht hatten, als jemand anderem zu vertrauen und sich dann dafür in den Hintern zu beißen, dass sie nicht auf Bauchgefühl gehört haben. Wenn ein Cleaner etwas vermasselt hat, will er lieber selbst daran schuld sein, als auf den schlechten Rat eines anderen gehört zu haben.

Hat ein Cleaner jedoch Vertrauen zu dir, wird er dich in Ruhe deinen Job machen lassen, ohne dich zu kritisieren oder sich einzumischen, besonders, wenn du selbst ein Cleaner bist, denn im Grunde ist er nur an den Ergebnissen interessiert. Wie du sie erreichst, ist ihm egal, Hauptsache, du machst deinen Job.

Aber zuerst muss er dir vertrauen.

Michael und sein Trainer Phil Jackson waren beide sehr ausgeprägte Cleaner. Michael hat Phil vertraut und ihn seinen Job machen lassen und Phil hat Michael vertraut. Phil riet ihm zum Beispiel: Fang mit der Triangle Offense an und tu dann, was du tun musst, aber spiel sie, damit es wenigstens so aussieht, als würden wir *irgendeine* Spielstrategie anwenden. Michael absolvierte ein paar Spielzüge wie gewünscht, aber dann machte er wieder, was er wollte. Endergebnis? Es hat funktioniert.

Aber wenn es nicht funktioniert und zwei Cleaner getrennte Wege gehen, wissen sie, dass es nie vorbei ist. Ihr Wettbewerbstrieb ist so stark, dass sie niemals aufhören, miteinander zu konkurrieren. Nehmen Sie sich vor einem Cleaner in Acht, den Sie loslassen. Er wird zurückkommen, und zwar stärker als je zuvor.

Wenn ein Cooler etwas sagt, zweifelt man daran.
Wenn ein Closer etwas sagt, hört man ihm zu.
Wenn ein Cleaner etwas sagt, glaubt man ihm.

Ein Cleaner kann anderen zuhören, aber dennoch seine eigenen Entscheidungen treffen. Hierfür sammelt er Informationen, verarbeitet sie und entscheidet dann. Als Michael und ich anfingen zusammenzuarbeiten, lernten wir voneinander. Er kannte sich mit Basketball aus, ich mich mit dem menschlichen Körper. Ich habe seine Autorität nie infrage gestellt und er meine auch nicht. Aber heutzutage bin ich der Lehrer. Meine Jungs fragen mich wirklich bei allem um Rat: wenn es um ihre Kinder geht, um Beziehungsprobleme, eigentlich bei allem und jedem. Sie vertrauen mir. Warum? Weil ich ihnen eine ehrliche Antwort gebe. Nur wenige Worte sind bedeutsamer als: *Vertrau mir.* Wenn Sie jemanden bitten, Ihnen zu vertrauen, bedeutet das eine große Verantwortung, denn Sie müssen dann auch abliefern. Wenn mich jemand aufsucht und sagt: »Ja, ich habe das gemacht«, weiß er, dass ich ihm beistehen werde. Vielleicht rümpfe ich zunächst die Nase und sage: »Hast du wirklich gedacht, das würde nicht rauskommen?« Aber dann werden wir das Problem lösen und den Schaden begrenzen.

Wenn ich meinen Spielern etwas sage, was sie nicht gerne hören – was oft der Fall ist –, geschieht das nur zu ihrem Nutzen. Wenn mich entscheiden müsste, ob ich das Arschloch sein will, dass ihnen sagt, dass etwas gerade den Bach heruntergeht, oder der gute Freund, der ihnen ins Gesicht lügt und ihnen versichert, alles sei toll, dann raten Sie mal, für was ich mich entscheide: Ich werde das Arschloch sein, das sie vor dem Scheitern bewahrt. Sie sind daran gewöhnt, dass es rote Rosen regnet. Ich aber bin für die Dornen zuständig.

1. WENN SIE EIN CLEANER SIND …

… ist Scheitern keine Option für Sie, denn es gibt mehrere Wege, die zum Ziel führen.

Ein Cooler akzeptiert, was er nicht kann,
und gibt auf.
Ein Closer erkennt, was er nicht kann,
arbeitet aber weiter daran.
Ein Cleaner weiß, was er kann, und bleibt so lange dran,
bis er beschließt, etwas anderes auszuprobieren.

In der Nacht als die Chicago Bulls 1995 in den NBA-Playoffs gegen die Orlando Magic ausschieden, saß ich mit Michael bis drei Uhr morgens im abgedunkelten United Center. Er war gerade erst zwei Monate zuvor, nach seinem ersten Rücktritt und einer kurzen Baseballkarriere, zum Basketball zurückgekehrt. In jenem Jahr war eine Menge passiert.

In Anzug und Krawatte gekleidet, betrachtete er die brandneue Arena, die das alte legendäre Chicago Stadium ersetzt hatte, sagte: »Ich hasse dieses verfluchte Gebäude.«

»Du hast dieses verfluchte Gebäude gebaut«, sagte ich ihm.

Während dieser Serie unkten einige Orlando-Spieler, Michael sei nicht mehr derselbe wie die alte Nr. 23 und das war er auch nicht. Er trug jetzt die Nr. 45 und war nicht gut vorbereit. Ich wusste das besser als alle anderen. Seine Ausdauer, seine Wurftechnik … wir hatten einfach nicht genug Zeit gehabt, ihn auf das Leistungsniveau zu bringen, das die Leute von ihm gewöhnt waren.

Wie vorauszusehen, gab es damals viel Gerede darüber, dass nicht nur seine Baseballkarriere gescheitert sei, sondern auch sein Basketball-Comeback, und dass er insgesamt am Ende sei. Michael Jordan sei erledigt, war die einhellige Meinung.

Und wie immer haben sie sich geirrt. Ein Cleaner ist erst dann fertig, wenn *er* meint, er sei fertig, nicht wenn andere das sagen.

Wenn andere es sagen, spornt ihn das geradezu an.

Am Ende des Spiels, als alle Spieler sich die Hände gaben und das Spielfeld verließen, war seine Botschaft an die Orlando Magic: *Freut euch über diesen Sieg, denn ihr werdet nicht noch einmal gewinnen.*

Zuerst wurde er wieder die Nr. 23. Und dann führte er die Bulls in der folgenden Saison zu einem NBA-Rekordsieg mit 72 Siegen und bescherte ihnen den ersten von drei noch folgenden Meisterschaftsringen, die seine drei vor dem vermeintlichen Versagen gewonnenen Ringe aufs Schönste ergänzten.

Versagen? Welche Bedeutung hat das Wort, wenn Ihr schlechtester Tag besser als der beste Tag der meisten Menschen ist?

Das Konzept des »Versagens« ist mir fremd.

Ist man gleich ein Versager, wenn es beim ersten Versuch nicht geklappt hat?

Ist es nicht vielmehr anerkennenswert, dass man es weiter versucht, bis man Erfolg hat? Wie kann man das als Versagen bezeichnen?

Was die meisten Menschen als Versagen ansehen, betrachten Cleaner als Gelegenheit, eine Situation zu meistern und zu beherrschen, zu ihrem Vorteil zu nutzen und dann etwas zu tun, das keiner sonst für möglich hält. Wenn es eine zweiprozentige Chance gibt, dass etwas funktioniert, und eine 98-prozentige, dass es nicht funktioniert, wird ein Cleaner das 98-prozentige Risiko eingehen, um zu beweisen, dass er die Herausforderung angenommen und etwas getan hat, was andere für unmöglich hielten. Es mag vielleicht Jahre dauern und viel Anstrengung erfordern, die niemand je sehen wird, aber letztendlich wird ein Cleaner die Situation meistern und sie zu seinem Vorteil nutzen. Das muss er auch, denn es ist der einzige Weg, den er kennt. Das hat nicht funktioniert? Dann versuchen wir etwas anderes. Wenn dies auch nicht funktioniert, können wir das tun. Wie viele verschiedene Möglichkeiten gibt es eigentlich, sich vorzubereiten? Wie viele Wege kann man beschreiten, um nicht im Graben zu enden? Und wenn man im Graben endet, wie viele Möglichkeiten gibt es, um wieder herauszukommen?

Es fasziniert mich immer wieder, mir die Kritik an Michael als Inhaber und Geschäftsführer der Charlotte Bobcats anzuhören. Nach vier Jahren als Minderheitsgesellschafter hatte Michael 2010 die Leitung übernommen und war dadurch einer der ersten ehemaligen Spieler, der Mehrheitsgesellschafter eines NBA-Teams wurden. Ein weiteres Cleaner-Gesetz lautet: Wenn dein Name an der Tür steht, kontrollierst du besser, was hinter der Tür passiert.

Die Kritiker stürzten sich damals gleich auf die schlechte Leistung des Teams und fragten sich, ob das Versagen der Bobcats auf Michaels Vermächtnis abfärben würde. Sie verglichen ihn mit anderen Spielern, die den Sprung ins Management geschafft hatten. »Larry Bird! Joe Dumars! *Jerry West!*« Sie alle waren wunderbare Führungskräfte, die Großes mit den Teams leisteten, für die sie tätig waren, aber es gab einen entscheidenden Unterschied: Sie arbeiteten alle für andere. Michael war sein eigener Boss. Er investierte sein Geld und sein Name stand an der Tür. Es ist ein großer Unterschied, ob man in einem Job arbeitet, den man irgendwann, freiwillig oder unfreiwillig, wieder aufgibt oder ob man der Inhaber dieses Unternehmens ist, was bis dahin noch kein ehemaliger NBA-Spieler gewagt hatte.

Wie kann man also bei etwas versagen, was zuvor noch nie erprobt wurde und mit nichts vergleichbar war?

Nach der schrecklichen Saison 2011/12 gab er niemandem die Schuld, sondern übernahm die volle Verantwortung für die Situation des Teams und sagte, er werde daran arbeiten. Wahrscheinlich ist es nicht besonders hilfreich, wenn der beste Spieler eines Teams auch dessen Inhaber ist. Aber als Michael den Reportern nach dieser Saison sagte: »Ich möchte nie als Versager in die Annalen eingehen«, meinte er es ernst.

Einfach ausgedrückt: Versagen ist erst dann Versagen, wenn man es selbst als solches bezeichnet. Bis es so weit ist, ist man immer noch auf der Suche nach Möglichkeiten, sein Ziel zu erreichen.

Folgendes antwortete zum Beispiel Derek Jeter auf die Frage eines Reporters, ob die Yankees durch ihre Krise am Ende der Saison in Panik geraten seien und wie er damit umgehe: »Ich gerate nicht in Panik, daher muss ich damit auch nicht umgehen.« Er war durch und durch ein Cleaner. Ein anderes Beispiel ist Footballspieler Jason Witten, Tight End der Dallas Cowboys. Er bot an, eine medizinische Verfügung zu unterschreiben, damit er – gegen den Rat der Ärzte – mit einer verletzten Milz spielen konnte. Oder Dwyane, der mit seinem verletzten Knie in den Playoffs weiterspielte, oder Kobe, der sich weigerte, trotz diverser Verletzungen – darunter sogar eine Gehirnerschütterung, die jeden anderen ins Wanken gebracht hätte – auszusetzen. So und nicht anders entscheidet man sich gegen Versagen. Man macht immer weiter und sucht nach überraschenden Lösungen, um die Situation unter Kontrolle zu behalten.

Erfolg und Versagen sind zu einhundert Prozent mental. Was für einen Menschen Erfolg ist, bedeutet für einen anderen Versagen.

Was es bedeutet, unaufhaltbar zu sein, müssen Sie also ganz allein bestimmen, das kann kein anderer für Sie tun. Was sagt Ihnen Ihr Bauchgefühl? Was sagen Ihnen Ihre Instinkte darüber, was Sie tun sollten, wie Sie Erfolg und wobei Sie Erfolg haben werden? Das kann Ihnen niemand anderes sagen.

Wenn Ihnen jemand mitteilt, Sie hätten versagt, will diese Person Ihnen eigentlich sagen: »Wenn ich du wäre, würde ich mich wie ein Versager fühlen.« Aber Sie sind nicht diese Person und offensichtlich ist sie auch kein Cleaner, weil Cleaner nicht wissen, was versagen bedeutet.

Ich kenne die Herausforderung, gegen Widrigkeiten ankämpfen zu müssen, wenn andere wollen, dass man versagt. Als ich 2007 die Räumlichkeiten von Attack Athletics in Chicago aufbaute, war ich schon seit 20 Jahren im Geschäft. Ich hatte mit den besten Sportlern der Welt zusammengearbeitet und war mit ihnen an Orte gereist, von denen andere nur träumen. Aber ich wollte Attack Athletics auf ein neues Level bringen. Jeder meinte damals, dies sei der letzte Schritt in einer Entwicklung als Trainer. Aber für mich war das erst der Anfang. Ich ließ eine hochmoderne Trainingseinrichtung errichten, die von Menschen aus aller Welt genutzt wurde, ein Ort, den sich bis dahin noch kein anderer Trainer zu bauen gewagt hatte.

Ich verknüpfte damit gewisse Erwartungen und Pläne und alle erfüllten sich; dieses neue Unternehmen war genau das, was ich immer gewollt hatte. Aber wie in jedem Business zwingen einen manchmal unvorhergesehene Situationen dazu, Korrekturen vorzunehmen, und ich musste schwierige Entscheidungen treffen, die die Ausrichtung von Attack Athletics veränderten.

Spieler, die vom NBA-Lockout betroffen waren, wollten keine finanzielle Investition tätigen ohne die Gewissheit, dass die Saison auch stattfinden würde. Meine Hauptkunden – Kobe, Dwyane und viele andere – wollten mich verständlicherweise genau da haben, wo sie sich gerade aufhielten. Also reiste ich mit ihnen um die ganze

Welt und konnte mich nicht gleichzeitig genug um meine Einrichtung in Chicago kümmern. Schon bald gingen Gerüchte um, dass Attack Athletics wohl ein »Flop« sei.

Das, was damals mit dem Gebäude passierte, war ein Rückschlag. Aber Erfolg zu haben, bedeutet, mit Rückschlägen umzugehen. Man lernt daraus und passt sich den veränderten Bedingungen an. Während alle darüber reden, dass man »versagt« hat, bleibt man professionell, ändert seinen Kurs und macht sich wieder an die Arbeit. Nur so steigert man sich von gut zu großartig zu unaufhaltbar. Keiner fängt bei unaufhaltbar an. Man baut Mist, denkt darüber nach und setzt Vertrauen in sich selbst.

Attack Athletics ist das, was ich bin und was ich tue. Es ist nicht nur ein Gebäude. Beim Gebäude drehte sich alles um die Ausstattung, die Atmosphäre und um ein revolutionäres Konzept. Attack Athletics steht für mich und meine Trainingsphilosophie und die begleitet mich überallhin. Attack Athletics steht für die Arbeit, die ich auf der ganzen Welt für meine Sportler leiste, und ich arbeite hart dafür, dass meine Kunden und ich niemals versagen. Wir finden immer einen Weg, damit es funktioniert.

Aber wenn man der Beste der Besten ist, wird man leicht zur Zielscheibe. Wenn Ihre Kollegen, Ihre Freunde und Ihre Feinde anfangen, hinter Ihrem Rücken über Sie zu tuscheln, wissen Sie, dass Sie etwas richtig gemacht haben, weil sich alle für Sie, Ihr Unternehmen und Ihren möglichen »Verlust« so interessieren. Verlust? Was ich verloren habe, haben Sie nie besessen.

Ein Cleaner sieht nie etwas als Misserfolg an, weil er nie aufgibt. Wenn etwas nicht wie geplant läuft, sucht er instinktiv nach Möglichkeiten, damit es besser läuft. Er ist weder verlegen noch ist ihm irgendetwas peinlich. Auch schiebt er nie die Schuld auf andere und es interessiert ihn nicht, was andere über ihn denken oder sagen. Für ihn ist es nie zu Ende, weil er immer weitermacht.

Er weiß, dass sich, egal, was auch passiert, ein Weg finden wird, an die Spitze zu kommen. Wenn Sie mich je mit einem Bären im Wald ringen sehen, helfen Sie dem Bären.

Treffen Sie die bewusste Entscheidung, einen Misserfolg in Erfolg umzuwandeln. Wenn Ihr Team die Meisterschaft nicht gewinnt, wenn Ihr Geschäft den Bach runtergeht oder wenn Sie etwas nicht erreichen, für das Sie hart gearbeitet haben, gehen Sie zur nächsten Entwicklungsstufe in Ihrem Leben über. Besinnen Sie sich darauf, wer Sie sind und wie Sie dahin gekommen sind, wo Sie gerade sind. Hören Sie auf Ihr Bauchgefühl. Was sagt es Ihnen?

Es ist nie vorbei. Sie entscheiden.

Ein Cooler gibt sich geschlagen.
Ein Closer arbeitet noch härter.
Ein Cleaner entwirft eine neue Strategie.

Sich geschlagen zu geben, ist keine Option, weil die Worte *aufhören* und *unaufhaltbar* sein nicht produktiv zusammenpassen. Menschen, die sich geschlagen geben und verkünden, sie hätten keine andere Wahl gehabt, haben kein ernsthaftes Interesse an Erfolg, Leistungen oder sich selbst. Sie sagen, sie haben etwas »versucht«, und geben auf, wenn es nicht funktioniert.

Zur Hölle mit »versuchen«. Etwas zu versuchen impliziert ein mögliches Versagen und bedeutet so viel wie: »Wenn ich scheitere, ist das nicht mein Fehler, ich habe es ja versucht.«

Haben Sie etwas *versucht*? Oder haben Sie Ihr Möglichstes *getan*? Das ist ein riesengroßer Unterschied. »Also, ich habe es versucht.« Okay, dann erzählen Sie mir mal, was Sie *getan* haben.

Machen oder nicht machen.

Tun Sie etwas, und wenn es nicht funktioniert, tun Sie es nochmal.

Haben Sie es so oder anders gemacht? Haben Sie jede Idee gründlich erforscht? Gibt es noch etwas, das Sie möglicherweise tun können, um das Blatt zu Ihren Gunsten zu wenden?

Wenn Sie Spitzenleistungen anstreben, müssen Sie in der Lage sein, Opfer zu bringen. Das ist der Preis des Erfolgs. Sie werden nie wissen, wie sehr Sie etwas wirklich wollen, bis Sie die Gewissheit haben, es nicht zu bekommen. Erst dann werden Sie wie wild darum kämpfen, es zu bekommen. Vielleicht mussten Sie während des Spiels auf der Bank sitzen, haben viel Geld verloren oder jemand anderes bekam die Beförderung, die Sie wollten. Andere geben an dieser Stelle auf und werden Ihnen dazu raten. Aber haben Sie aufgegeben, weil Sie es wollten oder weil Ihnen dazu geraten wurde? Gibt es noch etwas zu erledigen? Spüren Sie noch die Wut in sich, die Sie zum Handeln antreibt und dazu, das Blatt zum Positiven zu wenden? Ein Closer wird immer weitermachen, bis er dazu gezwungen wird aufzuhören. Deshalb wird er auch Closer genannt, weil er bis zum Schluss durchhält. Aber wenn etwas zu Ende ist, spürt er es. Dann ist es vorbei.

Ein Cleaner kann nicht akzeptieren, dass etwas vorbei sein soll. Aber er erkennt, wann er seine Ausrichtung ändern sollte.

Seinen Kurs zu ändern, wenn man sich einmal ein Ziel gesetzt hat, ist sehr schwer. Man hat eine Entscheidung getroffen, man hat hart dafür gearbeitet, man hat seinen Lohn dafür erhalten ... aber aus welchem Grund auch immer, es läuft nicht wie geplant.

Für mich ist es kein Zeichen von Schwäche zu erkennen, dass man seine Ausrichtung ändern sollte.

Es ist vielmehr ein Zeichen von Schwäche, keine anderen Optionen in Erwägung zu ziehen und bei allem zu versagen, weil man sich nicht anpassen kann.

Folgendes haben alle schon erlebt: Man spürt, dass etwas nicht in Ordnung ist. Vielleicht klettert man die Karriereleiter nicht so schnell hoch wie geplant oder man verdient nicht so viel Geld wie erhofft oder vielleicht gefallen einem Job oder Kollegen nicht. Oder vielleicht sind es auch äußere Umstände, auf die Sie keinen Einfluss haben.

Hier kommen wieder Instinkte ins Spiel, denn nur Sie können entscheiden, auf die Stimme in Ihrem Innern zu hören.

Im Profisport geht es zum Beispiel um die Entscheidung, ob man sich aus dem aktiven Sport zurückzieht oder noch eine Saison weiterspielt. Oder für einen jungen Spieler darum, entweder auf der Bank zu sitzen oder eine andere Sportart zu wählen. Im Berufsleben muss man sich entscheiden, vielleicht seine Laufbahn zu verändern oder den Job zu wechseln, ein Start-up zu gründen oder sein Geschäft zu verkaufen. Zu erkennen, dass man in seinem Leben etwas ändern muss, erfordert Mut und Selbstbewusstsein.

Man muss schon was Besonderes sein, um sich einzugestehen, dass es nicht reicht, und zu erkennen, dass es an der Zeit ist, seine Anstrengung in etwas zu stecken, das erfolgversprechender ist. Vielleicht erfüllt sich Ihr Traum nicht so, wie Sie es sich am Anfang vorgestellt haben. Aber mit etwas Kreativität und Weitsicht kann man seine Ziele in eine neue Richtung lenken, die einen dennoch mit dem verbunden sein lässt, was man sich immer gewünscht hat.

Ich sage ganz freimütig, dass ich der Beste in dem bin, was ich tue. Das habe ich mir hart erarbeitet. Aber um der Beste zu werden, musste ich viele Lektionen lernen, zum Beispiel, dass man immer darauf vorbereitet sein muss, seine Ausrichtung zu ändern. Und dass man sich bei der Bewertung von Erfolg oder Misserfolg nie von der Meinung anderer beeinflussen lassen sollte.

Als ich diese Lektion zum ersten Mal lernte, war ich noch Basketballspieler an der University of Illinois in Chicago. Ich hatte große Träume und ein gerissenes vorderes Kreuzband. Eine verpfuschte

Reha führte zu Hüft-, Bein- und Knieproblemen. Ich habe mehr orthopädische Probleme, als Sie sich vorstellen können. Ich hatte zu dem Zeitpunkt noch keine Ahnung, dass meine größte Schwäche einmal meine größte Stärke werden würde. Dass meine Erfahrungen mit jedweder allen möglichen Verletzungen und Operationen es mir erlauben würde, anderen bei genau diesen Problemen zu helfen, und das auf dem höchsten Niveau.

Ich war ein ganz guter Spieler, aber kein NBA-Kaliber. Ich war damals nur nicht bereit, dies zuzugeben. Als ich mir die erste Verletzung zuzog, war es einzig und allein mein Ziel, professionell Basketball zu spielen. Ich bin nicht besonders religiös, aber für mich war das gerissene Kreuzband ein Zeichen, das mir sagen wollte: »Hör zu, du verschwendest viel zu viel Energie auf diesen Sport. Das ist sinnlos. Dein Knie ist jetzt kaputt, damit du dich darauf konzentrieren kannst, was du eigentlich mit deinem Leben anfangen solltest, und damit du deinen Weg schneller findest.«

Aber ich war damals noch nicht bereit, mir Alternativen für meinen Traum zu überlegen. Also spielte ich mit einer großen Knieorthese weiter und versuchte, die Nachwehen der Verletzung und einer desaströsen Reha irgendwie zu überstehen.

Dann hatte ich eines Tages ein einschneidendes Erlebnis: Während eines Turniers kam ein Spieler, den ich nicht einmal kannte, auf mich zu und meinte: »Ich erinnere mich noch daran, dass du früher mal gut gespielt hast.«

Oh.

Kapiert.

Das war der Weckruf, den ich brauchte, um endlich zu begreifen, dass mein Traum keine Aussicht auf Erfolg hatte. Dieser Spieler hatte mir eigentlich nur das gesagt, was ich schon längst wusste. Ich wollte es nur nicht akzeptieren. Danach habe ich nur noch ein Spiel zum Spaß gespielt. Das war's.

Es war an der Zeit, ein neues Ende für meine Geschichte zu finden.

Lernen Sie dazu. Stellen Sie sich auf neue Situationen ein. Ich hatte begriffen: Auch wenn mein geschundener Körper mir nicht mehr erlaubte, Basketball zu spielen, konnte ich dennoch das, was ich über ihn gelernt hatte, in etwas Positives verwandeln. Und ich wusste auch schon, was es sein würde: Ich wollte nicht als Trainer für ein Team tätig werden, ich wollte mein eigener Herr sein und einen Basketballspieler zum Besten der Besten machen. Ich wollte mir bei der NBA einen Namen machen.

Das hat ganz gut geklappt.

Natürlich hat es eine Weile gedauert, bis ich herausfand, wie dieser neue Traum Gestalt annehmen konnte. Ich war damals immer noch hinter Brad Sellers und den restlichen Bulls her, schrieb ihnen Briefe und bot ihnen meine Dienste an. Keiner hat mir geantwortet. Ich ging davon aus, dass ein Michael Jordan keinen Trainer engagieren würde, erst recht keinen, der noch nie zuvor einen Profi trainiert hatte. Daher habe ich ihn gar nicht erst kontaktiert.

So habe ich gelernt, dass es keinen Sinn macht, etwas halbherzig zu versuchen. Man muss es unbedingt wollen.

Heute unterrichte ich die Besten der Besten und kümmere mich um ihre Körper, weil ich mich geweigert habe, anfängliche Schwierigkeiten als Versagen anzusehen. Viel besser ist es, das zu seinem Vorteil zu nutzen, was andere als negativ ansehen. Weder Schmollen noch vor Scham im Boden zu versinken, bringen einen da weiter. Vielmehr sollte man den Schwierigkeiten ins Auge sehen und sich sagen, dass es auf die ein oder andere Art und Weise schon klappen wird. Und jedem, der an einem zweifelt, sagt man: »Ich habe das im Griff.«

Erwarten Sie aber nicht, dass andere Ihren neuen Plan verstehen oder ihm zustimmen. Die meisten Menschen sind entweder damit zufrieden, einen sicheren Job zu haben, oder sie haben zu große Angst, etwas Neues zu beginnen, und übertragen ihre Ängste und Zweifel auf Sie. Diese Menschen erwarten nur Misserfolge, Sie aber sehen neue Möglichkeiten. Als ich mich entschied, selbstständig als Trainer zu arbeiten, sagte jeder: »O, ein Fitnesstrainer.« Nein. »Ein Personal Trainer?« Nein. Ich bin kein Personal Trainer. Ein Personal Trainer trifft seine Kunden für eine Stunde im Fitnessstudio und hilft ihnen beim Workout. Ich hingegen arbeite für meine Kunden rund um die Uhr, an 365 Tagen im Jahr. Wenn man mich braucht, bin ich zur Stelle. Man könnte mich als Architekten oder als Athletikspezialisten bezeichnen. Ein Architekt baut Gebäude auf, ich baue Körper auf. Wie baut man diese Schulter am besten wieder auf? Wie gestalte ich diesen Körper, damit er stärker, belastbarer und kräftiger als je zuvor wird? Ich bin ein Körperarchitekt und verantwortlich für jede Faser Ihres Geistes und Körpers, die Sie mir anvertrauen.

Und das, weil ich als Basketballspieler »versagt« habe.

Für mich geht es bei Erfolg nicht darum, viel Geld zu verdienen; darum ist es mir noch nie gegangen. Erfolg bedeutet, etwas zu tun, das sonst niemand kann.

Vor einigen Jahren trainierte ich im Sommer Robbie Hummel, der damals für die Purdue Boilermakers spielte. Er war ein sehr guter junger Basketballspieler, der sich gerade zum zweiten Mal in acht Monaten sein vorderes Kreuzband gerissen hatte. Beim ersten Mal, im Jahr 2010, war er in seinem dritten Collegejahr und es lagen noch acht Saisonspiele vor ihm. Schon damals wurde er als einer der zukünftigen Topspieler des Landes gehandelt. Entschlossen, schnell wieder auf dem Spielfeld zu stehen, ließ er sich operieren und machte eine Reha. In der folgenden Saison, in seinem vierten Collegejahr, kehrte er zu den Boilermakers zurück und war wieder bereit zu spielen.

Schon beim ersten Teamtraining riss das vordere Kreuzband erneut. Die kommende Saison konnte er vergessen und vielleicht auch alle folgenden.

Zwei Operationen in acht Monaten? Nach einer zweifachen Kreuzbandverletzung wiederkommen? Das bedeutete eine Menge Arbeit mit ungewissem Ausgang. Es wurde damals spekuliert, dass die vielversprechende Karriere des 2,03 Meter großen All-American Forwards nun endgültig vorbei sei. In dieser Situation rief mich sein Vater an und fragte, ob ich ihn wieder so fit machen könne, dass er es in seinem fünften und letzten Collegejahr noch einmal versuchen könne.

Ich kenne niemanden in meiner Branche, dem es je gelungen ist, durch Reha auch nur einen doppelten vorderen Kreuzbandriss wieder in Ordnung zu bringen, aber Robbie wurde der dritte Spieler, bei dem ich es geschafft habe. Ich wusste, was wir zu tun hatten; wir würden jedoch monatelang mentale Stärke und Einsatz brauchen. Es war seine Entscheidung.

Letztendlich hat er sieben Monate lang an fünf Tagen pro Woche zweimal täglich bei Attack Athletics in Chicago und an seiner alten Highschool in Valparaiso seine Reha gemacht. Er brauchte eine Stunde mit dem Auto, um nach Chicago zu kommen, und ich glaube, es hat ihn damals ein wenig erstaunt, wie schnell wir losgelegt haben und wie hart er arbeiten musste. »Ich habe gedacht, dass man am ersten Tag nur ein Gespräch mit mir führen und ich gemessen und gewogen würde«, erzählte er Reportern damals. »Aber schon in der ersten Stunde habe ich in den Papierkorb gekotzt.«

Unser Ziel war es, ihn für das Big-Ten-Konferenzspiel in der Saison 2011/12 wieder fit zu machen. Alle sagten damals, das sei unmöglich. Als sein Chirurg ihm grünes Licht gab, musste er für mich noch einen weiteren Test bestehen – den 1,20-Meter-Sprung von einem Kasten auf den Boden und wieder hinauf. Das ist der Test, den ich alle Spieler machen lasse, die eine Knie-, Knöchel- oder Hüftrehabilitation gemacht haben. Als er das schaffte, verabschiedete ich mich von ihm und schickte ihn wieder ans College, weil er startbereit war. Ich hatte meinen Job erledigt, jetzt war er an der Reihe.

Er kehrte nicht nur fitter als zuvor zurück, sondern wurde auch zum dritten Mal in seiner Laufbahn ins All-Big Ten Team berufen und war bei Punkten, Rebounds, Dreipunktewürfen und Freiwürfen unter den Top Ten. Bei seinem letzten Auftritt im NCAA-Wettbewerb dominierte er mit 26 Punkten und warf fünf Dreipunktewürfe; seine Mannschaft unterlag Kansas am Ende nur knapp. Da haben wir schon nicht mehr zusammengearbeitet, aber ich habe mich sehr für ihn gefreut, als er in der zweiten Runde des NBA-Drafts ausgewählt wurde und dann in Spanien seine Profikarriere begann.

Wo er sich sofort einen Meniskusriss zuzog.

Es folgten weitere Operationen, noch mehr intensives Training und voller mentaler Einsatz.

Viele hätten an dem Punkt aufgegeben. Er hat weitergemacht.

Man hat die Wahl. Ich sage meinen Sportlern die Wahrheit immer direkt ins Gesicht und lasse sie dann entscheiden, ob sie weitermachen oder aufgeben wollen. Tracy McGrady stand eine 18 Monate lange Knie-Reha bevor. Er musste eine sehr schwierige Entscheidung treffen. War er bereit, zwei Jahre seiner Karriere zu opfern, um mit 40 oder 50 immer noch ein völlig gesundes Knie zu haben … oder war er bereit, ein Risiko einzugehen und in der Hälfte der Zeit so an seinem Knie zu arbeiten, dass es noch für den Rest seiner Karriere funktionierte, und sich später mit eventuellen Folgen zu beschäftigen? Diese Entscheidung konnte ich ihm nicht abnehmen. Aber keiner wählt je die längere Reha.

In so einer Situation erkläre ich den Spielern die verschiedenen Optionen und dann müssen sie entscheiden. Man kann zwar ein guter Spieler sein, wenn man auf Nummer sicher geht, aber man kann nicht unaufhaltbar sein, wenn man nicht bereit ist, Risiken einzugehen. Auf Nummer sicher zu gehen, macht dich zu einem guten, Risikobereitschaft zu einem herausragenden Spieler.

Gilbert Arenas ist ein weiterer Spieler, der sich dafür entschied, ein Risiko einzugehen. Ich sagte ihm damals, er habe eine 100-Grad-Flexion in seinem Knie. In drei Jahren würde er nur noch 90 haben. In sieben Jahren vielleicht 75. Gils Frage an mich war: »Wie viel Flexion brauche ich, um spielen zu können?« Ich antwortete ihm: »Ungefähr 45.« »Okay, damit bin ich zufrieden.« Wir wussten, dass wir Gil wieder hundertprozentig fit machen konnten, denn jeder Spieler, der bereit ist, seine Sachen zu packen und nach Chicago zu ziehen, um sich drei Monate von mir quälen zu lassen, hat die richtige mentale Einstellung.

Solche wichtigen Entscheidungen bestimmen ultimativ über Erfolg oder Misserfolg. Wem soll man in so einer Situation vertrauen? Die Ärzte geben ihren fachmännischen Rat bezüglich einer vollständigen Regeneration. Aber sie behandeln nur die Symptome; ich beseitige die Ursache. Teams und die Sponsoren wollen die Jungs so schnell wie möglich wieder auf dem Spielfeld sehen. Agenten denken darüber nach, wie sie deichseln, dass einem weiteren Vertrag nichts im Wege steht. Ich schaue mir den Schaden an, unterhalte mich mit allen und erkläre dem Spieler seine Optionen. Wenn du dies machst, erreichst du das; wenn du das macht, dann das. Folgendes hat zu der Verletzung geführt und wir werden das machen, damit du dich nicht noch einmal verletzt. Es ist deine Entscheidung.

Das Vertrauen, das mir bei solchen lebensverändernden, risikoreichen Entscheidungen entgegengebracht wird, werte ich schon als Erfolg. Es ist schön, Geld zu verdienen, aber es ist weitaus besser, jemandem zu helfen, der nicht mehr viel Zeit hat, Spitzenleistungen zu erbringen. Ich finde Spieler wie Juwan Howard einfach grandios. Er kam 1994 in die Liga und schuftete fast 20 Jahre lang, um einen

Meisterschaftsring zu erhalten, was er mit den Miami Heat 2012 endlich erreichte. Wissen Sie, wie viel Arbeit man mit Ende 30 investieren muss, um fit und in der Startelf zu bleiben und letztendlich seinen Traum zu verwirklichen, nicht ohne einen Meisterschaftsring seine Karriere zu beenden? Howard weigerte sich, Misserfolge zu akzeptieren, und beendete deshalb als Sieger seine Laufbahn.

Bei Sportlern rückt das Ende der Karriere jeden Tag ein Stück näher und dadurch rückt auch die Entscheidung näher, ob man einfach aufhören oder sich noch mehr anstrengen soll. Wie kann ich ihre verbleibende Zeit so gestalten, damit sie erfolgreich sind? Um diese Frage geht es bei meinem Erfolg.

Alle Spieler möchten eigentlich ewig weiterspielen und betrachten das Ende ihrer Karriere als eine Art Niederlage. Aber das muss durchaus nicht so sein, wenn sie vorher die Voraussetzungen für ihren »Ruhestand« schaffen. Folgende Unterhaltung habe ich mit Spielern, die sich dem Ende ihrer Karriere nähern, schon oft geführt: In einem Jahr schon wird dich vielleicht keiner mehr kennen. Als Spieler hinterlässt du zwar ein Vermächtnis, aber was bedeutet das, wenn du jeden Tag nach dem Aufstehen nichts zu tun hast? Denke rechtzeitig darüber nach, bevor du ein weiterer Ex-Spieler wirst, der sich nach Aufmerksamkeit sehnt. Dein Sneaker-Werbevertrag läuft irgendwann aus und nur wenige Spieler werden Trainer oder TV-Kommentatoren. Wie sieht dein Plan aus? Wie machst du aus einer großartigen Karriere etwas noch Großartigeres, damit du auch in Zukunft unaufhaltbar bist? Überleg es dir heute noch, denn wenn du zu lange wartest, hast du am Ende keine Optionen mehr. Andere denken auch darüber nach, was sie nach ihrem Rückzug machen, und werden an dir vorbeiziehen, während du noch unschlüssig bist.

Ein Cleaner weiß, wann er sich aus dem aktiven Sport zurückziehen sollte und wo sein Weg hinführt. Das überlegt er vorher gründlich und tut es dann aus freien Stücken. Es macht ihm nichts aus, eine Schlacht zu verlieren, weil er letztendlich den Krieg gewinnen will. Wenn er ein Spiel verliert, gewinnt er eben am Ende die Meisterschaft. Wenn er die Meisterschaft verliert, gewinnt er eben die nächsten drei. Wenn er seinen Job verliert, macht er sich eben selbstständig. Er erlaubt es niemandem, über seinen Erfolg oder seinen Misserfolg zu entscheiden.

1. WENN SIE EIN CLEANER SIND …

… ruhen Sie sich nicht auf Ihren Leistungen aus, weil Sie immer mehr wollen.

Ein Cooler ist auf einer Party der Erste,
der kommt, und der Letzte, der geht.
Ein Closer taucht irgendwann auf einer Party auf,
verlässt sie aber später mit seinen Freunden.
Ein Cleaner will so schnell wie möglich
wieder an die Arbeit gehen.

Ich habe absolut kein Interesse an Siegesfeiern. Wenn mein Kunde am nächsten Morgen noch seinen Rausch ausschläft, bin ich schon über alle Berge.

Nach dem letzten Spiel sehen wir uns noch kurz und das war's.

»Alles klar?«

»Alles klar.«

Nach dem Spiel ist vor dem Spiel.

Das ist der Lieblingssatz eines Cleaners.

Es gibt immer etwas zu tun. Und man muss sich immer noch etwas beweisen.

Sollen die anderen ruhig feiern. Du selbst bist aber noch nicht zufrieden.

Wenn Cleaner sechs Spiele gewonnen haben, sind sie enttäuscht darüber, dass es nicht mehr waren. Wenn sie 195 Kilo stemmen, wollen sie beim nächsten Mal 200 schaffen. Wenn sie einen 1-Millionen-Dollar-Vertrag unterzeichnet haben, fragen sie sich, ob es nicht auch 1,2 Millionen hätten sein können.

Sie sind nie wirklich zufrieden.

In den wenigen Augenblicken, in denen ihnen nach Feiern zumute ist, tun sie dies still und leise und ganz allein, weil keiner auch nur annähernd versteht, was sie investiert haben, um das zu erreichen, was sie erreicht haben. Sie sind der Grund, warum andere ausgelassen feiern können, was den anderen aber oft nicht einmal bewusst ist.

Alles, was ein Cleaner erreicht, und alles, wofür er so hart gearbeitet hat, ist nicht für andere oder eine große Siegesfeier bestimmt, sondern für diesen rauschhaften Moment der persönlichen Befriedigung, von dem jeder träumt, den aber nur wenige erleben dürfen.

Doch während man ihn noch erlebt, ist dieser Moment auch schon wieder vorbei. Dann denkt ein Cleaner nur noch daran, was er tun muss, um diesen Moment noch einmal erleben zu dürfen.

In diesem kurzen Augenblick denkt er: »*Jetzt habe ich es geschafft*«, aber tief im Innern verlangt er schon wieder nach »*mehr*«.

Ein Cleaner kennt die stille Melancholie des Sieges. Während andere sich noch über den errungenen Sieg freuen, bereitet er sich schon auf die bevorstehende Leere vor, die ihn daran erinnert, dass die Stunde des Ruhms schon längst der Vergangenheit angehört und bereits eine neue Aufgabe auf ihn wartet, die noch größer und anstrengender ist als die, die er gerade gemeistert hat.

Wenn Sie einen Cleaner auf einer Siegesfeier suchen, finden Sie ihn meist als Beobachter in einer Ecke stehen. Er freut sich für die anderen, weil sie mit einem Erfolgsgefühl nach Hause gehen. Für ihn aber beginnt die Arbeit schon wieder. Seine Gedanken kreisen bereits um die nächsten Schritte, das nächste Risiko, den nächsten Sieg. Schauen Sie sich mal ein Video von Pat Riley an, nachdem er einen Titel gewonnen hatte; keiner hat bei einer Feier je betrübter ausgesehen. Er wusste einfach zu genau, was er geleistet hatte, um auf den Gipfel zu kommen, und was er tun musste, um dort zu bleiben.

Ein echter Cleaner ist an seinem Tiefpunkt angekommen, wenn er sein Ziel erreicht hat. Fünf Minuten lang ist er völlig aus dem Häuschen und einen Tag lang einigermaßen zufrieden. Und dann ... was kommt dann?

Er macht sich wieder an die Arbeit.

Jeder lobt ihn zwar für seine Leistung, aber dieses Lob bedeutet ihm nichts, weil die Anforderungen, die er an sich selbst stellt, viel höher sind als die, die andere an ihn stellen. Ob er nun gewonnen oder verloren hat: Er denkt nur darüber nach, was er hätte besser, geschmeidiger, schneller oder anders machen können. Er hat seine Mission zwar erfüllt, aber er denkt immer darüber nach, ob er noch mehr hätte tun können.

Kompromissloses Streben nach Spitzenleistungen bedeutet, immer an seine Fähigkeiten zu glauben und immer mehr von sich zu fordern, als andere es je könnten.

Siegen kann süchtig machen. Der berühmte Footballtrainer Vince Lombardi sagte einst: »Siegen ist eine Gewohnheit«, was auch stimmt, aber ich glaube, dass diese Gewohnheit unweigerlich zur Sucht wird. Das kann man nicht verstehen, wenn man es nicht selbst erlebt hat. Und dann will man für den Rest seines Lebens mehr davon. Man spürt es im Bauch, tief im Innern verlangt Ihre dunkle Seite nach mehr. Wenn man sich allein in der Zone befindet, spürt man nichts außer dem unbändigen Hunger auf Erfolg. Jede Entscheidung, die man trifft, jedes Opfer, das man bringt, jeder Moment, in dem man allein ist und sich vorbereitet, dazulernt und träumt … dient allein der Suchtbefriedigung.

Und wenn Sie sich je fragen, warum Sie so hart arbeiten oder ob sich all die Mühe überhaupt lohnt … können Sie sofort einpacken, weil Sie überhaupt nichts verstanden haben.

Es ist schwer, das Ausmaß des Erfolgserlebnisses zu beschreiben, denn dieses ist mit der Erkenntnis verbunden, dass man den ganzen Prozess wieder durchlaufen, wieder ganz von vorne beginnen und noch härter für ein ungewisses Ergebnis arbeiten muss. Als ich gerade begonnen hatte, mit Kobe zu trainieren, ging Juwan Howard nach einem Spiel zu ihm, um ihm zu erzählen, dass er schon lange mit mir zusammenarbeite und ich ihm geholfen habe, langfristig an der Spitze zu bleiben. Dann fragte er Kobe, wie viele Jahre er noch spielen wolle.

»Bis ich sechs habe«, war Kobes Antwort.

Kobe beantwortete die Frage weder mit einer Altersangabe, einem Zeitpunkt noch mit dem Ende seines Vertrags, sondern mit der Zahl der Meisterschaftsringe. Zu diesem Zeitpunkt besaß er schon drei. Innerhalb der nächsten Spielzeiten kamen zwei weitere dazu. Während ich dieses Buch schrieb, war er nur noch einen Ring von seinem Ziel entfernt [das er allerdings nicht erreichen sollte]. Wenn es nach mir gegangen wäre, wären es noch zwei gewesen.

Das nennt man süchtig sein. Die meisten denken darüber nach, wie lang ihr Vertrag noch läuft oder wie viele Saisons ihre ausgelaugten Körper noch durchstehen müssen. Die wirklich großen Spieler denken über so etwas nicht bewusst nach. Sie wollen einfach nur siegen. Für sie gibt es keine Obergrenze. Sie machen einfach immer weiter, und wenn sie sich aus dem aktiven Sport zurückziehen, tun sie es auf ihre Weise und nicht, weil jemand sie dazu aufgefordert hat.

Vor einigen Jahren arbeitete ich mit einem Spieler zusammen, der sich nach einer Operation gerade wieder erholte und mir mitteilte:

»Ich möchte nur wieder gesund werden, damit ich mit den anderen Spielern gleichziehen kann.«

Das ließ mich sofort aufhorchen.

»Weißt du, was *gleich* bedeutet?«, habe ich ihn gefragt. »Es bedeutet, dass du auf einer Stufe mit ihnen bist. Seite an Seite neben ihnen stehst.«

Stille. Ich sagte ihm: »Möchtest du wirklich auf dem gleichen Niveau sein oder möchtest du besser als sie sein? Warum willst du auf ihrem Niveau sein, wenn du sie auch überholen kannst? Beim Basketball dribbelt man um andere Spieler herum, um an ihnen vorbeizukommen. Genauso solltest du es machen. Dein Ziel sollte es sein, gewinnen zu wollen, unentschieden genügt nicht.«

Er hat mich verstanden. Das tun nicht alle. Denken Sie an all diejenigen, die zwar sehr talentiert sind, sich aber dennoch nicht weiterentwickeln, weil es für sie eine imaginäre Obergrenze gibt. Die meisten Menschen limitieren sich, weil sie entweder auf andere hören oder weil sie meinen, sich mit dieser Obergrenze zufriedengeben zu müssen. Mein Job besteht darin, meinen Kunden dabei zu helfen, jede Obergrenze zu überschreiten. Ich möchte, dass sie es besser machen als beim letzten Mal. Wenn ein Spieler zu mir kommt und sagt: »Heute mache ich ein Triple-Double« und dann aufs Spielfeld läuft, ein Triple-Double macht und sich alle darüber freuen, denke ich nur: »Und warum hast du gestern keins gemacht?«

Ein Cleaner spielt für sich selbst, aber die anderen Spieler profitieren von den Zielen, die er sich gesetzt hat. Wenn er erreicht, was er sich vorgenommen hat, ist das zum Vorteil aller. Wenn der Chef eines Unternehmens einen großen Gewinn einfährt, weil er rund um die Uhr gearbeitet hat, um einen großen Auftrag abzuschließen, profitieren seine Angestellten davon. Ein Spieler erzielt einen Siegestreffer, weil er diesen verdammten Wurf an jedem verdammten Tag 1000 Mal geübt hat, aber seine Teamkollegen gehen ebenso als

Sieger nach Hause. Während sie feiern, schaut er sich die Spielstatistiken an, überfliegt die positiven Werte nur und konzentriert sich auf die negativen. »Okay, ich habe 30 Punkte erzielt und zehn Assists verteilt ... aber Mist, ich hatte zwei Ballverluste.« Fortan denkt er nur noch an die Ballverluste. »Das war das Spiel mit den zwei Ballverlusten.« Er hat ein fast perfektes Spiel abgeliefert, aber für ihn ist es noch nicht perfekt genug.

Wer unaufhaltbar ist, will nicht fast perfekt, sondern perfekt sein. Man ist dann nie mit Ergebnissen zufrieden, hat immer das Gefühl, man hätte es noch besser machen können, und will das unbedingt beweisen. Ist es gut, so zu empfinden? Ich weiß es nicht. Einfach ist es auf jeden Fall nicht. Man hofft, dass Freunde und die Familie einen irgendwann verstehen. Vielleicht gelingt das nie. Als Cleaner richten Sie alles auf ein Ziel und blenden alles andere aus. Egal, ob es sich um den Job, Sport oder Beziehungen handelt: Sie müssen voll dahinterstehen und sagen: »Ich mache das und werde, wenn nötig, alles andere dafür opfern, um es durchzuziehen. Mir ist egal, was andere denken, und wenn dies Auswirkungen auf meine anderen Lebensbereiche hat, kümmere ich mich später darum.«

So ist Kobe: Alles, was er macht, macht er auf höchstem Niveau. Nichts anderes zählt. Viele schwingen große Reden und sagen: »Ich werde alles dafür tun!« – aber Kobe lebt nach dieser Maxime. Jedes Detail seines Lebens, jede Stunde des Tages, jede einsame Stunde allein im Kraftraum, alle Menschen, die ihm dabei geholfen haben, sein hohes Niveau beizubehalten, dienten alleine dem Zweck, an die Spitze zu kommen und dort auch zu bleiben. Darum haben wir auch so gut harmoniert; wir waren beide sehr fokussiert. Unsere gemeinsame Leidenschaft bestand darin, gewinnen zu wollen. Alles, was wir taten, drehte sich um dieses eine Ziel.

Aber wenn man nie zufrieden ist, kann das Leben auch sehr einsam sein. Die Menschen denken, dass Erfolg einen glücklich macht, aber meistens fühlt er sich anders an, als man es sich vorgestellt hat. Du hast nun, wonach du gestrebt hast, stehst aber vielleicht auch allein da, weil du den Mut hattest, einen unbequemen Weg zu beschreiten, und dabei extreme Maßnahmen ergriffen hast, die andere nie verstehen werden. Endlich besitzt du das, was du dir erträumt hast, aber jetzt weißt du sicher, was du schon vermutet hast: Keiner versteht, was du getan oder durchgemacht hast, um dorthin zu kommen.

Für mich bedeutet sich nie zufriedenzugeben, auf alles gut vorbereitet zu sein und sich auf jede neue Situation einstellen zu können, ohne panisch zu werden. Es bedeutet, jedes Detail genau unter die Lupe zu nehmen und auf das zu achten, was keinem sonst auffallen würde. Ich brauche den Ball nicht ins Netz gehen zu sehen, ich weiß schon anhand der Wurftechnik, ob er reingeht oder nicht. Mein Job ist es, meinen Kunden zu zeigen, warum ihr Handgelenk hier sein muss und ihr Ellbogen dort, warum dieser Wurf so nicht funktioniert, jener Wurf aber perfekt ist. Ich zeige meinen Spielern, wie alles ineinandergreift, und sie können es kaum glauben. Das unterscheidet mich von allen anderen: Ich nehme jedes Detail unter die Lupe und sorge dafür, dass sie das auch tun.

Aber wenn man so lebt und arbeitet, fordert das seinen Tribut. Eine der größten Herausforderungen sehr wettbewerbsorientierter Menschen besteht darin, keinen Burn-out zu bekommen. Wenn man den Preis gewonnen, viel Geld verdient und Ruhm erlangt hat, ist es sehr verlockend, jemand anderen eine Weile die Last tragen zu lassen. Druck, Kontrolle und Stress wirken sich unweigerlich auf Ihr Privatleben aus. Wenn man kein Sportler ist, hat man mehr Optionen. Man kann den Job wechseln, die Jobausrichtung ändern, ein Sabbatical nehmen, wieder zur Uni gehen oder einen neuen Bereich im Unternehmen kennenlernen. Als Sportler kann man das vergessen. Es sei denn, Ihre Talente und Fähigkeiten sind so außergewöhnlich, dass Sie es zulassen, eine Zeit lang etwas anderes zu machen, so wie Michael, der eine Weile Baseball gespielt hat. Das allein macht ihn schon für mich zum größten Sportler aller Zeiten: Er besaß die Fähigkeit, die Zeit zu kontrollieren, wenn er in der Zone war, und er war immer in der Zone. Er war weg und kehrte dann wieder zurück. In der Zwischenzeit hatte er seine Wurftechnik verbessert und es war, als sei er nie weggewesen. Aber normalerweise haben Sportler keine Zeit für andere Dinge. Ihnen bleiben nur wenige gute Jahre, um Spuren zu hinterlassen, und ihre Karriere ist meist schon in einem Alter beendet, in dem andere gerade erst ins Berufsleben einsteigen.

Irgendwann hat aber auch ein Elitesportler genug davon, immer kompromisslos und außergewöhnlich zu sein. Das ist besonders bei Sportlern der Fall, die schon in jungen Jahren erfolgreich waren, zum Beispiel Tennisspieler und Olympioniken, die das Gefühl haben, nie Kind gewesen zu sein, weil sie immerzu trainiert haben und um die Welt gereist sind, um an Wettbewerben teilzunehmen. Wenn man nie die Chance hatte, Kind zu sein, will man das irgendwann nachholen, weil man instinktiv Spaß daran hat, Regeln zu ignorieren und Verantwortung, Ziele und Anforderungen einfach zu vergessen. Das verstehe ich. Aber ich bin davon überzeugt, dass die Kindheit überbewertet wird. Man kann als Erwachsener viel besser Kind sein, weil man die Freiheit und den Wohlstand hat, es richtig genießen zu können. Man hat nur ein kleines Zeitfenster, um Spuren zu hinterlassen und zur Legende zu werden, aber den Rest seines Lebens, um Kind sein zu können, egal, wie alt man ist. Schieben Sie diesen Zeitpunkt aber dennoch so weit wie möglich hinaus, denn selbst wenn Sie es schaffen, Basketball zu spielen bis Sie 30 oder 35 Jahre alt sind, haben Sie immer noch Jahrzehnte vor sich, um das zu genießen, was Sie sich vorher aufgebaut haben.

Manche Sportler wissen, wann dieser Punkt gekommen ist, und das war's dann. Aber wenn ein Spieler ein Burn-out bekommt und er eigentlich noch nicht aufhören will, ist es sehr schwer für ihn, wieder auf das vorherige Niveau zu kommen. Vielleicht hat er einen Titel geholt, hat sich in der Nebensaison ausgeruht und ist im nächsten Jahr etwas zu zufrieden und selbstsicher zurückgekehrt. Normalerweise kann ihn nur Folgendes dazu motivieren, es wieder an die Spitze zu schaffen: sein Kampfgeist, der Gedanke, dass jemand anderes sich das holt, was ihm gehört, und die Erkenntnis, dass alle anderen durchtrainiert und hungrig nach Erfolg sind, während er sich damit begnügt hat, dick zu werden und faul zu sein. Dann beginnt die Aufholjagd oder er ist die längste Zeit Champion gewesen.

Während Michaels Einführungsrede in der Hall of Fame hörte ich ihn sprechen und dachte bei mir: »Ich dachte, seine Karriere sei beendet, aber jetzt bin ich mir nicht mehr so sicher.«

Ein Cleaner empfindet ein Burnout wie jeder andere auch, aber wenn er sich vorstellt, seine Karriere zu beenden, ohne darüber nachgedacht zu haben, was er da hinter sich lässt, führt es zu mehr Stress, als einfach weiterzumachen; die Sucht muss immer noch befriedigt werden. Darum sieht man, wie Spieler sich aus dem aktiven Sport zurückziehen und irgendwann wieder zurückkehren. Das bedeutet, dass sie noch nicht zufrieden sind und sich noch etwas beweisen müssen. Nicht den anderen, aber sich selbst. Alles dreht sich immer noch um den inneren Antrieb und den Druck, den sie sich selbst machen.

Man muss sich nach diesem Druck sehnen, ihn akzeptieren und ihn aufrechterhalten.

Sie müssen ihn nicht lieben. Aber Sie müssen ein unstillbares Verlangen nach Erfolg haben.

***

Ich habe viel geschafft, was andere für »unmöglich« hielten, und weiß, dass nichts unmöglich ist. Jeden Tag beweise ich das aufs Neue.

Darum trainiere ich ausschließlich Sportler und keine Hollywoodstars: Alles, was ich tue, hat mit Spitzenleistung zu tun, und wenn meine Jungs auf den Platz gehen, stehen weder Visagisten bereit, noch gibt es ein Skript und verstecken kann sich auch keiner. Was auch immer passiert, ist für alle sichtbar. Schauspieler und Schauspielerinnen können ihre Schönheitsfehler wegschminken und wegretuschieren lassen; meine Jungs können sich nirgendwo verstecken. Ich liebe diesen Druck. Ich liebe es, meine Sportler gut vorzubereiten und zu sehen, wie sich unsere harte Arbeit auszahlt, während die Welt dabei zuschaut. Ich habe es geliebt, Michael für Baseball und dann wieder für Basketball fit zu machen. Letztendlich erhielt er drei weitere Meisterschaftsringe, zuzüglich zu den dreien, die er schon vorher hatte. Ich habe es geliebt, Kobe auf das höchste Leistungsniveau zu bringen und noch darüber hinaus, um seinen Traum zu erfüllen, die vierte und fünfte Meisterschaft zu gewinnen, was ihn immer noch nicht zufriedengestellt hat. Als die Miami Heat 2012 die Meisterschaft gewannen, habe ich es genossen, Pat Riley danach fragen zu hören, wie um alles in der Welt ich Dwyane in so kurzer Zeit so explosiv habe machen können. Verraten Sie mir Ihr Problem und ich werde es für Sie lösen. Das ist es, was mich antreibt. Jeder Kunde stellt für mich eine Herausforderung dar, ihn noch besser als andere zu trainieren.

Ich gebe zu, dass es nicht leicht ist, mich zu beeindrucken, und es ist schwer, mir etwas beizubringen, das ich mir selbst beibringen kann. Aber ein Mensch bringt mir jeden Tag etwas bei und fordert mich auf eine Art und Weise, die ich nie für möglich gehalten hätte: meine wunderschöne und kluge Tochter Pilar. Sie ist der lebende Beweis dafür, dass Emotionen einen schwächen, denn bei ihr bin ich nur ein liebender Vater. Sie ist klug und schön wie ihre Mutter und sie ist der Grund, warum ich aus dem Schatten der Wettbewerbsintensität und des unnachgiebigen Drucks wieder ins Licht getreten bin und zur Liebe zurückgefunden habe. Sie bringt mein Herz jeden Tag zum Schmelzen. Mein innigster Wunsch ist, dass sie so stolz auf mich sein kann, wie ich es auf sie bin.

Ich erzähle Ihnen das, damit Sie wissen, dass ich ihr denselben Rat gebe wie Ihnen:

Jeder Traum und alles, was Sie im Schlaf sehen, hören und fühlen, ist kein Hirngespinst, sondern Ihre Urinstinkte, die Ihnen mitteilen, dass alles wahr werden kann. Folgen Sie diesen Visionen, Träumen und Wünschen und glauben Sie an das, was Sie bereits wissen. Nur Sie allein können diese Träume wahr werden lassen. Geben Sie nie auf, bevor Sie es geschafft haben.

Die größten Kämpfe, die Sie je austragen werden, sind die, die Sie mit sich selbst führen, denn Sie sind Ihr härtester Gegner.

Fordern Sie immer mehr von sich, als andere es tun. Seien Sie ehrlich zu sich selbst und Sie werden in der Lage sein, jede Herausforderung mit Selbstbewusstsein und dem tiefen Glauben, auf alles vorbereitet zu sein, zu meistern. Das Leben ist manchmal kompliziert; die Wahrheit ist es nicht.

Ich glaube wirklich daran, dass es keine Grenzen gibt. Genau das sollten Sie auch tun. Hören Sie auf Ihre Instinkte. Sie sagen Ihnen die Wahrheit.

Ich möchte die Befriedigung haben zu wissen, dass jeder Schritt, den ich tue, jeder Gedanke, jede Idee und jede Tat mich besser als andere sein lassen. Das ist es, was mich antreibt. Was auch immer Sie antreibt, lassen Sie zu, dass es Sie dorthin führt, wo Sie hinwollen. Sie können alles erreichen, was Sie wollen. Seien Sie ein Cleaner und verwirklichen Sie Ihre Träume.

Seien Sie kompromisslos.

Erledigt.

Auf zur nächsten Herausforderung.

Über den Autor

Tim Grover ist die herausragende Autorität auf dem Gebiet der Wissenschaft und Kunst, körperliche und geistige Dominanz zu erlangen. Seit 1989 ist er CEO von Attack Athletics und tritt als Keynote Speaker und Berater von Wirtschaftsgrößen sowie Elite-Athleten auf. Er hat mit Michael Jordan, Dwyana Wade und Kobe Bryant drei der legendärsten Basketball-Profis trainiert. Seine Prinzipien von unerbittlichem Antrieb, ergebnisorientierter Leistung und mentaler Belastbarkeit gelten unter Spitzensportlern als DIE Grundlage für Erfolg. Grover lebt in Chicago.

Danksagungen

Ein ganz besonderer Dank geht an alle, die dieses Buch möglich gemacht haben, besonders an den Cheflektor von Scribner, Shannon Welch, und an meine kompromisslose Agentin und Co-Autorin Shari Wenk, die bewiesen hat, dass Frauen die ultimativen Cleaner sind.

Dank auch an die anderen Cleaner bei Scribner, besonders Susan Moldow, Nan Graham und John Glynn, und an alle Sportler, die mir im Laufe der Jahre ihr Talent anvertraut haben und genauso wie ich daran glauben, dass es »gut genug sein« nicht gibt.

WINNING

Tim Grover

WINNING ist DAS Buch für alle, deren Job, Lebensstil und Einstellung maximale Ausdauer verlangen und für die – über alle Hindernisse und Herausforderungen hinweg – nur eines in Frage kommt: massiver Erfolg. Es zeigt, warum Tim Grover zu Recht einer der gefragtesten Mentaltrainer der Welt ist. Basierend auf Erkenntnissen, die Grover in drei Jahrzehnten während der Arbeit mit Elite-Wettkämpfern wie Michael Jordan, Kobe Bryant und Dwyane Wade gewonnen hat, fordert dieses Buch uns heraus, jedes Hindernis zu überwinden.
Ob Sie Sportler sind und gewinnen wollen, ein Unternehmer, der ein Geschäft aufbaut, ein CEO, der einen Konzern leitet, ein Verkäufer, der einen erfolgreichen Abschluss erzielen will, oder einfach ein High-Performer, der entschlossen ist, im Kreis der Gewinner zu stehen – WINNING bietet lang gesuchte Antworten.

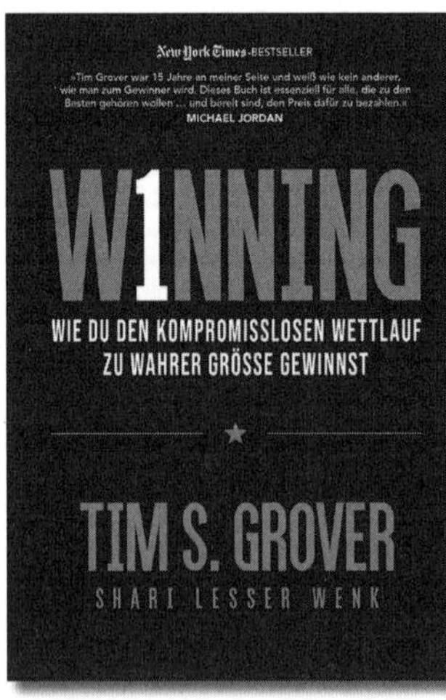

224 Seiten | Hardcover | 20,00 € (D) | 20,60 € (A) | ISBN 978-3-95972-496-8